Neue Schulen für die Kids

Reihe Schule und Gesellschaft

Herausgegeben von

Franz Hamburger
Marianne Horstkemper
Wolfgang Melzer
Klaus-Jürgen Tillmann

Band 19

Franz Hamburger/
Gerhard Heck (Hrsg.)

Neue Schulen für die Kids

Veränderungen in der Sekundarstufe I in den Ländern der Bundesrepublik Deutschland

Unter Mitarbeit von
Frauke Choi, Felicia Lauer
und Till-Sebastian Idel

Leske + Budrich, Opladen 1999

Gedruckt auf säurefreiem und altersbeständigem Papier.

ISBN 3-8100-2137-7

Druck: Druck Partner Rübelmann, Hemsbach
Printed in Germany

Inhalt

Berichte und Analysen über Einzelschulen

Franz Hamburger / Gerhard Heck

Zwischen produktiver Vielfalt und neuer Unübersichtlichkeit – eine Bestandsaufnahme der Veränderungen in der Sekundarstufe I

Nach einer Phase der Systemkonkurrenz ist es um die Sekundarstufe I ruhiger geworden. Zwei Jahrzehnte lang hat der Streit um das dreigliedrige Schulwesen und die strukturelle Alternative der Gesamtschule die Diskussion über die Gestaltung der Sekundarstufe I bestimmt, bevor es Ende der 80er Jahren still wurde um Schulreform und Bildungsbewegung. Selbst die wenigen Alternativschulen finden kein öffentliches Forum mehr. Als bescheidenes Ergebnis eines langen Bemühens um ein nicht-segregierendes Schulwesen kann die Förderorientierung in der Jahrgangsstufe 5 und 6 festgehalten werden; in zwei Bundesländern hat diese Gemeinsamkeit immerhin die Qualität einer sechsjährigen Grundschule erreicht.

Zu Beginn der 90er Jahre zeigte sich ungeachtet der schulpolitischen Kolonisierung der neuen Bundesländer, daß das Einfrieren von Schulreform, insbesondere der Entwicklungsstillstand für Gesamtschulen, keine langfristig tragende Strategie sein sollte. Von dieser Einsicht blieben freilich die Länder Bayern und Baden-Württemberg gänzlich verschont.

Der Blick auf diese zwei Jahrzehnte öffentlicher Auseinandersetzung über die Institution Schule darf nicht dazu verleiten, die langfristigen bildungspolitischen und reformpädagogischen Diskussionsprozesse zu übersehen. Zwar hat tatsächlich eine bestimmte Zeit lang die Diskussion Gesamtschule versus Dreigliedrigkeit die Aufmerksamkeit und die reformorientierten Veränderungsmotive gebündelt, die gesellschaftspolitischen Akzente von Schulreform wiederentdeckt und schließlich zu einem Gegeneinander von A- und B-Ländern geführt. Aber die Diskussion um die strukturellen Veränderungsnotwendigkeiten der Sekundarstufe I bewegten sich freilich in einem zeitlich größeren Zusammenhang.

Die Sekundarstufe I: Ein bildungspolitischer Dauerbrenner

Seit Beginn der 60er Jahre hat in der BRD in einer bestimmten Konstellation demographischer und ökonomischer Krisenbedingungen, Überfüllungsängsten und politischer Selektionskritik eine Debatte über Formen einer integrierten Sekundarstufe I stattgefunden, die andere Akzente setzte als jene z.B. um die Einheitsschule am Ende der Weimarer Republik (Leschinsky 1978).

Schon 1963 hat dann Heinrich Roth darauf hingewiesen, daß das Verkümmern der „Volksschule“ zur „Restschule“ vorhersehbar sei und hat deshalb für eine Integration von Volks- und Mittelschule (heute Realschule) plädiert (vgl. Roth 1963 und Herrlitz 1981). Neben der gesamtschulischen Integration der Sekundarstufe I ist also die Zweigliedrigkeit als Alternative zur Dreigliedrigkeit schon eine frühe Diskussionsvariante gewesen. In der Konfrontation der Gesamtschuldiskussion hat Klaus Hurrelmann ebenfalls schon früh, nämlich 1980, den Vorschlag gemacht, die Konfrontation zwischen Dreigliedrigkeit und Integration durch die Zweigliedrigkeit zu verringern und damit die bildungspolitische Blockierung auflösen zu können (Hurrelmann 1980). Hurrelmann hat die Diskussionslinie weiter verfolgt und in den Thesen von 1988 argumentativ ausgebaut. Die Auseinandersetzung, die sich über diese Thesen anschloß, war im wesentlichen eine Diskussion, die die Zweigliedrigkeit ausschließlich im bildungspolitischen Anspruchsrahmen der vollständigen Integration der Sekundarstufe I problematisierte – der Titel eines Herrlitz-Aufsatzes aus dem Jahre 1981 bringt dies deutlich zum Ausdruck. Erst in den 90er Jahren wird die Zweigliedrigkeit sowohl als Alternative zur Drei- als auch Viergliedrigkeit diskutiert, was ihre Reformaspekte besser in den Vordergrund treten läßt.

Zunächst aber stand die Diskussion der Hurrelmannschen Thesen im Vordergrund (zusammenfassend Bradtke 1995), wobei neben dem Zugeständnis von „Realitätsplausibilität“ und pragmatischer Durchsetzbarkeit die Warnungen vor einem Zweiklassensystem dominierten. Die Argumentation von Andreas Gruschka und Günter Rüdell (1988) verdeutlichte diese Einwände besonders von den Implikationen und Folgen einer nicht integrierten Sekundarstufe II her, während Klaus Klemm und Hans-Günter Rolff (1988) von der Aufteilung des Schulwesens in zwei Wege nach der 4. Grundschulklasse schwerwiegende Belastungen gerade der Grundschule im Sinne eines forcierten Selektionsdruckes erwarten.

Im Vorgriff auf die Problemstellen der gegenwärtigen Entwicklung lassen sich diese Argumente reaktualisieren, weil die Ausgestaltung der Sekundarstufe II im Anschluß an integrierte oder teilintegrierte Sekundarstufen I tatsächlich erneut zum Problem wird (vgl. Idel in diesem Band) und in den regionalen bzw. lokalen Auseinandersetzungen die Konkurrenz um die Übergänger aus der Grundschule die zeitweilige öffentliche Auseinandersetzung bestimmt, wobei die quantitativ erheblich ausgeweitete Realschule (Rösner 1998), wo sie weiter selbständig existiert, zum Motor der Konkurrenz wird.

Die erziehungswissenschaftliche Diskussion befaßte sich aber nicht nur mit den konzeptionell-strukturellen Fragen, sondern registrierte empirische Entwicklungen (beispielsweise in den Jahrbänden der Schulentwicklung) und diagnostizierte die strukturellen Probleme, die sich aus der bildungspolitischen Blockade auf Bundesebene ergaben (vgl. Arbeitsgruppe Entwicklung des Bildungswesens 1992; der Vollständigkeit halber sei darauf hingewiesen, daß die Diskussion um Schulversuche typischerweise auch in anderen früh und hoch selektiven Bildungssystemen stattfindet – zu Österreich vgl. Erziehung und Unterricht, Heft 1 + 2/1998).

Zwar hat die Expansion der Bildungsbeteiligung, der Abbau von geschlechtsspezifischen und regionalen Besonderheiten die Differenzierung der Bildungsgänge, die Professionalisierung der Lehrerausbildung und die Modernisierung der Curricula eine Reihe von alten Problemen der Sekundarstufe I gelöst, aber ein Teil der alten Probleme ist geblieben und neue sind entstanden. So ist die Durchlässigkeit innerhalb der Sekundarstufe I noch immer ebenso ein Strukturproblem wie die Förderung leistungsschwacher Schüler in allen Sekundarstufe I-Formen und die regionalen Ungleichheiten ihrer Wahlmöglichkeiten. Hinzu kommen die steigenden und zugleich sich wandelnden Anforderungen des technologisierten Beschäftigungssystems und des Lebens in einer modernisierten Informationsgesellschaft. Da mit der Wahl der Schullaufbahn unterschiedliche Chancen verbunden sind, diese neuen Anforderungen aktiv zu bewältigen, entstehen neue Disparitäten, die mit dem Schulangebot in der Sekundarstufe I unmittelbar zusammenhängen. Dies ist um so problematischer, weil als zentraler Auftrag der Sekundarstufe I die Sicherung einer auf Leben, Berufsausbildung und Weiterbildung bezogenen Grundbildung bestimmt werden kann.

Aus dieser Analyse ergibt sich ein komplexes Schulreformprogramm, das darauf hinauslaufen soll,

- „den Streit um die flächendeckende Einführung der Gesamtschule oder die Beibehaltung des dreigliedrigen Schulwesens zu beenden,
- der Entstehung neuer Disparitäten vorzubeugen und bestehende abzubauen,
- der Entwicklung und Erprobung flexibler Organisationsformen im Bereich der Sekundarstufe I besondere Aufmerksamkeit zu widmen,
- sich auf ein verbindendes Konzept von Grundbildung in der Sekundarstufe I zu verständigen,
- den Gestaltungsspielraum der einzelnen Schulen stärker an pädagogischen Ansprüchen auszurichten und diesen gemäß zu erweitern und
- Einsichten erziehungswissenschaftlicher Forschung und Theoriebildung für bildungspolitische Entscheidungsprozesse stärker in Anspruch zu nehmen“ (Arbeitsgruppe Entwicklung des Bildungswesens 1992).

Die neue Schulreformbewegung und ihre Grenzen

Die erziehungswissenschaftliche Debatte hat sich nun seit Anfang der 90er Jahre mit praktischen Veränderungstendenzen überschnitten bzw. beide Entwicklungen haben sich wechselseitig beeinflußt und die Qualität einer „Schulreformbewegung“ angenommen. Diese neue „Schulreformbewegung“ hatte verschiedene Ursachen:

Dem Beitrittsgebiet konnte nicht umstandslos nur das westdeutsche Schulwesen aufgepfropft werden, obwohl dort der Übergang von einer integrierten Sekundarstufe I zu gegliederten Schulformen sogar weitgehend selbst vollzogen wurde. Auch gab es manche Überlegungen, im östlichen „Neuland“ auch etwas Neues zu beginnen und nicht mit dem westdeutschen Schulwesen auch dessen Blockaden zu übernehmen.

Eine weit mobilisierendere Entwicklung ist demographischer Natur. Der Rückgang der Schülerzahlen im ländlichen Raum stellt die Schulverwaltung und -politik vor Dauerprobleme, ein differenziertes und zugleich wohnortnahes Schulangebot zur Verfügung zu stellen. Ein stark gegliedertes Schulwesen wird für die regionale Schulökonomie zum Hemmschuh.

Die gesellschaftspolitischen Motive, die für die frühe Gesamtschuldiskussion relevant waren, sind für die Bildungspolitik schon längere Zeit diskreditiert. Dennoch haben auch sie Anregung in erstarrte Schullandschaften gebracht, wo – wie bspw. in Rheinland-Pfalz – eine langjährige christdemokratische parteipolitische Dominanz durch einen Regierungswechsel 1992 beendet wurde.

Doch dürften im Vergleich für das Bedingungsgefüge der Schulreform der 90er Jahre die sozialkulturellen Veränderungen mehr Gewicht haben. Das dreigliedrige Schulwesen paßte in gewisser Weise in die ideologische Begründung einer Gesellschaftsordnung, die sich in Unter-, Mittel- und Oberschicht aufteilen ließ und kam dem Ordnungsmodell für die Strukturierung der Arbeitswelt entgegen. Mitte der 50er Jahre formulierte der Pädagoge Heinrich Weinstock die klassische Legitimationsformel:

> „Dreierlei Menschen braucht die Maschine: Den, der sie bedient und in Gang hält; den, der sie repariert und verbessert; schließlich den, der sie erfindet und konstruiert ... Die richtige Ordnung der modernen Arbeitswelt gliedert sich in drei Hauptschichten: Die große Masse der Ausführenden, die kleine Gruppe der Entwerfenden und dazwischen die Schicht, die unter den beiden anderen vermittelt. D.h.: Die einen müssen anordnen und verordnen, die anderen müssen den Ordnungsgedanken ausführen; aber damit das ordentlich geschieht, muß eine dritte Gruppe den Übergang vom Gedanken zur Tat, von der Theorie zur Praxis vermitteln...
>
> Die ersten müssen zuverlässig antworten, die dritten selbständig fragen können; die Mittelschicht aber ist dafür verantwortlich, daß die Fragen der einen von den anderen richtig verstanden werden... Was ergibt sich aus dieser Struktur unserer modernen Arbeitswelt für den Aufbau unseres Bildungswesens? Offenbar verlangt die Maschine eine dreigegliederte Schule: Eine Bildungsstätte für die Ausführenden, also zuverlässig antwortenden Arbeiter, ein Schulgebilde für die verantwortlichen Vermittler und endlich ein solches für die Frager, die sogenannten theoretischen Begabungen“ (Weinstock 1955).

Die Gesamtschulbewegung begleitete programmatisch die (begrenzte) Auflösung dieser Struktur, war dann allerdings dem Auseinanderdriften in heterogene Lebenslagen und ihren differenzierten sozialkulturellen Milieus, die den alten Schichtstrukturen nicht so unähnlich sind, nicht gewachsen. Die Pluralisierung von Milieus und Lebensstilen hat in mancher Hinsicht die Schule mit ihrer starken „Rahmung" noch nicht ganz erreicht, stellt aber einen kräftigen Entwicklungsimpuls dar. Dieser bildet sich gegenwärtig weniger in schulstrukturellen Reformen ab (wobei allerdings die Ausdehnung des Privatschulwesens in diesem Zusammenhang bedacht werden muß), als vielmehr in pädagogisch-programmatischen Modellen und Reformen. In einer ähnlichen Richtung wirken sich die Prozesse der Individualisierung und der „Medialisierung" aus bzw. stellen sie eine Herausforderung für das schulisch organisierte Lernen dar.

Schließlich sind vom Schulwesen Veränderungen der Sozialisationsprozesse bei Kindern und Jugendlichen zu verarbeiten, die sich beispielsweise in der Differenzierung der „Aufnahmepopulation" der Erstklässler konkretisiert oder aber in der Herausbildung einer eigenständigen Gruppe der *Kids*, die zwischen Kindern und Jugendlichen eine neue Altersklasse ausgebildet haben. Äußerlich stark an Jugend orientiert, insbesondere im Hinblick auf Konsumgewohnheiten, Intensität der Modeorientierung und jugendkulturelle Attitüden, ist diese Altersklasse „innerlich" sehr heterogen, kindlich familienorientiert und -integriert bis hin zur jugendlichen Verselbständigung.

Ein schulweseninduzierter Veränderungsimpuls geht auch von der faktischen Abkopplung der Hauptschule – welche Vergangenheit steht hinter diesem Begriff! – aus. Sie hat dort, wo die schulpolitische Entwicklung nicht durch eine besonders hartnäckige Bewahrungspolitik wie in manchen Teilen Bayerns und Baden-Württembergs gebremst wurde, den Ausschließungscharakter der Sonderschule angenommen, was nicht nur nicht pädagogisch legitimiert werden kann, sondern auch sozialstrukturell (und wegen der einschlägigen Folgekosten) nicht zu verantworten ist. Einige von diesen Veränderungsanforderungen schlagen sich in schulstrukturellen Modellen und Umstrukturierungen nieder. Sie wirken – neben anderen, wichtigen gesellschaftlichen Veränderungen – auf die erstaunlich breite Basis vielfältiger und oft kleinformatiger Schulmodelle ein. Abgesehen von gelegentlichen Denkschriften hat sich die schulische Bildungsreform auf ein sehr breites Feld von Problemen verlagert und bäckt die vielen kleinen Brötchen alltagsnaher Experimente. Wenn dann gelegentlich ein Nachrichten- und Faktenmagazin *die* kaputte Schule oder *die* müden Lehrer usw. aufdeckt oder ein routinierter Schulkritikerpapst den Verlust des ganz großen Tiefgangs konstatiert, dann sind dies schlicht selbstgefällige falsche Schlachtengemälde. Die leise rollende Schulreform, wie sie beispielsweise in den Modellversuchen der Bund-Länder-Kommission für Bildungsplanung und Forschungsförderung zum Ausdruck kommt, hat sich in den politisch konsensfähigen Förderbereichen von schulstrukturellen Veränderungen weitgehend verabschiedet, bewegt sich aber dennoch auf einem breiten Feld von Fragestellungen und Aufgaben. Die Förderbereiche (von der Beruflichen Bildung über Neue Informations- und Kommunikationstechniken im Bildungswesen zur musisch-kulturellen Bildung und neuerdings auch Modellversuchen „reflexiver Koedukation") folgen einer pädagogisch-programmatischen Entwicklungslinie. Zwar ist in schulstufenbezogener Perspektive die Grundschule in den Mittelpunkt der Aufmerksamkeit gerückt, weil sie im Anfangsunterricht vor einem erweiterten Heterogenitätsproblem steht, aber thematische Schwerpunkte wie z.B. „Gewalt“, „neue Medien“, „musisch-kulturelle Profilierung“ oder „selbständiges Lernen“ haben vor allem in der Sekundarstufe I ihren sozialen Ort, ohne aber schulstrukturell verortet zu sein.

Ebenso verhält es sich überwiegend mit den Gruppen, denen sich Modellversuche besonders zuwenden, nämlich Mädchen, Migranten, Begabte und Benachteiligte. Ihr Schicksal entscheidet sich in der Sekundarstufe I, ihre soziale Segregationsperspektive wird nicht in Kategorien der Gliederung des Schulwesens, vielmehr in entschärften pädagogischen Programmatiken, z.B. interkulturelles Lernen, thematisiert.

Bedeutsam ist aber insgesamt doch der Funktionsverlust einer Schulreformpolitik. Bewegten sich die jährlich für Modellversuche ausgegebenen Bundesmittel in den 70er Jahren auf dem Niveau von durchschnittlich DM 100 Mio, so sank dieser Pegel bis zum Ende der 80er auf 26 Mio (1990) und dümpelt seitdem um diese bescheidene Marge (vgl. Bund-Länder-Kommission für Bildungsplanung und Forschungsförderung 1995).

KMK-Vereinbarungen zur Sekundarstufe I

Die schulstrukturbezogenen Veränderungen sind aber nicht ganz zum Stillstand gekommen. Die genannten Gründe haben zu Innovationen, Impulsen und politischem Handlungsbedarf geführt, der auch auf der Ebene der KMK zum Handeln zwang. Mit der „Vereinbarung über die Schularten und Bildungsgänge im Sekundarbereich I“ vom 3.12.1993 wurde diesen Notwendigkeiten Rechnung getragen und ein erweiterter Handlungsspielraum für Entwicklungen in der Sekundarstufe I politisch vereinbart.

Zwanzig Jahre nach den großen Kontroversen begann eine neue Phase schulpolitischer Sachlichkeit, als am Vorabend des Weihnachtsfestes 1993 die Kultusminister ihren scheinbar unversöhnlich festgefahrenen Streit um die Schulreform plötzlich einvernehmlich beendeten und akzeptierten, daß „Schulorte im Sekundarbereich I (...) jeweils einen oder mehrere Bildungsgänge umfassen“ können. Um sicher zu sein, daß die neue Einigkeit nicht als Formelkompromiß entwertet würde, formulierte die Ministerrunde sehr konkret:

„Schularten mit mehreren Bildungsgängen sind die Gesamtschule, das Schulzentrum, die Mittelschule, die Regelschule, die Sekundarschule, die Verbundene Haupt- und Realschule, die Integrierte Haupt- und Realschule und die Regionale Schule.

Die Gesamtschule in kooperativer Form und das Schulzentrum fassen die Hauptschule, die Realschule und das Gymnasium pädagogisch und organisatorisch zusammen. (...)
Die Mittelschule, die Regelschule, die Sekundarschule, die Verbundene Haupt- und Realschule, die Integrierte Haupt- und Realschule und die Regionale Schule fassen die Hauptschule und die Realschule pädagogisch und organisatorisch zusammen.“ (KMK 1995)

Bewertet man die getroffene Vereinbarung im Lichte ihrer konservativen Kritiker, kann sie so falsch nicht sein. Beispielsweise mokiert sich der Hessische Elternverein (HEV): „Der Föderalismus hat sicher seine guten Seiten und ist ein Element der deutschen Geschichte. Ob er aber solche Blüten treiben muß, daß man ein 'Vokabelverzeichnis' braucht, um sich in den Schulbezeichnungen zurechtzufinden, mag dahin gestellt sein.“ (Elternbrief des HEV o.J., S. 4). Er zitiert ausgiebig den Deutschen Lehrerverband: Die KMK-Vereinbarung „verwische die Bildungsprofile, sei einseitig auf gesamtschulähnliche Schulsysteme ausgerichtet, verzichte weitgehend auf differenzierte schulische Leistungsanforderungen, lasse eine inflationäre Vergabe mittlerer Bildungsabschlüsse und eine gymnasiale Oberstufenreife auf geringem Niveau zu, sehe keinerlei verbindliche Modalitäten der Prüfungsverfahren vor.“ (ebenda, S. 5) In dieser Perspektive des HEV „verkommt“ Schule zur „demokratischen Gefälligkeitsanstalt“ – ein Urteil, das zu allererst die Frage nach dem Demokratieverständnis elitärer Verbandsfunktionäre aufwirft.

Solche Reaktionen auf die Vereinbarung der KMK verdienten es nicht, ernst genommen zu werden, dokumentierten sie nicht den kategorialen Rahmen, mit dem kleine Schritte zu mehr Handlungsspielraum wahrgenommen und im Konfliktfall, insbesondere in Wahlkämpfen öffentlich dramatisiert werden. Daß in einzelnen Bundesländern Wahlkämpfe mit der bloßen Warnung vor bildungspolitischen Auseinandersetzungen bestritten werden, veranschaulicht noch besser, wie gering der gesellschaftspolitische Spielraum nach dem Ende der Systemauseinandersetzung geworden ist.

Die Sekundarstufe I im Überblick

Ob die Kultusminister mit ihrem Beschluß von Dezember 1993 produktive Vielfalt in die bundesrepublikanische Schullandschaft einziehen lassen wollten oder sich mit bestehenden Schulstrukturen nachträglich einverstanden erklärten, ist weniger bedeutsam als die Tatsache, daß heute in allen Bundesländern mit Ausnahme von Bayern und Baden-Württenberg eine große Vielfalt unterschiedlicher Integrationsformen und unterschiedlicher Schulverbundsysteme existieren.

Nur in den beiden südlichen Bundesländern haben die Landesregierungen integrierenden Schulen eine klare Absage erteilt. Sie haben in den letzten Jahren ihre wenigen als „Modellversuche“ aus Landesmitteln finanzierten

Gesamtschulen aus ideologischen Gründen auslaufen lassen und es den „Sachaufwandsträgern" – d.h. den Städten und Gemeinden – übertragen, integrierende Schulverbundsysteme einzurichten und sie zu finanzieren. Als „Schulen besonderer Art" dürfen sie keineswegs das dreigliedrige Schulangebot vor Ort ersetzen und sind natürlich auch keine Regelschulen.

Von den neuen Bundesländern hat nur Mecklenburg-Vorpommern konsequent das dreigliedrige Schulsystem übernommen, es in geringem Umfang um integrierte und additive Gesamtschulen erweitert und auch noch die überholte Form des Progymnasiums hinzugefügt. Zwischenzeitlich gibt es – erwartungsgemäß – erhebliche Probleme, im ländlichen Raum ein wohnortnahes Schulangebot mit tatsächlichen Wahlmöglichkeiten zu sichern. Dies zwingt zu Neuentwicklungen, beispielsweise zur Kooperation von Haupt- und Realschulen.

In Bundesländern, in denen die drei getrennten Schulformen des traditionellen Schulsystems neben der Integrierten und Kooperativen Gesamtschule als Regelschule angeboten werden, existieren darüber hinaus noch teilintegrative Schulformen. Diese knüpfen oft an landesspezifische Entwicklungen lange vor den Reformdiskussionen der 60er Jahre an. Im Bundesland Schleswig-Holstein z. B. sind solche teilintegrative Schulformen relativ weit verbreitet.

In Schleswig-Holstein, insbesondere in den ländlichen Gebieten des Westens und Nordens, gibt es Realschulen, die mit Haupt- oder Grundschulen organisatorisch verbunden sind. Mitte der 90er Jahre waren es insgesamt 35, davon 15 Realschulen ausschließlich mit Hauptschulteil, eine Realschule ausschließlich mit einem Grundschulteil und 13 Realschulen mit Grund- und Hauptschulteil. Diese Verbindungen von Real-, Haupt- und Grundschule sind aus den „Aufbauzügen" an den früheren Volksschulen hervorgegangen, die zum Zweck der Bildungsförderung im ländlichen Raum eingerichtet worden waren. Allerdings kann es auch in der Gegenwart noch zu solchen Verbindungen kommen, wenn die Bedürfnisse der lokalen Schulträger solche Entwicklungen präferieren. An ihren traditionellen Standorten genießen diese sog. „Verbindungsschulen" große Akzeptanz.

Mitte der 90er Jahre besuchten rund 13.000 Schülerinnen und Schüler diese 35 Verbindungsschulen, zur Hälfte im Realschulteil, zu je einem Viertel in den Grund- und Hauptschulteilen; sie bildeten insgesamt 80 Klassen, wobei die Klassenstärke in den drei Schulformen bei durchschnittlich 20 lag. Allerdings sind diese Verbindungsschulen unterschiedlich groß: mit ca. 150 Schülerinnen und Schülern besitzt Helgoland die kleinste, Kropp ist mit über 700 Schülerinnen und Schülern die größte. Ein Anteil von 13% an allen RealschülerInnen und 4,6% an allen Grund- und HauptschülerInnen des Landes weist auf die relative Relevanz dieser Verbindungsschulen hin.

Der Verbund wird als schulartübergreifende Kooperation hergestellt, insbesondere durch

- den LehrerInneneinsatz,
- schulartübergreifenden Unterricht in ganz unterschiedlichem Umfang, angefangen bei Arbeitsgemeinschaften, Wahlpflichtkursen, Stütz- und Förderkursen über gemeinsamen Unterricht in Sport, Technik, Hauswirtschaft, Musik bis hin zu Erdkunde und Biologie.
- Eine Befragung in den Schulen durch das Ministerium hat eine deutlich positive Bewertung des „Verbindungscharakters" erbracht. Diese Bewertung bezieht sich auf organisatorische Fragen (Schülertransport, gemeinsame Nutzung von Fachräumen), auf pädagogische Möglichkeiten (Stärkung des sozialen Lernens, gemeinsame Klassenfahrten, Erweiterung der Handlungskompetenz von Lehrkräften) und schulische Organisationsaufgaben (effektiver Fachlehrereinsatz, Erleichterung von Versetzungen von der einen in die andere Schulform, einheitliche Leistungsstruktur, differenziertes Unterrichtsangebot). Als problematisch wurden bei der Befragung der Einsatz der Lehrkräfte (Vorerfahrung, Stundendeputat), Fragen der Lehrpläne und der Zensurengebung angesprochen.

In Bremen existiert die Sekundarstufe I in neun Gesamtschulen in integrierter Form, wobei sechs Gesamtschulen als „integrierte Stadtteilschulen" ausgewiesen werden. In den Schulzentren für die Sekundarstufe I werden darüber hinaus andere Formen der Integration und Kooperation gepflegt. Ein Beispiel ist die Integrierte Haupt- und Realschule an der Helgoländer Straße, mit deren Planung schon 1968 begonnen wurde. Das Besondere an dieser Integrationsform ist ihre Entwicklung aus den Kollegien einer bis dahin additiven Haupt- und Realschule heraus. Die Integration beruht dabei auf der Kontinuität der Arbeit des Klassenlehrers, einem profilbildenden Wahlpflichtbereich, einer begrenzten Fachleistungsdifferenzierung, dem Förderunterricht „Deutsch als Fremdsprache" und einem intensiven Engagement in Arbeitsgemeinschaften. Der Erfolg des integrativen Modells ist die soziale Integration der Schüler von zwei Bildungsgängen, die Vermeidung einer ausgegrenzten Minderheit von Hauptschülern, größere Durchlässigkeit und Fördermöglichkeit und die schulische Integration und Kooperation des Kollegiums. Diese Form einer integrierten Haupt- und Realschule ist in Bremen nicht nur in diesem lange existierenden Modell präsent, sondern wird auch in neueren Versuchen, z.B. seit 1995 im Schulzentrum Obervieland, eingeführt.

Während in Schleswig-Holstein, Bremen und Hamburg Teilintegrationen eine längere Tradition besitzen, haben sich derartige Schulverbindungen z.B. in Rheinland-Pfalz erst seit wenigen Jahren in Form der Regionalen Schulen etabliert. Wie vielfältig inzwischen die Differenzierungen von Schulen und Schulformen in der Sekundarstufe I sind, wird aus der nachstehenden Tabelle ersichtlich.

Tab. 1: **Schulen und Schulformen im Sekundarbereich I in den Ländern der Bundesrepublik Deutschland**

Land	Organisationsform der Kl. 5 u. 6	Organisationsform der Kl. 7-10 (bzw 7-13)	Bemerkungen
Baden-Württemberg	Getrennt nach Schulformen	HS: Kl. 5-9 (bzw. 10) RS: Kl. 5-10 GYM: Kl. 5-13	IGS u. Koop. GS als „Schulen besonderer Art" möglich.
Bayern	Getrennt nach Schulformen	HS: Kl. 5-10 RS: Kl. 7-10 Wirtschaftsschulen: Kl. 7-10 GYM: Kl. 5-13	IGS u. Koop. GS als „Schulen besonderer Art" möglich.
Berlin	Teil der 6-jährigen Grundschule	HS: Kl. 7-10 RS: Kl. 7-10 GYM: Kl. 7-13 IGS: Kl. 7-10 bzw. 13	Wegen des Hauptstadtvertrags möglicherweise demnächst GYM und RS ab Kl. 5
Brandenburg	Teil der 6-jährigen Grundschule	IGS: Kl. 7-10 (bzw. 13) RS: Kl. 7-10 GYM: Kl. 7-10	
Bremen	Orientierungsstufe	HS: Kl. 7-10 RS: Kl. 7-10 GYM: Kl. 7-13	Die Schulen sind nahezu ausschließlich als Schulzentren organisiert.
Hamburg	Für HS und RS integrierte Beobachtungsstufe	IGS Kl.: 5-10 (bzw. 13) Koop. GS: Kl. 5-10 (bzw. 13) GYM: Kl. 5-13 HS: Kl. 7-9 RS: Kl. 7-10	Integrationsversuche von Haupt- und RS über die Kl. 6 hinaus; vgl. Bericht in diesem Band
Hessen	Integrierte und nach Schulformen getrennte Förderstufe	HS: Kl. 5 (bzw. 7)-9 (bzw. 10) RS: Kl. 5 (bzw. 7)-10 GYM: Kl. 5 (bzw. 7)-10 oder 13 IGS : Kl. 5-10 (bzw. 13) Koop. GS: Kl. 5 (bzw. 7)-9 (für HS) bzw. 10 (RS und GYM) bzw. 13 (gymnasiale Oberstufe)	Förderstufen an Grundschulen und Sekundar-I-Schulen
Mecklenburg-Vorpommern	Getrennt nach Schulformen	HS: Kl. 5-9 RS: Kl. 5-10 GYM: Kl. 5-12 IGS: Kl. 5-10 (bzw. 12) Koop. GS: Kl. 5-10 (bzw. 12)	
Niedersachsen	Orientierungsstufe	HS: Kl. 7-9 RS: Kl. 7-10 GYM: Kl. 7-13 IGS: Kl. 5-10 (bzw. 13) Koop. GS: Kl. 7-9 (HS), bis 10 (RS), bis 13 (GYM)	Sekundarschule; vgl. Beitrag von Christa Lampe in diesem Band
Nordrhein-Westfalen	Getrennt nach Schulformen	HS: Kl. 5-10 RS: Kl. 5-10 IGS: Kl. 5-10 (bzw. 13) GYM: Kl. 5-13	

Fortsetzung Tabelle

Rheinland-Pfalz	Nach Schulformen getrennte Orientierungsstufe	HS: Kl. 5-9 RS: Kl. 5-10 GYM: Kl. 5-10 (und 13) IGS: Kl. 5-10 (bzw. 13) Koop. GS: Kl. 5-10 (bzw. 13)	Integrierte Orientierungsstufen möglich, Regionale Schule ist Regelschule; vgl. Beitrag von Hermann L. Gukenbiehl / Holger Mahr-George in diesem Band
Saarland	Getrennt nach Schulformen	Erweiterte RS: Kl. 5-9 und 10 GYM: Kl. 5-10 (bzw. 13) IGS: Kl. 5-10 (bzw. 13)	Vgl. Beitrag von Joachim Rippel in diesem Band
Sachsen	Getrennt nach Schulformen; für HS und RS in der Mittelschule integrierte Orientierungsstufe	Mittelschule: Kl. 5-10 (darin: HS: Kl. 7-9, RS: Kl. 7-10) GYM: Kl. 5-12	Vgl. Beiträge von Marita Leonhardt-Runck/Dorit Stenke und Wolfgang Melzer in diesem Band
Sachsen-Anhalt	Förderstufe	Sekundarschule: Kl. 7-10 GYM: Kl. 5-12 IGS: Kl. 5-10 (bzw. 12) Koop. GS: Kl. 5-10 (bzw. 12)	Vgl. Beitrag von Adolf Wagner in diesem Band
Schleswig-Holstein	Getrennt nach Schulformen	HS: Kl. 5-10 RS: Kl. 5-10 IGS: Kl. 5-10 (bzw. 13) Koop. GS: Kl. 5-10 (bzw. 13) GYM: Kl. 5-13	Sog. „Verbindungs-schulen" als Teilintegration von Grund-, Haupt- und Realschule möglich
Thüringen	Integrierte Orientierungsstufe in der Regelschule	Regelschule: Kl. 5-10 (darin: HS: Kl. 7-9; RS: Kl. 7-10) GYM: Kl. 5-9 (Sek I) und 10-12 (Sek II) IGS: Kl. 5-10	Vgl. Beitrag von Horst Weishaupt / Monika Plath in diesem Band

Legende:
IGS: Integrierte Gesamtschule; Koop. GS: Kooperative Gesamtschule; HS: Hauptschule; RS: Realschule; GYM: Gymnasium

Quellen: Rösner 1998; mündliche und schriftliche Mitteilungen der zuständigen Ministerien an die Herausgeber

Zu diesem Band: Absichten und Ergebnisse

Mit dem vorliegenden Band wollen die Herausgeber über den Stand der Entwicklung im Bereich der Sekundarstufe I und über die Schwerpunkte der einzelnen Modelle informieren. Es soll der Entstehungszusammenhang der Modelle analysiert, den Verlauf der Schulreformarbeit dargestellt und eine vorläufige Evaluation vorgenommen werden. Dabei richtet sich die Aufmerksamkeit auf zwei unterschiedliche Situationen:

In einigen Bundesländern werden flächendeckend „neue" Schulen eingeführt. Dies verändert die Struktur der Sekundarstufe I und führt zu ganz unterschiedlichen Formen der Zwei-, Drei-, Vier- und Mehr-Gliedrigkeit innerhalb des Schulsystems. In anderen Bundesländern gibt es in der Sekundarstufe I eine Reihe von „inneren“ Schulreformen, die zwar überwiegend an Gesamtschulen stattfinden (oder auf diese hinauslaufen – vgl. Idel in diesem Band), aber als pädagogische Reformpraxis im Grunde nicht an eine bestimmte Schulform gebunden sind. Erst die Berücksichtigung auch dieses Wandels vermittelt einen Eindruck von der Dynamik der Veränderungen in der Sekundarstufe I.

Auch wenn die Heterogenität der Regel- und Erprobungspraxis mehr Unübersichtlichkeit als Einheitlichkeit des Bildungswesens nach sich zieht, lassen sich in der Zusammenfassung der hier dokumentierten Erfahrungen allgemeine Tendenzen herausarbeiten:

1. Der Zustand der Sekundarstufe I in Deutschland kann am Ende der 90er Jahre als Strukturpluralität gekennzeichnet werden. Die Erprobungsformen sind vielfältig, die Stufe insgesamt tendiert zur Vielgliedrigkeit. Damit entstehen an manchen Orten, z.B. in städtischen Wohngebieten größere Wahlfreiheiten, an anderen Orten, z.B. im ländlichen Raum Konkurrenzen um die kleiner gewordene Schülerschar. Insofern es sich nicht um Gesamtschulen handelt, werden die traditionellen Strukturprobleme der frühen Auslese und der geringen Durchlässigkeit zwischen Schulformen perpetuiert. Trotz Regionalisierung der Schulreform, die ja gleichzeitig von lokalen Initiativen und Aktivitäten zur Durchsetzung von Reformen abhängig ist, entstehen neue regionale Disparitäten.
2. Das in der Fläche bürokratisch durchorganisierte Bildungssystem gehört der Vergangenheit an. Im Hinblick auf seine raumbedingte Struktur gibt es Prozesse der stärkeren Föderalisierung, die mit der Aufteilung in A- und B-Länder gewissermaßen begonnen hat und durch die deutsche Einigung erheblich vertieft wurde (vgl. Leschinsky 1992; Roeder 1997). Die Bundesländer sind wieder zum relativ unabhängigen Akteur in der Schulpolitik geworden, wobei sie die Heterogenität und Gegensätzlichkeit ihrer Reforminitiativen in nur noch allgemeineren Rahmenvereinbarungen vereinheitlichen können. Unterhalb der Länderebene haben sich alte regionale Disparitäten gehalten und sind neue entstanden, so daß „zwischen Verödung und Überangebot“ (Bargel/Kuthe 1992, S. 98) alle nur denkbaren Versorgungstypen nebeneinander bestehen. Da verändertes Schulwahlverhalten für manche Schulformen den Schüler zum knappen Gut werden lassen und sich dies beim Schulträger direkt bemerkbar macht, gewinnen die lokalen bzw. kommunalen Interessen zunehmend Steuerungseinfluß auf die Schulformentwicklung, insbesondere in der Sekundarstufe I (vgl. Bradtke 1995). Dieser Prozeß wird schließlich „nach unten“ fortgesetzt durch die Praxis bzw. Absicht, der einzelnen Schule einen größeren Raum der Selbststeuerung und Autonomie einzuräumen (Roeder 1997).
3. Diese letzte Tendenz wird unterstützt und legitimiert durch Schulreform im Einzelfall. Die Debatte über „gute Schule“ hat gezeigt, daß die Quali-

tät einer Schule erheblich von der Konzeption und Praxis der konkret in ihr tätigen Personen und Personengruppen abhängt, so daß die Initiative und Reformaktivität – auf die je eigene Schule bezogen – systematisch einen neuen Stellenwert erhält. Dies wird exemplarisch an den in diesem Band dokumentierten Beispielen deutlich, gilt aber darüber hinaus für die ganze normale Schule des Typs x in der Stadt y. Im gelingenden Fall kann die lokale Reform ein „Fundament pädagogischer Erfahrung, das gegen dogmatische bildungspolitische Kampfparolen immun sein dürfte" (Herrlitz 1981, S. 96), schaffen. Wolfgang Melzer diskutiert in seinem systematisierenden Beitrag beide Tendenzen: Einerseits die neue Entwicklung in Ostdeutschland, daß durch das gegliederte Bildungswesens die Bildungsschichtung hergestellt und verstärkt wird, und andererseits die Beobachtung, daß die Qualität von Schulen nicht schulformabhängig ist. In der Konsequenz bedeutet dies, daß zwar bildungspolitisch über die Schulform zu streiten ist, aber dessen ungeachtet pädagogisch an der Qualität einer jeden Schule gearbeitet werden muß. Das eine ist durch das andere nicht ersetzbar.

4. Eine Reihe von Beobachtungen hebt auf die neue Bedeutung der Realschule ab. Sie ist die Schulform, die von den Entwicklungen der letzten Jahre quantitativ am meisten profitiert hat und die im Hinblick auf den Erfolg ihres Bildungsganges, der zum orientierenden Modell für die Integration der Hauptschule geworden ist, auch prestigemäßig aufgewertet wird. Dort, wo neue Schulformen neben der Realschule entstehen, sich die Lehrerschaft der Realschule gegen die Schülerschaft der Hauptschule verwahrt, häufig auch dort, wo integrierte oder kooperative Formen entstehen. Daß Haupt- und Realschulen einander näherrücken oder unter einem Dach zusammenwachsen, wird durchaus auch mit Abgrenzungsreaktionen beantwortet, zumal sich dies die erfolgreiche Realschule „erlauben" kann. Es ist zu erwarten, daß sich die „Realschulfraktionen" in integrierten Formen als besonders aufstiegs- und leistungsorientiert profilieren werden oder Absonderungstendenzen entstehen. Eine ähnliche Entwicklung ist zwischen den Schulformen der Vier- oder Fünfgliedrigkeit zu erwarten. Die meisten Berichte aus den Bundesländern weisen – vorsichtig – auf Probleme des Personaleinsatzes hin; hinter diesen Problemen stehen die verfestigten Gruppierungen einer für das dreigliedrige Schulsystem ausgebildeten Lehrerschaft. Deren Identifikation mit „ihrer" Schule erweist sich im Prozeß von Reformen zwar in der Weise noch als ambivalent, daß die Identifikation mit der eigenen Schule pädagogisches Engagement hervorruft und nicht zur Abgrenzung zu anderen Schulformen; bei der zugemuteten Veränderung wird diese dann aber „ständisch" nach dem Maße des gefürchteten Prestigeverlustes definiert. Umso wichtiger sind die Erfahrungen von Schulen der stetigen Reform, die heute vor allem als Organisationsentwicklung vorangeht.

5. Bei der Neugestaltung der Sekundarstufe I werden die Folgen für das Sonderschulwesen bzw. die Förderschulen noch wenig diskutiert. Zwei Tendenzen können dabei aufeinandertreffen: Einerseits gibt es reale Tendenzen einer verstärkten Integration. Diese können aufgegriffen werden, wenn die Spielräume von in sich differenzierten Schulformen genutzt werden. Die Ausweitung von Differenzierung innerhalb eines Systems ist aber an Voraussetzungen gebunden, insbesondere an personelle Ressourcen. An dieser Stelle werden eher Restriktionen als günstige Konstellationen erkennbar. Andererseits kann sich gerade durch die integrativen Systeme in diesen der Druck verstärken, die unbequemen Schüler loszuwerden und sie in Sonderschulen für Verhaltensauffällige und Lernbehinderte zu verdrängen. Diese Form der Segregation benötigt zwar auch Ressourcen, und zwar nicht wenige, erweist sich aber als nützlich für die Stabilisierung anderer Integrationsprozesse. Deshalb könnte der Erfolg der Integration der „Hauptschulklientel" in eine Regionale Schule oder eine Erweiterte Realschule u.ä. mit dem Preis der Aussonderung eines kleineren Teils dieser Klientel in Sonderschulen verbunden sein. Derartige potentielle Entwicklungen gilt es im Auge zu behalten.
6. Strukturpluralität und Vielfalt lassen sich nicht nur als schöne Buntheit, sondern auch als problematische Undurchschaubarkeit interpretieren: Traditionale Formen (z. B. *das* Gymnasium, *die* Realschule) profitieren von ihrem eingespielten Prestige, neue Formen haben wegen ihres Innovationsanspruchs einen Wettbewerbsvorteil, traditionale Formen ohne Prestige (Haupt- und Sonderschule) erleiden einen Anerkennungsverlust auch dann, wenn in ihnen qualitativ gut und innovativ gearbeitet wird. Die neuen Formen müssen Aufstiegs- und Durchlässigkeitsmöglichkeiten versprechen, auch wenn diese nur sehr begrenzt realisierbar sind. Die Elternorientierung im Hinblick auf Sicherung des sozialen Status' bzw. Aufstiegs nimmt an Bedeutung zu. Auch wird mehr und mehr die elterliche Erziehungsbewußtheit und ihre schulpolitische Informiertheit bedeutsam, weil erweiterte Wahlmöglichkeiten nicht von allen Eltern in gleicher Weise erkannt und realisiert werden können.
7. Die Entwicklungstendenzen im Sekundarbereich I bestätigen, daß angesichts des Verschwindens der Hauptschule die Realschule deren Funktion der Vorbereitung für eine Berufsausbildung übernimmt, das Gymnasium sich zum „modernen Gesamtgymnasium" entwickelt und die Gesamtschule im ländlichen Raum ihre vielfältigen Funktionen am besten realisieren kann, während sie in städtischen Gebieten auf Teilfunktionen (Förderung vorwiegend der benachteiligten Schüler und Schülerinnen) reduziert wird (vgl. Rösner 1998). Die Widersprüchlichkeit der Funktionszuweisungen von Förderung und Auslese, Vereinheitlichung und Individualisierung, Profilbildung und Sicherung einer Standardqualifikation wird in der Vielfalt der Schulformen und Bildungsgänge nicht aufgehoben, allenfalls begrenzt bearbeitet.

Gleichzeitig aber zeigen die Berichte und Analysen über einzelne Schulen, die im zweiten Teil dieser Publikation enthalten sind, daß in einer reflektierten und engagierten Praxis die gegensätzlichen Anforderungen balancierend aufgegriffen und pädagogisch gestaltet werden können. Die Schulen, von denen hier berichtet wird und die zum Teil in einer langen Tradition der Schulreformarbeit stehen, zeigen auch, daß ein größerer Handlungsspielraum für die einzelne Schule produktiv ausgefüllt werden kann. Der Forderung nach mehr Autonomie stehen – zumindest in diesen Fällen – die Kompetenz zur pädagogischen Realisierung und der Wille zur Übernahme von Verantwortung gegenüber. Auch wenn die einzelnen Schulen sich nicht unbedingt als Modell-Schulen verstehen, haben sie für die zukünftige Entwicklung Schrittmacherfunktion übernommen. Für die pädagogische Ausgestaltung von Schulautonomie dürfte der Weg, Modellschulen flächendeckend zu kopieren, ohnehin nicht der richtige sein.

Für Entscheidungen über Schulformen ist auch weiterhin Bildungspolitik gefordert; für die Entwicklung von autonomen Schulen sind Initiative und Kreativität an jeder einzelnen Schule notwendig.

Literatur

Arbeitsgruppe Entwicklung des Bildungswesens der Deutschen Gesellschaft für Erziehungswissenschaft: Strukturprobleme, Disparitäten, Grundbildung in der Sekundarstufe I; hrsg. von Peter Zedler. Weinheim 1992

Bargel, Tino/Kuthe, Manfred: Regionale Disparitäten und Ungleichheiten im Schulwesen. In: Arbeitsgruppe Entwicklung des Bildungswesens der Deutschen Gesellschaft für Erziehungswissenschaft: Strukturprobleme, Disparitäten, Grundbildung in der Sekundarstufe I; hrsg. Von Peter Zedler. Weinheim 1992, S. 41-103

Bradtke, Dieter: Die Regionalisierung der Schulreform. Frankfurt am Main 1995

Bund-Länder-Kommission für Bildungsplanung und Forschungsförderung 1995

Elternbrief des HEV (Hessischen Elternvereins) o.J.

Gruschka, Andreas/Rüdell, Günter: Mit zweierlei Maß auf den Weg zur Zweigliedrigkeit? In: Die Deutsche Schule 80, 1988, Heft 4, S. 483-491

Herrlitz, Hans-Georg: Die integrierte Haupt-Realschule – eine Alternative zur Integrierten Gesamtschule? In: Die Deutsche Schule 73, 1981, Heft 2, S. 93-97

Hurrelmann, Klaus: Die Gesamtschul-Idee darf nicht zerforscht werden. In: Frankfurter Rundschau vom 21.5.1980, S. 14 (zitiert nach Herrlitz 1981)

Ders.: Thesen zur strukturellen Entwicklung des Bildungswesens in den nächsten fünf bis zehn Jahren. In: Die Deutsche Schule 80, 1988, Heft 4, S. 451-461

Klemm, Klaus/Rolff, Hans-Günter: Innere Schulreform im zweigliedrigen Schulsystem? – eine kritische Analyse neuerer bildungspolitischer Konzepte aus der Sicht der Schulentwicklungsforschung. In: Die Deutsche Schule 80, 1988, Heft 4, S. 462-471

Leschinsky, Achim: Sekundarstufe I oder Volksschuloberstufe? – Zur Diskussion um den Mittelbau des Schulwesens am Ende der Weimarer Zeit. In: Neue Sammlung 18, 1978, S. 404-430

Ders.: Dezentralisierung im Schulsystem der Bundesrepublik Deutschland. In: Arbeitsgruppe Entwicklung des Bildungswesens der Deutschen Gesellschaft für Erziehungswissenschaft: Strukturprobleme, Disparitäten, Grundbildung in der Sekundarstufe I; hrsg. Von Peter Zedler. Weinheim 1992, S. 21-40

Vortmann, Hermann: Sekundarstufe I. Eine vielgestaltige Schulstufe für einzigartige Schülerinnen und Schüler. Heinsberg 1997

Roeder, Peter: M.: Der föderalisierte Bildungsrat. Reformprogramme aus den Bundesländern. In: Zeitschrift für Pädagogik 43, 1997, S. 131-148

Rösner, Ernst: Die Sekundarschulen. Einführung und Überblick. In: Pädagogik 50, 1998, Heft 1, S. 44-49

Roth, Heinrich: Die Zukunft der Volksschule. In: Die Deutsche Schule 55, 1963, S. 553 – 567

Berichte und Analysen über Bundesländer

Joachim Rippel

Der bildungspolitische („historische") Kompromiß – die Erweiterte Realschule im Saarland

Am 27. März 1996 vollzog sich im Landtag des Saarlandes, was ein bemerkenswerter Kompromiß zwischen den beiden großen Parteien dieses Landes ermöglicht hatte: Von SPD und CDU gemeinsam eingebrachte Gesetze zur Änderung der Verfassung des Saarlandes und zur Änderung von Vorschriften auf dem Gebiet des Schulrechts wurden mit den Stimmen dieser Parteien – d.h. mit verfassungsgebender Mehrheit – verabschiedet. Damit war nach langem und zähem Ringen über die Neugestaltung der saarländischen Bildungslandschaft, über das Für und Wider von integrierten und differenzierten Bildungsgängen, der Weg frei zu einer neuen Schulform, welche die bisherigen Schulformen – Hauptschule, Sekundarschule und Realschule mit ihren wichtigen Bildungs- und Abschlußmöglichkeiten – zusammenfaßt: die Erweiterte Realschule.

Aus diesem konstruktiven Kompromiß der beiden großen Parteien ergab sich in der Folge für die Landesregierung der Auftrag, der neuen Schulform auf der ausgehandelten gesetzlichen Grundlage organisatorisch und inhaltlich Gestalt zu geben. Das wichtigste Ergebnis liegt nach einem intensiven Dialog mit den zuständigen Ausschüssen, Verbänden und Anhörungsgremien in Form einer Schulordnung für die Erweiterte Realschule vor (ERS-VO vom 29.1.1997, veröffentlicht im Amtsblatt des Saarlandes 1997, S.186).

Grundstruktur der Erweiterten Realschule

1. Die Orientierung vor der Sortierung

Das Konzept für die neue Schulform lieferte der zwischen den Parteien ausgehandelte Kompromiß per gesetzliche Anweisung sozusagen „frei Haus": Für die Klassenstufen 5 und 6 ist für alle Kinder – unabhängig von der abschlußbezogenen Empfehlung der Grundschule, d. h. ohne bereits den Blick auf Leistungsfähigkeit und Begabung zu richten – ein gemeinsamer Unterricht im Klassenverband vorgesehen, der von Hauptschul- und Realschullehrern gemeinsam erteilt wird. In Klassenstufe 6 erfolgt lediglich in der 1. Fremdsprache eine sich an den Leistungsmöglichkeiten der Kinder orientierende Differenzierung, vor allem um eine dauerhafte Überforderung der leistungsschwächeren Kinder zu vermeiden.

Damit bleibt in diesen beiden Jahren der Orientierungsphase hinreichend Zeit, Leistungsfähigkeit und -entwicklung aller Kinder intensiv zu beobachten, so daß die Entscheidung, welchem der beiden Bildungsgänge der Erweiterten Realschule die Kinder zugeordnet werden, auf der soliden Grundlage dieser Beobachtungen und Erfahrungen vollzogen werden kann. Dabei sollte das Urteil des Klassenlehrers/der Klassenlehrerin vor allem deshalb ein besonderes Gewicht haben, weil er/sie – der Intention der ERS-Verordnung folgend – einen möglichst umfangreichen Anteil des Unterrichts in seiner Klasse selbst abdecken sollte. Mit dem sich zunächst auf diese Weise in der Verordnung niederschlagenden Bekenntnis zum Erziehungsauftrag in der Schule ergeben sich für die Unterrichtsorganisation insgesamt Konsequenzen im Blick auf eine angemessene Erziehungsprozesse begünstigende Quantität der Beziehungen zwischen Lehrern und Schülern, d.h. insgesamt sollte der Erfahrung Rechnung getragen werden, daß ein relativ hoher Stundenanteil des Lehrers in einer Klasse in der Regel auch der Entwicklung eines positiven Lehrer-Kind-Verhältnisses förderlich ist. Das Anliegen gewinnt noch dadurch an Bedeutung, daß damit der Schulwechsel für Grundschüler/innen nicht mehr den Sprung ins „kalte Wasser des reinen Fachlehrersystems“ bedeutet, der für manches sensible Kind nicht störungsfrei und ohne leistungsmindernde „Verkühlung“ zu verkraften ist.

Der vom Klassenlehrer/von der Klassenlehrerin zu konzipierende Entwicklungsbericht und die Zeugnisnoten, d.h. Leistung, Leistungsentwicklung und die Gesamtpersönlichkeit des Schülers/der Schülerin, werden somit gleichermaßen wichtige Hinweise für die am Ende der Klassenstufe 6 von der Klassenkonferenz zu treffende Entscheidung liefern, ob das Kind dem auf den mittleren Bildungsabschluß bezogenen Bildungsgang („Realschulbildungsgang“), ob es dem auf den Hauptschulabschluß bezogenen Bildungsgang („Hauptschulbildungsgang“) zugewiesen wird oder ob der Besuch des Gymnasiums für das Kind empfehlenswert ist. (Die Empfehlung zum Besuch des Gymnasiums kann die Klassenkonferenz bei entsprechender Eignung des Schülers / der Schülerin im übrigen bereits am Ende der Klassenstufe 5 erteilen).

Konkret sieht die Schulordnung der Erweiterten Realschule vor, daß ein Schüler zunächst nur dann dem Realschulbildungsgang zugewiesen werden kann, wenn in den Fächern Deutsch, Mathematik und 1. Fremdsprache keine Note unter „befriedigend“ und in den übrigen Fächern keine Note schlechter als „ausreichend“ lautet. Sofern diese Voraussetzungen nicht gegeben sind, kann die Klassenkonferenz allerdings dennoch einen Schüler dem Realschulbildungsgang zuweisen, wenn ihr dies mit Blick auf die Leistungsentwicklung und das Lernverhalten des Schülers „unter Würdigung seiner Gesamtpersönlichkeit“ angemessen erscheint.

Mit dieser Koppelung von klaren Leistungsanforderungen und einem notwendigen pädagogischen Ermessensspielraum werden den Lehrern zum einen objektive Leistungskriterien als Entscheidungshilfe an die Hand gegeben, zum anderen verbleibt der Klassenkonferenz jedoch die Möglichkeit, etwa auf unverschuldete Leistungsdefizite der Schüler/innen bei einer insgesamt positiven Schulerfolgsprognose pädagogisch zu reagieren.

Schüler, die auf der Grundlage dieses Verfahrens nicht dem Realschulbildungsgang zugeordnet werden können, besuchen in Klassenstufe 7 den Hauptschulbildungsgang, ohne einer Versetzungsordnung unterworfen zu sein. Man hat am Ende der Orientierungsphase bewußt auf die Versetzungssituation verzichtet. Gewiß ist diese Regelung nur im Blick auf ihren pädagogischen Kontext zu verstehen. Deshalb ist zunächst einmal für all diejenigen, deren Sorge besonders der Qualität des Realschulbildungsganges gilt, darauf hinzuweisen, daß gerade für die dem Realschulbildungsgang zugewiesenen Schüler/innen ohnehin – wie oben ausgeführt – Einstufungskriterien relevant sind, die über die Ansprüche einer Zeugnis- und Versetzungsordnung der Realschule deutlich hinausreichen.

So ist der Verzicht auf eine Versetzungsentscheidung beim Übergang in die Klassenstufe 7 der ERS ausschließlich im Interesse der „Hauptschüler“ zu begreifen. Diese befinden sich in den Klassenstufen 5 und 6 aufgrund der dort vorgesehenen integrativen Unterrichtsform – aus vielerlei guten Gründen zwar – im „Leistungswettbewerb“ mit zum Teil erheblich leistungsfähigeren Schülern, denen sie in der Hauptschule nicht begegnet wären. Die Befürchtung vieler Lehrer, daß gerade deshalb diese schwächeren Schüler benachteiligt sein könnten, weil ihnen in der Regel Motivation und Selbstvertrauen fördernde Ergebnisse in Klassenarbeiten, sonstigen Lernerfolgskontrollen und Leistungsbeurteilungen aufgrund dieser Konkurrenzsituation im Klassenverband womöglich dauerhaft versagt bleiben und auch das Lob des Lehrers und der Lehrerin nur selten genossen werden kann, hat nachdrücklich in dieser Regelung ihren Niederschlag gefunden. Negative Konsequenzen dieser neuen Situation in der Orientierungsphase für die Schulerfolgsaussichten solcher Kinder sollen auf alle Fälle vermieden werden.

Auf die Alternative zu dieser Lösung – eine „weiche“ Versetzungsordnung für den Hauptschulbildungsgang, um den Schaden für die „Hauptschüler“ an dieser Nahtstelle nach der Klassenstufe 6 in Grenzen zu halten – wollte man sich nicht einlassen, auch und vor allem im Interesse eines soliden und auch deutlich leistungsbezogenen Hauptschulabschlusses. So gelten denn für die Versetzungssituationen nach den Klassenstufen 7 und 8 und ebenso für die Zuerkennung des Hauptschulabschlusses die Versetzungsbedingungen der alten Hauptschul-Versetzungsordnung.

Mit diesem Kompromiß scheint den Forderungen, in der neuen Schulform insbesondere auch einen angesehenen Hauptschulabschluß zu realisieren, ebenso Rechnung getragen wie dem Anliegen, bei der Regelung des Überganges von der integrierten Orientierungsphase in die leistungsdifferenzierte Phase der Erweiterten Realschule auch auf die schwächeren Schüler in angemessener Weise Rücksicht zu nehmen. Ihre Schulerfolgsaussichten dürften damit keineswegs hinter den Chancen in der auslaufenden Hauptschule zurückstehen.

Mit der am Ende der Klassenstufe 6 vollzogenen Zuweisung der Schülerinnen und Schüler in die beiden Bildungsgänge der Erweiterten Realschule hat die Klassenkonferenz allerdings ihr letztes Wort noch nicht gesprochen. Vielmehr wurden zwei wichtige Korrekturmöglichkeiten festgeschrieben. Kindern, die sich während der Klassenstufe 7 durch besondere Leistungen hervortun, kann sowohl zum Halbjahrestermin als auch zum Schuljahresende der „Bildungsgangaufstieg" vom Hauptschulbildungsgang zum Realschulbildungsgang durch einen Konferenzbeschluß ermöglicht werden.

Bei der Entscheidung in Halbjahres- bzw. Jahreskonferenz gilt zunächst wieder ein klarer Leistungsanspruch: So wird in den Fächern Deutsch, Mathematik und 1. Fremdsprache nunmehr eine Mindestdurchschnittsnote von 2,3 verlangt und in den übrigen Fächern des Pflicht- und Wahlpflichtbereiches die Durchschnittsnote 2,75 vorausgesetzt. Allerdings wird auch dieser Anspruch – analog zu der Einstufungsentscheidung am Ende der Klassenstufe 6 – durch einen der Klassenkonferenz zugestandenen Ermessensspielraum relativiert, so daß auch in dieser Situation auf individuelle Leistungsentwicklungen und -tendenzen Rücksicht genommen werden kann.

2. Der Unterricht in abschlußbezogenen Bildungsgängen (Hauptschulbildungsgang + Realschulbildungsgang = Erweiterte Realschule)

Ab Klassenstufe 7 wird in der Erweiterten Realschule in abschlußbezogenen Bildungsgängen unterrichtet. In der Regel werden alle Unterrichtsfächer in abschlußbezogenen Klassen erteilt, d. h. die Schüler und Schülerinnen werden entweder in einem „Hauptschulbildungsgang" oder in einem „Realschulbildungsgang" unterrichtet.

Voraussetzung für die durchgehende – alle Fächer betreffende – abschlußbezogene Fachleistungsdifferenzierung ist eine Dreizügigkeit der Schule, wie sie an den allermeisten Standorten gegeben ist. Ist eine Erweiterte Realschule jedoch nur zweizügig, so wird in den Klassenstufen 7 und 8 nur in den Fächern Deutsch, Mathematik und 1. Fremdsprache in zwei nach Leistung getrennten Lerngruppen unterrichtet, während in Klassenstufe 9 auch für dieses Differenzierungsmodell die durchgehend abschlußbezogene Fachleistungsdifferenzierung gilt.

Bemerkenswert ist in diesem Zusammenhang, daß die Gesamtkonferenzen der Schulen allerdings die Möglichkeit haben, sich auf der Basis einer

Zweidrittel-Mehrheit – unter Beachtung und Beibehaltung der Kostenneutralität – für ein vom Regelfall abweichendes Differenzierungsmodell zu entscheiden.

Für die Gestaltung von Organisationsstruktur und Unterrichtsangeboten in den Klassenstufen 7 bis 9/10 galt die in doppelter Hinsicht anspruchsvolle Zielsetzung, daß die Erweiterte Realschule zum einen die beiden Schulformen Hauptschule und Realschule mit ihren bewährten Möglichkeiten zusammenfassen mußte und daß zum andern das Unterrichtsangebot der neuen Schulform inhaltlich dahingehend Ergänzung finden sollte, daß es gesellschaftlichen Entwicklungen und daraus resultierenden Ansprüchen gerecht werden kann. Schulordnung, Stundentafel und Lehrplanarbeit tragen diesen Ansprüchen Rechnung.

Die Stundentafel

Die Stundentafel läßt das Festhalten an spezifischen Angeboten der beiden nunmehr auslaufenden Schulformen, Hauptschule und Realschule, unschwer erkennen. So sind u. a. in dem auf den Hauptschulabschluß bezogenen Bildungsgang in den Bereichen der natur- und gesellschaftswissenschaftlichen Fächer bereits der alten Hauptschule wichtige Lernbereiche sowie auch und vor allem eine modernisierte Arbeitslehre wiederzufinden, während in dem Realschulbildungsgang der Klassenstufen 7 bis 10 neben dem bewährten Fachunterricht auch Angebote in einem der Realschule eigenen „Wahlpflichtunterricht" realisiert wurden.

Zudem wurde darauf geachtet, die Unterrichtsanteile für die o.g. gesetzlich regulierten Differenzierungsmodelle der Erweiterten Realschule so zu harmonisieren, daß die Zahl der Unterrichtsstunden beider Bildungsgänge in den Klassenstufen 7 und 8 mit Blick auf den – in der nur zweizügigen Erweiterten Realschule in der Regel notwendigen – gemeinsamen Unterricht grundsätzlich angeglichen wurde. Damit ist die wichtige Gleichheit des Angebots beider ERS-Differenzierungsmodelle („große" und „kleine" Erweiterte Realschule) sichergestellt.

Aus gutem Grund wurde allerdings in der 1. Fremdsprache der Klassenstufe 8 von einer Anpassung der Stundenzahl in beiden Bildungsgängen abgesehen, weil man sich der von Hauptschulpädagogen vielfach vertretenen Meinung anschloß, daß im Hauptschulbildungsgang – mit Rücksicht auf die sprachlich weniger begabten Schüler – der fremdsprachliche Unterricht begrenzt werden sollte. Die Harmonisierung der Stundenzahl erfolgt in diesem Fall durch eine zusätzliche Stunde im Fach Deutsch für die Schülerinnen und Schüler des Hauptschulbildungsganges. Damit wird zudem auf ein anderes wichtiges Anliegen reagiert: eine deutliche Stärkung der Kernfächer, der die Stundentafel insgesamt durch eine Erhöhung der Unterrichtsanteile in den Fächern Deutsch und Mathematik Rechnung trägt.

Die Stundentafel stellt weiterhin sicher, daß alle Schülerinnen und Schüler der Erweiterten Realschule mindestens eine Fremdsprache erlernen werden. Das für die einzelnen Schulen an den 48 Standorten der Erweiterten Realschule festgelegte Fremdsprachenangebot berücksichtigt zwar insofern deutlich unsere nachbarschaftlichen, historisch gewachsenen Verpflichtungen gegenüber Frankreich, als die meisten Schulen die 1. Fremdsprache „Französisch" anbieten. Eine Reihe von Schulen haben jedoch Englisch als 1. Fremdsprache, und die großen Schulen bieten beide Sprachen an. Selbstverständlich wurde bei der Zuteilung der Fremdsprachenfolge an die einzelnen Standorte – im Rahmen des finanziell Machbaren – auch auf eine regional angemessene Verteilung des Fremdsprachenangebotes im Ganzen geachtet.

Im Übrigen folgt diesem Konzept die höchst interessante Konsequenz, daß im Schuljahr 1997/98 „Hauptschüler/innen" auch im Saarland Englisch lernen können, sofern sie von ihren Eltern an einer Erweiterten Realschule mit dem entsprechenden Fremdsprachenangebot angemeldet wurden. Daß dabei u.U. ein längerer Schulweg in Kauf genommen werden muß, ergibt sich aus der o.g. Situation.

Berufswahlorientierung durch Praxisbezug in Wahlpflichtbereich und Arbeitslehre

Ein für die ERS modernisiertes Fach „Arbeitslehre" orientiert sich in besonderem Maße an den Ansprüchen unserer Arbeits- und Berufswelt. Das so mit einem besonderen Praxisbezug ausgestattete Fach wird in den Klassen 5 und 6 für alle Schüler und in dem auf den Hauptschulabschluß bezogenen Bildungsgang durchgehend im Pflichtbereich unterrichtet. Dabei muß die traditionelle Zweiteilung der Arbeitslehre in einen handwerklichen und einen eher musisch-technischen Bereich einer Dreiteilung weichen, die vor allem der Entwicklung der Informationstechnik Rechnung trägt:

Die informationstechnische Grundbildung wurde in den Angebotskatalog dieses Faches aufgenommen und begegnet allen Schülern/Schülerinnen somit schon früher als bisher in Hauptschule und Realschule, nämlich in der Regel bereits in Klassenstufe 5. Die räumlichen und sächlichen Voraussetzungen stehen an den meisten Standorten bereits zur Verfügung; wo die Schulträger diese Voraussetzungen erst realisieren müssen, wird eine Umverteilung der im Lehrplan vorgesehenen Unterrichtsanteile im Bereich der informationstechnischen Grundbildung notwendig sein.

In den Klassenstufen 7 und 9 vermittelt Arbeitslehre den Schülerinnen und Schülern des Hauptschulbildungsganges wesentliche Kenntnisse und Erfahrungen der Wirtschafts- und Arbeitswelt und bereitet sie damit frühzeitig auf ihre Berufswahl vor.

Aber auch die Schüler und Schülerinnen im Realschulbildungsgang können sich im Wahlpflichtbereich der Klassen 7 und 8 – alternativ zur 2. Fremdsprache – für das Fach Arbeitslehre (Technik/Wirtschaft) entscheiden. Und in den Klassenstufen 9 und 10 sind weitere praxisnahe und berufsorientierende Fächer aus dem technischen, wirtschaftlich-sozialen, naturwissenschaftlichen und musischen Bereich in der Angebotspalette des Wahlpflichtbereiches möglich, die hier auch ergänzend zur 2. Fremdsprache angewählt werden können.

Die im Wahlpflichtbereich den einzelnen Schulen anheimgestellten „Angebote der Schule" sind gewiß eine den Gestaltungsfreiraum der neuen Schulform vergrößernde und ihren Selbstgestaltungswillen herausfordernde interessante Besonderheit. Damit wird den Schulen Gelegenheit gegeben, mit Blick auf ihre personellen und sächlichen Ressourcen, d.h. vor allem auch unter Ausnutzung ihrer vorhandenen fachlichen Kompetenzen und der gegebenen fachräumlichen Voraussetzungen, eigene pädagogische Interessen und Schwerpunkte in einem neu zu entwickelnden Curriculum Gestalt werden zu lassen und damit wesentlich zu einem eigenen Schulprofil beizutragen. Natürlich können in diesem Zusammenhang auch bewährte Realschul-Unterrichtsangebote, für die ja bereits Lehrpläne vorliegen (z.B. Technik/Technisches Zeichnen und Hauswerk-Ernährungslehre/Kochen) aufgegriffen, aktualisiert und auch in der neuen Schulform realisiert werden.

Das in Vor- und Nachbereitung fächerübergreifend in das Lehrplankonzept der ERS eingebettete Schülerbetriebspraktikum ergänzt die Bemühungen der Erweiterten Realschule, ihre Schülerinnen und Schüler auf die am Ende ihrer Schulzeit anstehende Berufswahl- bzw. weitere Bildungswahlentscheidung vorzubereiten. Die Jugendlichen haben auf diese Weise u.a. Gelegenheit, im Unterricht erworbene Kenntnisse über den Aufbau eines Betriebes, seinen wirtschaftlichen Zweck, die erforderlichen Ausbildungsgänge, über Verflechtungen der Betriebe und wichtige soziale Belange durch intensive eigene Beobachtungen und Erfahrungen zu ergänzen. Ebenso wichtige wie interessante Einblicke in die sich ständig verändernde Wirtschafts- und Arbeitswelt werden auf diese Weise aber auch den betreuenden Lehrkräften vermittelt.

Lehrplanarbeit und Fortbildung der Lehrkräfte

Durch die in der Orientierungsphase der ERS anstehende gemeinsame Unterrichtung von „Hauptschülern" und „Realschülern" erweitert sich die Schere von Begabungen, Kenntnissen, Interessen und häuslicher Fürsorge ganz erheblich. Die ab dem kommenden Schuljahr in der Erweiterten Realschule unterrichtenden Lehrer/innen werden sich deshalb darauf einstellen müssen, daß bisher in ihrer Hauptschule bzw. in ihrer Realschule durchaus angemessene Unterrichtsinhalte und Ziele die Bedürfnisse eines Teiles der neuen

Klientel nicht mehr treffen und bislang erfolgreiche Unterrichtsmethoden einer beachtenswerten Gruppe von Schülern und Schülerinnen nicht mehr gerecht werden können. Daraus folgt, daß sowohl die Lehrpläne als auch die Methoden des Unterrichtens und der Leistungsbeurteilung auf die pädagogische Situation eingestellt werden müssen. Demnach gilt es, die organisatorischen und inhaltlichen Vorbereitungen für die neue Schulform mit der Planung eines umfassenden Fortbildungsangebotes für Lehrer/innen zu verzahnen. Neben die bereits bestehenden Angebote der Lehrerfortbildungsinstitutionen und ergänzend zu solchen, die im Blick auf die dringenden aktuellen Bedürfnisse (u.a. „Umgang mit schwierigen Schülern", „Binnendifferenzierung") kurzfristig geschaffen und per Rundschreiben an den Schulen bekannt gemacht worden sind, wird ein entwicklungsbegleitendes Fortbildungskonzept treten, das den an der ERS zu beteiligenden Lehrergruppen Gelegenheit geben wird, sich mittelfristig – ihre Arbeit in der ERS begleitend oder vorbereitend – auf die Erziehungs- und Unterrichtsarbeit in der neuen Schulform vorzubereiten.

In enger Verknüpfung mit der die Bildungsziele der ERS dokumentierenden Lehrplanarbeit planen und begleiten Vertreter der Lehrerfortbildungsinstitutionen LPM, ILF und EkiS, der unteren und oberen Schulaufsicht ein Fortbildungskonzept, das auf verschiedenen Ebenen Informationen und Weiterbildung über Ziele der ERS, innere Differenzierung, Leistungsmessung, Methodenvielfalt, fächerverbindendes Lernen, Umgang mit verhaltensauffälligen Schüler/innen etc. bieten soll.

Die o.g. Lehrpläne mit den dort dokumentierten Ansprüchen und Möglichkeiten werden dabei wichtige Lernzielvorgaben auch für die auf die neue Schulform vorbereitende Lehrerfortbildung liefern. Die Einforderung von fächerübergreifendem Lehren und Lernen, intensiven Übungsphasen, der Einbindung von Schlüsselqualifikationen und der Stärkung der Grundfertigkeiten in Lesen, Schreiben und Kommunikation verlangen vielfach ebenso ein Umdenken und die Bereitschaft sich fortzubilden wie auch der Umgang mit den durch die neuen Lehrpläne gesicherten größeren pädagogischen Freiräumen.

Alle im kommenden Schuljahr an der ERS beteiligten Lehrkräfte erhalten im Rahmen solcher Fortbildungsveranstaltungen Einblick in den Lehrplan aller Fächer der Klassenstufe 5; der Jahrgangsplan wird ihnen als wichtige persönliche bzw. der Kooperation mit den Kollegen dienliche, inhaltlich-fachliche sowie methodisch-didaktische Planungsunterlage zur Verfügung gestellt.

Ergänzend sollen auch Dienstbesprechungen (Schulräte-, Schulleiter- und Lehrerdienstbesprechungen) den Informationsfluß von der obersten Schulaufsichtsbehörde über die untere Schulaufsichtsbehörde und die Schulleiter bis zu jeder einzelnen Lehrkraft befördern und gewährleisten, daß die „Philosophie" der neuen Schulform, wie sie sich aus Organisation und Struktur, aus Lehrplänen und aus Standortkonzepten ergibt, in die einzelnen Schulen hineingetragen wird. (Hier wird neben der begleitenden Beratung durch die untere Schulaufsicht vielfach auch die Präsenz des in der Einführungsphase der ERS besonders geforderten „Grundsatzreferates" im Kultusministerium notwendig sein. Es wird in solchen Dienstbesprechungen eine gleichermaßen wichtige Aufgabe sein, Vorbehalte gegen die neue Schulform, gegen die Kooperation der unterschiedlichen Kollegien und Ängste vor der Begegnung mit „schwierigen Schülern" und „besser ausgebildeten" Lehrern abzubauen und die Kollegien – nach Möglichkeit – bereits vor Beginn des neuen Schuljahres in gemeinsamen Veranstaltungen, den besonderen Gegebenheiten vor Ort jeweils Rechnung tragend, miteinander ins Gespräch zu bringen und kooperationsfähig zu machen.)

So sollte es erreichbar sein, daß die in den ERS-Lehrplänen verankerten Intentionen und auch die dort angedeuteten Möglichkeiten zu deren Realisierung in die Vorbereitungen der ERS-Lehrer auf ein besonders wichtiges neues Schuljahr einfließen.

Die ERS – eine Pflichtschule mit Angebotscharakter

Die Erweiterte Realschule wird ebenso wie die Gesamtschule nunmehr Pflichtschule im Blick auf die „schulische Weiterversorgung" unserer Grundschüler sein. Konkret bedeutet dies, daß jede Grundschule einer Erweiterten Realschule (oder Gesamtschule) zugeordnet ist, die primär eben jenen Grundschulkindern als Möglichkeit zur Fortsetzung der Bildungslaufbahn in der Sekundarstufe I zur Verfügung steht. Jedoch sind die Eltern der Schüler/innen aus den Grundschulen im „Einzugsbereich" nicht verpflichtet, ihre Kinder auch an der diesen Grundschulen zugeordneten Erweiterten Realschule anzumelden.

Der Begriff „Pflichtschule" erhält also im Zusammenhang mit der Erweiterten Realschule eine völlig neue Bedeutung; das zwischen Elternhaus und der auslaufenden Hauptschule bestehende „Pflichtverhältnis" wird umgekehrt: Nicht Eltern sind verpflichtet, ihre Kinder an eine bestimmte ERS anzumelden, sondern die neuen Pflichtschulen (ERS und Gesamtschulen) haben die Verpflichtung, zunächst einmal die Kinder der ihnen im Einzugsbereich zugeordneten Grundschüler aufzunehmen.

So können sich die Eltern bei der nach der Grundschulzeit anstehenden Schulwahl für ihr Kind zunächst einmal frei entscheiden. Dabei werden das Fremdsprachenangebot und in der Zukunft wohl auch mehr und mehr das – aufgrund der den Schulen vor allem im Wahlpflichtbereich der ERS belassenen Gestaltungsspielräume – sich entwickelnde individuelle Schulprofil wichtige Entscheidungskriterien sein.

Allerdings findet besagte Schulwahlfreiheit nach wie vor ihre Grenze in der sich insbesondere nach den baulich-räumlichen Verhältnissen richtenden Aufnahmefähigkeit der Schulen. Wird diese Aufnahmekapazität überschritten, so greift u. U. ein Aufnahmeverfahren, an dessen Ende ein Losverfahren stehen kann, wenn denn die Bemühungen von Schulleitung und unterer Schulaufsicht, Schüler durch gezielte Beratung an Schulen mit freien Plätzen umzulenken, nicht im erforderlichen Maße Erfolg haben.

Erfreuliche Akzeptanz im ersten Anlauf

Die Anmeldefristen für das kommende Schuljahr 1997/98 sind inzwischen abgelaufen, die Anmeldezahlen an den einzelnen Schulformen liegen vor. Für die Erweiterte Realschule hat sich dabei der vorsichtige Optimismus der Verantwortlichen bestätigt, daß diese Schulform das Vertrauen der Eltern und Schüler gewinnen könne. Bereits im ersten Anlauf konnte sich die ERS gegen den „Pflichtschul-Konkurrenten" Gesamtschule behaupten, und der Zulauf zu den Gymnasien hielt sich in den erhofften Grenzen.

So darf davon ausgegangen werden, daß die neue Schulform Erfolg haben wird, zumal wir in den kommenden Jahren Gelegenheit haben werden, die – trotz erheblicher Anstrengungen bei der Vorbereitung des ersten Durchganges – in der Öffentlichkeit verbliebenen Informationsdefizite gezielt abzubauen und angesichts der umfassenden Schulstrukturreform bei manchen Eltern aufgekommene Unsicherheit vor allem durch engagierte und solide Arbeit in den neuen Schulen weiter abzubauen und auch dort Vertrauen für die ERS zu gewinnen, wo es im ersten Anlauf versagt blieb.

Abschlüsse und Berechtigungen

Die Erweiterte Realschule orientiert sich in Unterrichtsorganisation, Leistungsanforderungen und Abschlüssen an den Vereinbarungen der Kultusministerkonferenz über die Schularten und Bildungsgänge im Sekundarbereich I. Ihre Abschlüsse sind bundesweit anerkannt.

Die Schulordnung der Erweiterten Realschule dokumentiert nicht nur die in den beiden Bildungsgängen dieser Schulform möglichen Abschlüsse, sondern sie definiert darüber hinaus die Möglichkeiten und Bedingungen für einen Übergang in weiterführende Schulen und läßt damit die vertikale Offenheit beider Bildungsgänge deutlich werden. Die beiden an der Erweiterten Realschule angebotenen Bildungsgänge ermöglichen somit – auf der Basis der bewährten Versetzungsordnungen der auslaufenden Hauptschule bzw. Realschule – folgende Abschlüsse und Berechtigungen:

- Hauptschulabschluß nach Klassenstufe 9: der Hauptschulabschluß ist in der Regel die Grundlage für eine Berufsausbildung oder den Eintritt in ein Berufsgrundbildungsjahr.
- Hauptschulabschluß mit der Berechtigung zum Übergang in eine Handelsschule, Gewerbeschule oder Sozialpflegeschule nach Klassenstufe 9.

- Diese Schulen führen in einem zweijährigen Bildungsgang zu einem mittleren Bildungsabschluß. Voraussetzung für diese Berechtigung ist ein entsprechendes Notenprofil.
- Mittlerer Bildungsabschluß (auf der Grundlage des entsprechenden Abschlußverfahrens, das mit dem der auslaufenden Realschule identisch ist) nach Klassenstufe 10.

Der Mittlere Bildungsabschluß ist Grundlage für eine Berufsausbildung und für den Übergang in weiterführende berufsbezogene oder studienbezogene Bildungsgänge. Er berechtigt z. B. zum Besuch der Höheren Handelsschule oder Fachoberschule.

- Mittlerer Bildungsabschluß mit der Berechtigung zum Übergang in die gymnasiale Oberstufe nach Klassenstufe 10

Wer den mittleren Bildungsabschluß mit guten Leistungen erreicht, erwirbt zudem die Berechtigung zum Übergang in eine gymnasiale Oberstufe. Hat der Schüler / die Schülerin zudem zwei Fremdsprachen erlernt, so kann er/sie in jede gymnasiale Oberstufe übertreten. Aber auch wer nur eine Fremdsprache nachweist, kann an einer Reihe von Standorten in die gymnasiale Oberstufe überwechseln.

Hermann L. Gukenbiehl/Holger Mahr-George

Die Regionale Schule in Rheinland-Pfalz

Vorbemerkung

Seit 01.02.97, d.h. nach rund zwei Dritteln der Laufzeit des Modellversuchs, ist die Regionale Schule in Rheinland-Pfalz als ergänzendes Regelschulangebot gesetzlich verankert.[1] Der Modellversuch selbst wird jedoch – wie ursprünglich vorgesehen – als Bundesversuch bis 1998 und als Landesversuch bis 1999 weitergeführt. Auf die Gründe für diese sicher ungewöhnliche vorzeitige gesetzliche Verankerung dieser Schulform kommen wir weiter unten zurück.

1. Zum Entstehungszusammenhang

Grundproblematik

Doch zunächst zum Entstehungszusammenhang dieses Modellversuchs. Rheinland-Pfalz hat sich, wie auch andere Flächenländer, mit einer Reihe bildungsstruktureller Probleme zu befassen, die auch diesen Modellversuch bestimmen.

Wesentlich für die Problemgenese ist zum einen die in den letzten Jahrzehnten kontinuierlich angestiegene Bildungsaspiration in weiten Teilen der Bevölkerung (Rolff et al. 1994), gewissermaßen ein Langzeiteffekt der Bildungsexpansion der späten 60er Jahre. Denn das Bestreben von Eltern, daß ihre Kinder zumindest den gleichen, nach Möglichkeit jedoch einen höheren Bildungsabschluß erreichen als sie selbst (Rolff et al. 1994: 19ff), setzt eine intergenerationale Aufwärtsspirale in der Bildungsaspiration in Gang.

Dieser Trend wird noch verstärkt durch die sich verschärfende Konkurrenz am Ausbildungsmarkt und durch die in einigen Bundesländern erfolgte Freigabe des Elternwillens bei der Wahl der weiterführenden Schule (z.B. Rheinland-Pfalz seit dem Schuljahr 1992/93).

---

1 Siehe Zehntes Landesgesetz zur Änderung des Schulgesetzes vom 12. Februar 1997, Gemeinsames Amtsblatt der Ministerien für Bildung, Wissenschaft und Weiterbildung und für Kultur, Jugend, Familie und Frauen des Landes Rheinland-Pfalz vom 28. April 1997 (7. Jahrgang, Nummer 6 S. 329 ff).

Eine Folge dieser steigenden Bildungsaspiration, die auch und besonders bei den Mädchen sichtbar wird, ist der Anstieg der Übertrittsquoten in Realschulen und Gymnasien und die entsprechende Abnahme dieser Quoten an Hauptschulen. Besuchten in Rheinland-Pfalz (Rolff 1992: 103) 1960 noch 86% der Schüler/innen des 7. Jahrgangs die Hauptschule, 3,6% die Realschule und 16,8% das Gymnasium, so waren es 1990 noch 42,1% der Siebtklässler/innen, die eine Hauptschule besuchten, 21,5%, die in eine Realschule und 30,8%, die in ein Gymnasium gingen. D.h. der Anteil an Realschüler/innen hat sich in Rheinland-Pfalz in diesen 30 Jahren etwa versechsfacht, der an Gymnasiasten/innen fast verdoppelt, während der Anteil an Hauptschüler/innen mehr als halbiert wurde. Parallel dazu stieg die sogenannte Quartanerquote auf 52,3% des 7. Schülerjahrgangs.[2] An dieser Entwicklung partizipierten vor allem die kreisfreien Städte. In den Landkreisen lagen die Hauptschulquoten zu diesem Zeitpunkt dagegen vielfach deutlich über dem genannten Landesdurchschnitt von 42,1% und erreichten z.B. in den peripher gelegenen Landkreisen Primasens, Kusel, Westerwald, Cochem-Zell, Germersheim oder Daun Werte, die fast an die 50% Marke heranreichen.

Diese regionale Disparität beim Besuch von weiterführenden Wahlschulen verweist zugleich auf den dritten Problemkomplex, der für das Konzept der Regionalen Schule von Gewicht war: die Disparitäten im Bildungsangebot zwischen dichter und weniger dicht besiedelten Gebieten. Denn viele Verbandsgemeinden verfügen in den letzteren nur über das Pflichtangebot von Grund- und Hauptschule, während sich Realschulen und Gymnasien als sogenannte Wahlschulen primär in Städten finden. Dabei wird in Rheinland-Pfalz trotz einer langsam wachsenden Zahl von Integrierten Gesamtschulen und neueren Versuchen mit teilintegrierten Schulformen[3] an dem Prinzip des Düsseldorfer Abkommens noch weitgehend festgehalten, in dem sich die Bundesländer auf die Dreigliedrigkeit des Schulsystems als verbindliche Grundstruktur einigten (zum Düsseldorfer Abkommen siehe Arbeitsgruppe Bildungsbericht am Max-Planck-Institut für Bildungsforschung 1994: 179).

Sieht man nun diese drei Problemaspekte: (1) die steigende Bildungsaspiration, (2) die Zunahme der Realschul- und Gymnasialquoten und die Abnahme der Hauptschulquoten sowie (3) die fortbestehenden räumlichen Disparitäten im Schul- und Bildungsangebot zu ungunsten der stadtferneren Siedlungsgebiete im Zusammenhang, dann folgen daraus

- wachsende Partizipations- und Qualifikationsdifferenzen zwischen Schüler/innen in städtischen und stadtfernen Siedlungsgebieten;
- ein wachsender Anteil von Fahrschüler/innen und somit steigende privat oder öffentlich aufzubringende Beförderungskosten;

---

2 Bei dieser Berechnung sind jedoch Schüler/innen in den Realschul- und Gymnasialbildungsgängen an (teil-)integrierten Schularten nicht als Quartaner berücksichtigt.

3 Schulversuch Regionale Schule, Duale Oberschule sowie Schulmodell Rockenhausen.

– und schließlich eine zunehmende Zahl schrumpfender oder gar in ihrer Existenz gefährdeter Hauptschulen bei gleichzeitig wachsender Nachfrage nach Realschulen und Gymnasien.

Bildungspolitische Rahmenbedingungen

Eine schulstrukturelle Antwort auf diesen bildungs- und strukturpolitischen Problemkomplex soll nun die Regionale Schule geben. Denn nach dem Willen ihrer geistigen und politischen 'Eltern' soll sie

- 'wohnortnah' (d.h. in geringerer zeitlicher und räumlicher Distanz als andere Wahlschulen)
- ein 'differenziertes Bildungsangebot' bereitstellen (d.h. neben dem Hauptschulbildungsgang auch den Realschulbildungsgang anbieten).

Die programmatisch-konzeptionelle Urheberschaft an der 'Regionalen Schule' beansprucht der Verband Bildung und Erziehung. Bildungspolitisch aufgegriffen und in einen Modellversuch umgesetzt wurde das Konzept der Regionalen Schule dann allerdings von der sozialliberalen Koalition in Mainz und deren damaliger Kultusministerin Dr. R. Götte. Die Bund-Länder-Kommission hat nach einer entsprechenden Fachtagung im Oktober 1992[4] dem Gesamtkonzept zugestimmt und eine finanzielle Unterstützung zugesagt. Dabei wurden die schulstrukturellen und schulorganisatorischen Komponenten des Gesamtprogramms eines 'wohnortnahen, differenzierten Bildungsangebotes' ergänzt durch die eher curricularen und methodischen Konzepte eines 'Reformpädagogischen Programms' und einer 'Regionalen Öffnung und Kooperation' dieser Schulen.

Dieses Konzept traf offenbar von Anfang an auf ein breites Interesse und auf große Zustimmung, wie unsere Analyse der Reaktionen in den Printmedien der vorgesehenen Standortregionen (Mahr/Meyer 1994) ergab und unsere Befragungen der Regionalschuleltern (Mahr 1993; ders. 1994; ders. 1995; ders. 1996b; ders. 1996d; Mahr-George/Sonnenmoser in Druck) dann bestätigten. Dies führte dazu, daß ein regelrechter Wettlauf von Schulen und Schulträgern im Lande auf Umwandlung ihrer Schule in eine Regionale Schule entstand (das MBWW spricht von rund 90 Bewerbungen). Denn die Kommunen, die beteiligte Lehrerschaft dieser Schulen und viele Eltern hoffen wohl, durch eine solche Umwandlung ihren Schulstandort sichern, seine Attraktivität erhöhen und die Bildungschancen für ihre Kinder verbessern zu können. Dabei war sicher von Anfang an auch klar, daß nicht alle Hauptschulen – nur für solche wurde bisher die Umwandlung beantragt – in Regionale Schulen umgewandelt werden können und daß damit langfristig eine Konkurrenzsituation zwischen benachbarten Kommunen um Regional-

4 Siehe Fachtagungsband Pädagogisches Zentrum 1992.

schulstandorte zu erwarten ist. Erwartungsgemäß wuchs dann auch ein entsprechender Druck von Kommunalpolitikern, gleich welcher politischen Couleur, auf die Landespolitik. Dies führte bereits ein Jahr nach Beginn des Bundesversuchs mit sechs Schulen zu seiner Ausweitung durch einen zusätzlichen Landesversuch mit weiteren zehn und ein Jahr später mit noch einmal vier Schulen.

Dieses breite struktur- und bildungspolitische Interesse an der Regionalen Schule war wohl auch entscheidend dafür, daß das Landesparlament bereits nach vier von sechs Jahren Laufzeit des Modellversuchs und gestützt auf zwei weitgehend positive Zwischenberichte der Wissenschaftlichen Begleitung[5] mehrheitlich eine Schulgesetznovelle verabschiedete, die die Regionale Schule in Rheinland-Pfalz zum ergänzenden Regelschulangebot machte. Dabei ging allerdings der Christlich Demokratischen Union das Integrationsangebot für die Bildungsgänge von Haupt- und Realschule zu weit, so daß sie eine kooperative Form forderte, die dann auch zusätzlich in die Novelle aufgenommen wurde. Den Bündnis-Grünen dagegen ging, wie auch der Gewerkschaft Erziehung und Wissenschaft, die Integration nicht weit genug, weshalb sie für kleine Gesamtschulen plädierten.

Aus dieser knappen Skizze des Entstehungszusammenhangs der Regionalen Schule in Rheinland-Pfalz wird bereits deutlich, daß dieser Modellversuch erfolgreich werden mußte und zwar schon aus bildungs- und strukturpolitischen Gründen. Hinzu kommt, daß auch der weit überwiegende Teil der Lehrerschaft dieser Schulen und ein Großteil der Eltern, die ja in die Umwandlungsentscheidung einbezogen waren, ebenfalls ein starkes Interesse an dieser Entscheidung hatten und haben. Offen ist allerdings, ob die innerschulische Umsetzung des Regionalschulprogramms diesen hohen und vielleicht sogar übergroßen Erfolgserwartungen in vollem Umfang gerecht wird. Vieles weist zwar zur Zeit auch auf einen Erfolg in der Umsetzung des Programms hin. Doch muß die bereits angelaufene und umfangreiche organisatorische und fachliche Experten-Evaluation der sechs Schulen im Bundesversuch nachprüfen, ob und in welchem Umfang die hochgesteckten Erwartungen in der Realität des Alltags auch erfüllt werden können, oder ob vielleicht Korrekturen oder Modifikationen an diesem Programm selbst oder an seinen Realisierungsbedingungen nötig werden.

---

5 Erster Zwischenbericht siehe Gukenbiehl (Hrsg.) 1994a,
Zweiter Zwischenbericht Teil II siehe Gukenbiehl (Hrsg.) 1996a,
Zweiter Zwischenbericht Teil I siehe Pädagogisches Zentrum des Landes Rheinland-Pfalz (Hrsg.) 1996.

Schulstrukturelle Folgen

Die bereits getroffene bildungspolitische Entscheidung der Landesregierung und die korrespondierenden Interessen vieler Schulträger und Politiker in den Standortkommunen von Hauptschulen lassen jedoch auf jeden Fall eine, wenn auch schrittweise Veränderung der Schulstruktur in Rheinland-Pfalz erwarten. So wurden schon mit Beginn des Schuljahres 97/98 zehn neue Regionale Schulen eingerichtet, und für 16 weitere sind bereits die Standorte bestimmt. Mit Beginn des Schuljahrs 98/99, d.h. mit Beendigung des Bundesversuchs, gibt es also in Rheinland-Pfalz vermutlich bereits 46 Regionale Schulen als ergänzende Regelschulen (siehe *Tabelle 2*), und weitere Schulen und Schulträger haben Errichtungsanträge eingereicht oder bereiten sie vor.

Offen bleibt hier allerdings, wie viele und welche Hauptschulen bei dieser Schul- und Standortkonkurrenz auf der Strecke bleiben und ob nicht vielleicht auf längere Sicht die Hauptschule als eigenständige Schulform ganz oder doch weitgehend von der Regionalen Schule aus der rheinland-pfälzischen Schullandschaft verdrängt wird. Eine Annäherung an den vermuteten Bundestrend zur Zweigliedrigkeit in der Sekundarstufe I bedeutet dies allerdings nicht. Denn zur Zeit sind keine Realschulen in diese Umwandlung zu Regionalen Schulen einbezogen. Der Widerstand des Realschullehrerverbandes und die aus Sicht einiger Eltern nach wie vor höhere Wertschätzung der etablierten Realschule und des von ihr vergebenen Abschlusses lassen hier in naher Zukunft wohl auch kein starkes Interesse an einer Umwandlung in eine Regionale Schule erwarten, obwohl die dann gebotene Möglichkeit zur inneren Differenzierung ihrer sehr heterogen gewordenen Schülerschaft als Vorteil für die Realschulen gesehen werden könnte. Deshalb bleibt auch hier die weitere Entwicklung zur Zeit offen.

2. Zum Modellversuch selbst

Teilnehmende Schulen

In den Modellversuch ‘Regionale Schule’ der Bund-Länder-Kommission und des Landes Rheinland-Pfalz, der intern als ‘Bundesversuch’ bezeichnet wird, waren von Beginn des Schuljahres 1992/93 an sechs ehemalige Hauptschulen einbezogen, deren Standorte im ganzen Bundesland gestreut sind. Es sind die Schulen in Bleialf (in der Schneeifel im Kreis Bitburg-Prüm gelegen und zum Regierungsbezirk Trier gehörig), in Daaden (im Westerwaldkreis und dem Regierungsbezirk Koblenz gelegen), in Sprendlingen (zwischen Mainz, Bingen und Bad Kreuznach liegend und zum Regierungsbezirk Rheinhessen-Pfalz gehörend), in Vallendar (eine Nachbarkommune nördlich von Koblenz), in Weilerbach (westlich von Kaiserslautern und im Regierungsbezirk Rheinhessen-Pfalz gelegen) und in Wörth am Rhein (in Grenznähe zwischen Landau und Karlsruhe und ebenfalls im Regierungsbezirk Rheinhessen-Pfalz gelegen). Diese sechs Schulen des 'Bundesversuchs' bilden gewissermaßen die Kern- und Leitgruppe des Modellversuchs. Für sie gelten die Versuchsregelungen (vgl. Bechberger-Derscheidt/Stenner 1994c) und das Konzept der Wissenschaftlichen Begleitung (vgl. Gukenbiehl 1992; ders. 1994b; ders. 1996b) in vollem Umfang. Die 10 + 4 weiteren (Haupt-)Schulen, die mit Beginn der Schuljahre 93/94 bzw. 94/95 in den ergänzenden 'Landesversuch' aufgenommen wurden, orientieren sich an den Regelungen und Befunden im 'Bundesversuch' und partizipieren auch an deren wissenschaftlicher Begleitung (Tiersch 1996).

Versuchsregelungen

Bei der Standortauswahl der Versuchsschulen (vgl. Bechberger-Derscheidt/Stenner 1994b) wurden folgende Kriterien zugrunde gelegt:

- die Standorte sollten regional gestreut und außerhalb großer Ballungszentren liegen;
- die Versuchsschulen sollten vorrangig aus vorhandenen Hauptschulen entwickelt werden;
- in der Regel waren eine Dreizügigkeit als Mindestgröße und eine längerfristige Bestandserwartung Voraussetzung;
- auch sollte eine angemessene Schülerzahl mit Haupt- und Realschuleignung aufgenommen werden können (im Verhältnis zwischen 1:2 und 2:1);
- die Schulen sollten über ein ausreichendes Raumangebot einschließlich der notwendigen Ausstattung und über die erforderlichen personellen Voraussetzungen verfügen und schließlich
- die Bereitschaft der infrage kommenden Schulträger, der betroffenen Schulen und ihrer Gremien vorweisen, an dem Modellversuch mitzuwirken.

Außerdem sollte die Errichtung der Versuchsschulen keine benachbarte Hauptschule in ihrer Existenz gefährden. Zentrales Kriterium bei der Standortauswahl war jedoch die strukturelle und faktische Verbesserung des Bildungsangebotes in der jeweiligen Standortregion.

In der konkreten Nachprüfung der Standortsituationen und der schulischen Bedingungen (Mahr/Kasten 1994; Mahr/Klein 1994) der sechs Bundesversuchschulen wurden dann allerdings sowohl hinsichtlich der regionalen Strukturen (Wirtschafts-, Bevölkerungs-, Bildungs- und Schulstruktur) als auch bei den Strukturmerkmalen der Einzelschulen (Schüler-, Anmelde- und Klassenzahlen sowie Raumsituation) sehr rasch deutliche Unterschiede erkennbar. So waren stadtferne Standortregionen mit geringerer Bevölkerungsdichte, eher ländlicher Wirtschaftsstruktur, gering differenziertem und gestreutem Bildungsangebot und niedriger Abiturientenquote in der Erwachsenenbevölkerung (so etwa in den Standortregionen von Bleialf, Daaden, Sprendlingen und teilweise auch Weilerbach) deutlich zu unterscheiden von stadtnahen Standortregionen (so etwa Wörth und besonders Vallendar). Die Anmeldezahlen nahmen nach Jahren des Rückgangs und der Stagnation auf niedrigem Niveau bei allen Schulen nach ihrer Einbeziehung in den Modellversuch sehr deutlich zu, wobei allerdings die Übertrittsquoten bei den Versuchsschulen in stadtferneren Regionen meist deutlich höher lagen und auch bisher auf diesem hohen Niveau blieben, während die Schulen in stadtnahen Regionen entweder von Anfang an geringere Zuwachsraten hatten (Vallendar) oder durch Erweiterung des SI-Angebotes in der Region während des Modellversuchs in ihren Übertrittsquoten und -zahlen leicht zurückgingen (Vallendar, Wörth). Nach dieser ersten empirischen Überprüfung des Zusammenhangs von Standortwahl und Attraktivität der Regionalen Schule zeigt sich offenbar ein beachtliches Interesse bei der Bevölkerung an dieser neuen, aus einer Hauptschule hervorgegangenen Schulform besonders in stadtfernen Siedlungsgebieten mit gering differenziertem Bildungsangebot.

Zum Programm und zur inneren Struktur

Das Programm der 'Regionalen Schule' zielt – wie eingangs bereits erwähnt – darauf ab, die Bildungsgänge von Haupt- und Realschule zusammenzuführen, um so außerhalb schulisch gut ausgestatteter Siedlungsgebiete wohnortnah ein ausreichend differenziertes Schulangebot der Sekundarstufe I zu schaffen. Es ist gekennzeichnet durch eine Verknüpfung verbindlicher Vorgaben mit Möglichkeiten zur Selbstgestaltung (vgl. Bechberger-Derscheidt/Stenner 1994a; dies. 1994c). Die Vorgaben sollen die allgemeinen schulrechtlichen Regelungen, wie sie in der schulartübergreifenden Schulordnung festgehalten sind, auch in diesem Modellversuch gewährleisten, aber gleichzeitig eine schulartypische, allen Regionalen Schulen gemeinsame Grundstruktur schaffen. Die Möglichkeiten zur Selbstgestaltung sind zur Anpassung der einzelnen Schule an ihre jeweiligen Standortbedingungen und zur Ausprägung eines standortspezifischen Profils gedacht.

Zur schularttypischen Grundstruktur gehören zunächst die gemeinsame Orientierungsstufe mit Binnendifferenzierung in den Klassenstufen 5 und 6 sowie die äußere Leistungsdifferenzierung auf Haupt- und Realschulniveau und die Neigungsdifferenzierung ab Klassenstufe 7.

Für die Leistungsdifferenzierung sind allerdings drei Alternativen angeboten (siehe Bechberger-Derscheidt/Stenner 1994c: 28), unter denen die Einzelschule auswählt: die Form der Fachleistungsdifferenzierung (Setting-Verfahren), die die Landesregierung präferiert und die auch fünf der sechs

Bundesversuchsschulen praktizieren, die Form abschlußbezogener Klassen (Streaming-Verfahren), die in einer der Bundesversuchsschulen erprobt wird, und eine Mischform mit Setting-Verfahren zu Beginn und Streaming-Verfahren anschließend, die in einzelnen Schulen des Landesversuchs praktiziert wird. Die 10.Klassen sind auf jeden Fall als abschlußbezogene Klassen auf Realschulniveau zu führen. Die Fachleistungsdifferenzierung selbst beginnt in der Klassenstufe 7 mit Mathematik und der ersten Fremdsprache (in der Regel Englisch). Es folgen dann Deutsch, in der Regel ab Klassenstufe 8, spätestens ab Klassenstufe 9, und Physik oder Chemie ebenfalls spätestens ab Klassenstufe 9. Folgende Grafik soll dies noch einmal verdeutlichen (Abb. 1).

Abb. 1: Grundstruktur der Regionalen Schule – Differenzierungsmodelle

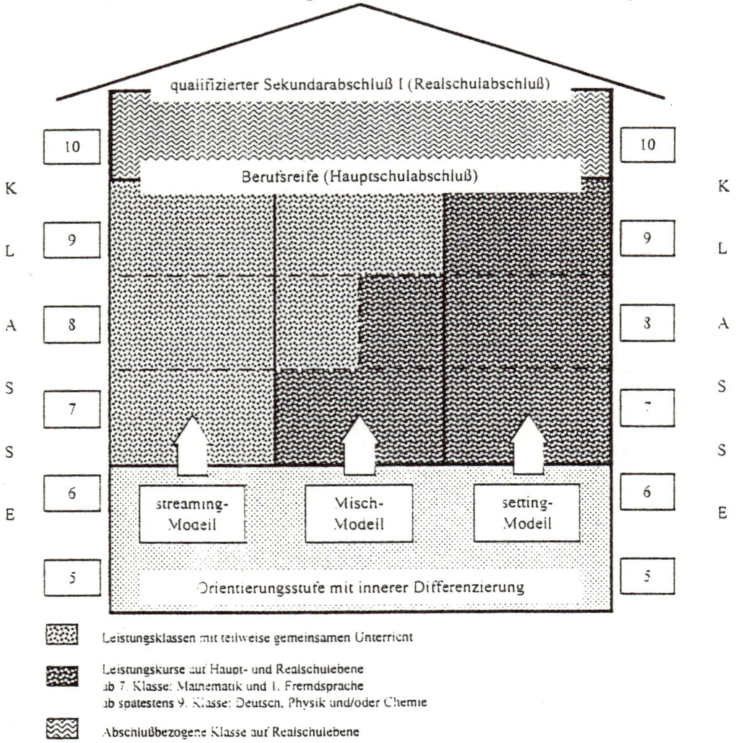

Die Neigungsdifferenzierung, die Angebote von Lernschwerpunkten in Form von Wahlpflichtfächern und freiwilligen Unterrichtsveranstaltungen umfaßt, erstreckt sich auf eine Vielzahl verschiedener Bereiche, die je nach Schule unterschiedlich ausgestaltet sein können. Zu den Bereichen des Wahlpflichtfachangebots gehört ein sprachlicher Bereich (in der Regel Französisch als zweite Fremdsprache), ein naturwissenschaftlicher, ein musisch-künstlerischer, ein gesellschaftlicher, ein beruflich-wirtschaftlicher und ein sportlicher

Bereich. Curricular sind die Lehrpläne für diese Wahlpflichtfächer denen der Realschule angepaßt. Die inhaltliche Gestaltung und Organisation ist dann jedoch Sache der Einzelschule, allerdings in Absprache mit den zuständigen Stellen.

Zu den gemeinsamen Vorgaben gehören auch die Regelungen für Ein- und Umstufungen zu Beginn eines Schuljahrs (Streaming-Modell) oder eines Schulhalbjahrs (Setting-Modell), wobei die Eltern bei der Ersteinstufung von der Schulempfehlung abweichen können. Gemeinsam sind den Regionalen Schulen auch die Richtlinien für die Versetzungen und für den Abschluß der Bildungsgänge von Haupt- und Realschule. Dabei finden die für diese Schulformen auch sonst geltenden Regelungen Anwendung. Die Versuchsschulen haben außerdem eine gemeinsame Stundentafel, die bestimmte Mindestansätze für einzelne Fächer oder Fächergruppen vorsieht (Bechberger-Derscheidt/Stenner 1994c:27f) und eine versuchsbedingte und -begrenzte pauschale Stundenzuweisung von 40 Lehrerstunden pro Klasse. Die folgende Tabelle zeigt nun diese Stundentafel, wie sie in den oben genannten Versuchsregelungen für Regionale Schulen abgedruckt ist.

Tab. 1: Stundentafel der Regionalen Schule

Fach/Fächergruppe	Wochenstundenansatz	Klassenstufen
	5-6	7-10
Religion	4	7
Deutsch	9	15
Erste Fremdsprache	9	15
Mathematik	8	15
Erdkunde, Geschichte, Sozialkunde	4	15
Biologie, Physik, Chemie	6	15
Bild. Kunst/Werken/Textiles Gestalten Musik, Sport	14	16
Arbeitslehre	-	4
Wahlpflichtfächer	-	14
Klassenleiterstunde	2	-
Summe		116
Freiraum	56	4
Wahlfächer, Arbeitsgemeinschaften, Förderunterricht	Das Angebot erfolgt im Rahmen der zugewiesenen Lehrerwochenstunden	

Quelle: Bechberger-Derscheidt/Stenner 1994c:27

Die Stundentafel umfaßt somit die Fächer des Haupt- und des Realschulbildungsganges, wobei der Wochenstundenansatz für die 5. und 6. sowie für die 7. bis 10. Klassenstufe jeweils insgesamt angegeben ist. Somit bleibt den Schulen auch hier ein gewisser Gestaltungsspielraum. Neu ist auch, daß das Fach Arbeitslehre nun auch für Absolventen des Bildungsganges Realschule verpflichtend ist, während Absolventen des Hauptschulbildungsganges nun auch Fächer aus dem traditionellen Wahlpflichtbereich der Realschule besuchen können.

3. Zur wissenschaftlichen Begleitung

Aufgabenteilung

Die bei Modellversuchen übliche wissenschaftliche Begleitung ist bei diesem Versuch von Anfang an so organisiert, daß die pädagogisch-psychologische Beratung und Betreuung dieser Schulen und die Begleitforschung zwei kooperierenden, aber organisatorisch getrennten Einrichtungen übertragen sind (vgl. Gukenbiehl 1994b; ders. 1996b).

Pädagogisch-psychologische Beratung und Betreuung

Die fachliche Beratung und Betreuung ist einem Verbund aus Pädagogischem Zentrum Rheinland-Pfalz (PZ in Bad Kreuznach), Staatlichem Institut für Lehrerfort- und -weiterbildung (SIL in Speyer) und Schulpsychologischem Landesdienst (Außenstelle bei der Bezirksregierung Koblenz) übertragen, in dem die Federführung und die Koordination beim PZ Bad Kreuznach liegen.

Zu den Aufgaben dieser Beratergruppe aus erfahrenen Schulpraktikern gehören vor allem: die Unterstützung der Versuchsschulen bei der inhaltlich-konzeptionellen Ausgestaltung des Versuchsprogramms, die pädagogisch-praktische Beratung bei der Umsetzung der Vorgaben, die fachliche und praktische Hilfe bei der Suche nach Lösungsmustern für die vielfältigen unterrichtlich-methodischen, curricularen und schulorganisatorischen Probleme, die mit einem solchen Versuch verbunden sind, und schließlich fachkompetente Beiträge zur Reflexion und Evaluation der Effektivität, Zielgemäßheit und Übertragbarkeit gefundener Lösungen sowie zur Planung einzelner Schritte beim Auf- und Ausbau standortspezifischer Regionaler Schulen.

Die Arbeit dieser Beratergruppe (vgl. Ries 1994; Derscheidt 1994; Tiersch 1994; Pädagogisches Zentrum 1996) begann bereits in der Vorbereitungsphase des Modellversuchs im Frühjahr 1992 mit den Vorarbeiten für die Konstituierung der Projektgruppe, mit vorbereitenden Studientagen und mit konkreten Planungen für die Orientierungsstufe.

In der Hauptphase, d.h. seit Beginn des Schuljahres 1992/93, organisierte diese Gruppe die 'Überregionale Fachtagung', die drei bis vier jährlichen Projektgruppensitzungen und Besuche der Projektgruppe an den sechs Versuchsschulen. Sie gestaltete zahlreiche ein- und zweitägige Studientage an zentralen Fortbildungsstätten oder an den einzelnen Versuchsschulen sowie verschiedene Arbeitstreffen der Koordinatoren/innen dieser Schulen.

Aus dieser Arbeit entstand nicht nur eine Fülle wichtiger Anregungen und hilfreicher Arbeitsmaterialien für die Versuchsschulen selbst, sondern auch ein gestuftes Unterstützungs- und Weiterbildungsprogramm, das auch den nachwachsenden Regionalen Schulen (Landesversuch) und den neu hinzukommenden Lehrerinnen und Lehrern an diesen Schulen zugute kam und weiter zugute kommen kann.

Von wesentlicher Bedeutung für die Arbeit der Versuchsschulen ist nicht zuletzt die positive Wirkung, die von dieser Beratergruppe auf die Motivation und auf die Konsensbildung bei den Beteiligten über Leitvorstellungen und über die Konkretisierung von Zielen dieses Modellversuchs ausging.

Begleitforschung

Die Begleitforschung arbeitet unter der Leitung des Soziologen Prof. Dr. H. L. Gukenbiehl (Landau) an zwei Standorten. Die Arbeitsgruppe für den Bundesversuch, in der Herr Dipl. Soz. H. Mahr-George bzw. ab 01.11.97 Frau Dr. M. Sonnenmoser als Forschungsassistent/in mitarbeitet, ist an der Abteilung Landau der Universität Koblenz-Landau angesiedelt; Herr Psychologierat Dipl. Psych. J. Tiersch betreibt mit halber Stelle die Untersuchungen im Landesversuch von der Bezirksregierung Koblenz aus. Das Forschungsdesign ist dabei so angelegt, daß die umfassenderen Erhebungen und die Entwicklung entsprechender Instrumente im Bundesversuch vorgenommen werden, während im Landesversuch reduzierte, vor allem auf die Akzeptanzuntersuchungen konzentrierte Erhebungen mit leicht modifizierten Instrumenten aus dem Bundesversuch durchgeführt werden.

Das Forschungsprogramm (Gukenbiehl 1992; ders. 1994b; ders. 1996b) geht von der Grundvorstellung aus, daß die Entwicklung der Regionalen Schulen ein nach Schuljahren gestufter Prozeß sei, in dem die jeweilige Schulleitung, die Lehrer-, Eltern- und Schülerschaft durch eine aufgabenbezogene und durch die Projektgruppe unterstützte Kooperation im Rahmen der Versuchsvorgaben und unter den jeweiligen Standortbedingungen die dauerhafte Form einer schularttypischen und standortspezifischen Regionalen Schule entwickeln und erproben. Dabei ist davon auszugehen, daß der Neuaufbau dieser Schule die regionale Schulstruktur und die für sie kennzeichnenden Vorgänge verändert.

Will die Begleitforschung diesen Prozeß der Strukturbildung, seine Bedingungen und seine Auswirkungen angemessen erfassen, dokumentieren und zielbezogen beurteilen, dann muß sie sich mit unterschiedlichen Methoden zumindest folgenden fünf inhaltlichen Aufgabenkomplexen zuwenden:

– dem Erfassen der unterschiedlichen Standortbedingungen dieser Versuchsschulen (Bevölkerungs-, Bildungs-, Schul-, Wirtschaftsstruktur), vor allem durch die Auswertung vorliegender und speziell ausgefertigter Landesstatistiken (s. Mahr/Kasten 1994; Mahr/Klein 1994; Mahr 1996a);

- der Beschreibung der Entwicklung der einzelnen Versuchsschulen anhand von Schüler- und Klassenzahlen, Übertrittszahlen und -quoten, Ein- und Umstufungen sowie Abschlußzahlen und -quoten, aber auch anhand von Lehrerstunden, von Formen und Maßnahmen der inneren und äußeren Differenzierung oder der Unterrichtsgestaltung, wozu Schulstatistiken, spezifische Erhebungen und Befragungen die notwendigen Daten liefern (s. Mahr 1996a);
- der Beobachtung der Reaktionen in den Standortregionen und natürlich bei den unmittelbar Betroffenen und Beteiligten auf die Errichtung der Regionalen Schule, wie man sie durch entsprechende Akzeptanzbefragungen (s. Mahr 1994a; ders. 1995; ders. 1996b; ders. 1996c; ders. 1996d; Mahr-George/Sonnenmoser in Druck) und durch die Analyse regionaler Printmedien erfassen kann (s. Mahr/Meyer 1994);
- der fachlichen Evaluation der entstehenden Schulorganisation sowie der unterrichtlichen und erzieherischen Leistungsfähigkeit dieser neuen Schulen (Gukenbiehl 1996b:28f; Mahr-George 1996: 119);
- und schließlich der Analyse der Effekte, die die Errichtung der jeweiligen Regionalen Schule in ihrer Region zeigt und die anhand von Schulstatistiken und speziellen Erhebungen zu erfassen versucht und an den Schülerströmen, den Ein- und Auspendlerquoten oder den Quartanerquoten aufgezeigt wird (s. Mahr 1996a).

Zeitlich und methodisch gesehen ist die Begleitforschung, die sich allerdings nur im Bundesversuch über den gesamten Aufbauzeitraum von sechs Schuljahren erstreckt, als Kombination von punktuellen und gestuften Querschnittsanalysen mit längsschnittlichen Paneldaten und statistischen Fortschreibungen konzipiert, um so nicht nur Zustände und Strukturen, sondern auch deren Veränderungen erfassen zu können. Eine ausführliche Beschreibung des recht komplexen und umfassenden Untersuchungsdesigns findet sich u.a. in Gukenbiehl 1994b: 44f, Gukenbiehl 1996b: 33f sowie Mahr-George 1996: 119ff. Allerdings war die Erfassung der Ausgangslage vor Errichtung der Regionalen Schulen nur noch teilweise möglich, da die Begleitforschung ihre Arbeit nicht schon in der Vorbereitungsphase des Versuchs aufnehmen konnte.

Die Dokumentation der bisherigen Forschungsergebnisse erfolgte in zwei veröffentlichten umfangreichen Zwischenberichten, in mittlerweile 12 Werkstattberichten und in einigen Zeitschriften- oder Buchbeiträgen (siehe Literaturliste am Ende des Berichts). Der Abschlußbericht über den Bundesversuch ist für 1999 vorgesehen, der ergänzende Bericht über den Landesversuch für das Jahr 2000.

Evaluationstheoretisch ist das Konzept der Begleitforschung als ein Programm zu kennzeichnen, das eine Mischung von Implementierung und Selbstorganisation beim standortspezifischen Aufbau der Regionalen Schulen zum

Gegenstand hat; das projektbegleitend und mittelbar formativ wirkt, da es seine Einsichten und Befunde bereits während des Versuchs über die Projektgruppe an die Schulen zurückmeldet; das bei den Analysen jedoch außenstehend und weitgehend unabhängig vorgehen und dabei nicht nur vorgegebenen, sondern auch eigenen Kriterien folgen kann (s. Mahr-George 1996). Insgesamt gesehen nähert es sich also eher dem sogenannten systemischen 'Helfer- und Beratermodell' der Evaluation an als einem kausaltheoretischen 'Implementationsmodell' (vgl. Kromrey 1995: 332ff; Ehrlich 1995).

4. Befunde der Begleitforschung

Im folgenden seien nun einige der bisher vorliegenden zentralen Befunde der Wissenschaftlichen Begleitforschung skizziert. Bezug genommen wird hierbei auf die Ergebnisse der Strukturdatenerhebungen (Standortbedingungen, Entwicklungen der einzelnen Versuchsschulen sowie Effekte in den Regionen) sowie auf die Akzeptanzbefragungen (Reaktionen der mittelbar und unmittelbar Betroffenen und Beteiligten). Die Experten-Evaluation befindet sich derzeit in der Auswertungsphase und kann deshalb hier noch keine Berücksichtigung finden. Eine ausführliche Darstellung der vorliegenden Untersuchungsergebnisse findet sich in der entsprechenden Literatur.

Zu den Bedingungen und Effekten der Schulentwicklung

Die Schülerzahlen an den einzelnen Versuchsschulen sind mit Einführung der Regionalen Schule angestiegen, wenn auch an den einzelnen Standorten unterschiedlich stark. Vorausschätzungen bis zum Jahre 2000 lassen erwarten, daß diese Schulen ihre derzeitige Schülerzahl zumindest halten werden. Damit trägt die Einrichtung Regionaler Schulen zur erwarteten Sicherung der jeweiligen Schulstandorte bei. Die folgende *Tabelle 2* beschreibt die derzeitige quantitative Bedeutung dieser neuen Schulform im rheinland-pfälzischen Schulsystem.

Tab. 2: Quantitative Bedeutung der Regionalen Schulen in Rheinland-Pfalz (Schuljahr 1997/98)

Einrichtung Schuljahr		Schul-Anzahl	Schüler-anzahl b	Orte c
1992/93	6	5 bis 10	3.050	Bleialf, Daaden, Sprendlingen, Vallendar, Weilerbach, Wörth/Rh.
1993/94	10	5 bis 9	4.837	Altenglan, Göllheim, Kaisersesch, Kobern-Gondorf, Lambrecht, Meisenheim, Niederzissen, Salmtal, Thaleischweiler-Fröschen, Wirges
1994/95	4	5 bis 8	1.579	Herrstein-Kempfeld, Puderbach, Rülzheim, Söhren-Büchenbeuren
1997/98	10	5	871	Bad Ems, Böhl-Iggelheim, Bruchmühlbach-Miesau, Kelberg, Nachtsheim, Nieder-Olm, Rodalben, Selters, Simmern, Wöllstein
1998/99	(16) d	-.-	-.-	Asbach, Gebhardshain, Neuwied, Ransbach-Baumbach, Rheinböllen, Ulmen-Lutzerath, Bobenheim-Roxheim, Deidesheim-Wachenheim, Eich, Kirchheimbolanden, Nackenheim, Queidersbach, Wallhaben, Wolfstein, Jünkerath, Waldrach
Gesamt	30 bzw. 46		10.337	

a ohne auslaufende Hauptschule

b laut telefonische Anfrage vom 2.10.97, Stichtag: 1.10.97

c Daaden verfügt seit dem Schuljahr 1993/94 über eine Dependance in Herdorf. Diese umfaßt im Schuljahr 1997/98 erst die Klassenstufen 5 bis 9, deren Schüler/innen hier jedoch mitgezählt werden. Folgende Orte sind Doppelstandorte (dislozierte Standorte): Herrstein-Kempfeld mit den Klassenstufen 5 und 6 in Herrstein und den Klassenstufen 7 und 8 (bis 10) in Kempfeld, Ulmen-Lutzerath und Diedenheim-Wachenheim.

d Zur Zeit geplante Errichtungen zum Schuljahr 1998/99.

Der Schultyp Regionale Schule trotz seines jungen Bestehens, quantitativ gesehen, bereits eine nicht unbedeutende Rolle im rheinland-pfälzischen Schulwesen spielt. So gehen im Schuljahr 1997/98 immerhin schon etwas über 10.000 der rheinland-pfälzischen Sekundarstufe I-Schüler/innen in eine Regionale Schule, mit steigender Tendenz. Letzteres wird auch an der Tatsache deutlich, daß zur Zeit (laut Angabe des Ministeriums für Bildung, Wissenschaft und Weiterbildung) insgesamt etwa 90 Anträge auf Umwandlung von Hauptschulen in Regionale Schulen vorliegen.

Aber nicht nur die absoluten Anmeldezahlen an den ehemaligen, mittlerweile umgewandelten Hauptschulen sind angestiegen, sondern auch die Übertrittsquoten haben sich mit Einführung der Regionalen Schule deutlich erhöht. Vallendar bildet hier allerdings u.a. aufgrund der dortigen Schulstruktur eine Ausnahme; dort war bisher nur ein geringer Anstieg zu verzeichnen. Die Übertrittsquoten differieren nach wie vor stark zwischen den einzelnen Regionalen Schulen (z.B. rund 30% in Vallendar und mehr als 60% in Bleialf). Der allgemeine Anstieg ist – gleichbleibend hohe Bildungsaspiration vorausgesetzt – wohl primär auf die Wohnortnähe sowie auf das differenzierte und zumindest teilintegrierte Bildungsangebot dieser Schulen zurückzuführen. Für den Effekt der Wohnortnähe sprechen die deutlich gesunkenen Zahlen und Quoten an den Bildungsauspendler/innen in allen Standort-Schulbezirken sowie entsprechende Befragungsergebnisse der Regionalschuleltern zu den Anmeldegründen (Mahr 1994a) bzw. bei den Viertkläßlereltern (Mahr 1996a). Auf den Effekt des differenzierten Bildungsangebotes verweisen sowohl die zurückgegangenen Übertrittsquoten aus dem Schulbezirk in benachbarte Realschulen und Gymnasien (Mahr 1996a: 66f), als auch entsprechende Akzeptanzaussagen in den oben genannten Befragungen.

Die Regionalen Schulen haben somit unter gewissen Umständen für benachbarte Realschulen, aber auch für Gymnasien eine durchaus erkennbare Entlastungsfunktion. Darauf weisen entsprechend veränderte Schülerströme und Übertrittsquoten in den Regionalschulbezirken hin. Durch die Erwieterung des Bildungsangebots haben sich auch in allen Regionalschulbezirken die Quartanerquoten als Indikator für die Bildungsbeteiligung an weiterführenden Wahlschulen bzw. an entsprechenden Kursen oder Klassen erhöht. Darauf deuten Berechnungen hin, die die Ersteinstufungen an den Regionalen Schulen mitberücksichtigen[6].

Die Änderung der Übertrittsquoten führt auch zu einer stärkeren Differenzierung in der Leistungsstruktur der Schülerschaft an den Versuchsschulen. Darauf deuten vor allem die Einstufungs- und Umstufungsquoten in den ersten Jahren äußerer Differenzierung hin. Dies bedeutet, daß die Schülerschaft nun eine leistungsmäßig größere Heterogenität aufweist, als dies in den ehemaligen Hauptschulen der Fall war, die organisatorisch wie pädagogisch andere Ansprüche stellt.

An Regionale Schulen werden in aller Regel wohl höhere Anforderungen hinsichtlich der Finanz- und Raumausstattung gestellt als an die vorherigen Hauptschulen. Ursachen dafür sind zum einen die gestiegenen Schülerzahlen, vor allem aber die programmatisch vorgegebenen Differenzierungsmaßnahmen in Verbindung mit dem spezifischen pädagogischen Profil und die zumindest an einigen Schulen neu hinzukommende zehnte Klassenstufe. Die zugewiesenen Lehrerstunden, die zu knapp einem Drittel von Realschullehrer/innen erteilt werden, reichen nach Auffassung der Schulleitungen kaum aus, um den Anforderungen der Versuchsschulen voll gerecht werden zu können. Die Realschullehrer/innen unterrichten in allen Klassen und Fächern dieser Schulen, vermehrt jedoch in Fächern mit äußerer Leistungsdifferenzierung in

---

6 Die Quartanerquote entspricht hier dem relativen Anteil an Schüler/innen eines Jahrgangs, die in der 7. Klassenstufe einen Realschul- oder Gymnasialbildungsgang besuchen. Schüler/innen der Regionalen Schule wurden zu den Quartanern gerechnet, wenn sie die Realschulklasse (Bleialf) besuchen oder in beiden Kursen der Leistungsebene Realschule (Mathematik und Englisch in den anderen fünf Schulen) eingestuft sind.

Leistungskursen oder -klassen, die auf Realschulniveau geführt werden (Mahr 1996a:45).

Insgesamt gesehen deuten also die bisherigen Befunde der wissenschaftlichen Begleitforschung zu den strukturellen Effekten der Einführung der Regionalen Schule daraufhin, daß die mit dem Versuch intendierten Auswirkungen größtenteils eingetreten sind. Unerwünschte Nebeneffekte konnten bisher nicht in nennenswertem Umfang festgestellt werden.

Zu den Akzeptanzbefragungen

Die Befragungen der mittelbar und unmittelbar Betroffenen des Schulversuchs (Eltern, Schüler/innen und Lehrer/innen an den Regionalen Schulen sowie Viertkläßlereltern) erbrachten eine ganz Fülle von interessanten Ergebnissen zu unterschiedlichen Fragenkomplexen. Einige dieser Ergebnisse seien hier kurz erwähnt.

Die rückblickende Beurteilung der Orientierungsstufe, in der keine äußere Leistungsdifferenzierung stattfindet, fällt bei Eltern und Schüler/innen mehrheitlich positiv aus, wobei die Schülerschaft etwas kritischer urteilt als die Eltern.

Die in Klassenstufe 7 beginnende äußere Leistungsdifferenzierung wird von einer großen Mehrheit der Eltern und Schüler/innen ebenfalls positiv beurteilt und zwar um so mehr, je besser die Benotung und Einstufung der Schüler imd Schülerinnen ausgefallen ist. Allerdings bedauern etliche Schüler die dadurch bedingte (zeitweilige) Trennung von Schulfreund/innen bzw. Klassenkameraden/innen. Auch die Neigungsdifferenzierung, vor allem die Möglichkeit, Wahlpflichtfächer auszuwählen, wird von den allermeisten Eltern und Schüler/innen begrüßt und mit der Vorstellung einer besseren Berufsvorbereitung verbunden.

Das sogenannte reformpädagogische Konzept der Regionalen Schulen findet größtenteils mehrheitliche Zustimmung bei Eltern und Schüler/innen, wobei die Sicht der Schüler/innen auch hier etwas kritischer und differenzierter ist als die ihrer Eltern. Hier fallen die Urteile je nach Unterrichtsmethode unterschiedlich positiv aus. Die Abschlußwünsche der Eltern und ihrer Kinder zielen mehrheitlich auf den Realschulabschluß und zeigen auch im Einzelfall zwischen den Befragungszeitpunkten hohe Konstanz. Umstufungs- und Fördermöglichkeiten in der Regionalen Schule werden dabei vermutlich positiv in Rechnung gestellt, denn nicht in allen Fällen entspricht die Bildungsaspiration der Eltern und vor allen der Schüler/innen den schulischen Leistungen in Form der Kurseinstufungen. Hier ist zu vermuten, daß es am Ende der 9. Klassenstufe auch zu einigen Enttäuschungen kommen wird.

Die Lehrerkollegien beteiligen sich generell in deutlich geringerem Umfang an der Befragung (etwas über 60%) als Eltern (knapp 80%) und Schüler/

innen (etwa 90%) der Regionalen Schulen. Insofern können die Ergebnisse dieser Untersuchung nur bedingt Repräsentativität beanspruchen, obgleich sie einige wichtige Hinweise zum Meinungsbild dieser Personengruppe erbrachten.

Das reformpädagogische Konzept der Regionalen Schule ist bei den antwortenden Lehrerinnen und Lehrern sowohl Gegenstand der Zustimmung als auch der Diskussion. Der als deutlich höher empfundene Arbeitsaufwand wird angesichts verbesserter Motivation und größerer Lernerfolge bei den Schüler/innen meist als gerechtfertigt erachtet. Probleme sieht man derzeit bei der Umsetzung des Lehrplans und bei der Leistungsmessung. Unterschiedlich ist die Beurteilung von Vor- und Nachteilen eines Unterrichts in leistungsheterogenen Klassen. Deshalb wird häufig eine Erhöhung der Fördermaßnahmen für leistungsstärkere und für leistungsschwächere Schüler/innen als sinnvoll erachtet. Die Zeitpunkte und der Fächerkanon der äußeren Differenzierung finden jedoch weitgehend Zustimmung. Zufrieden sind die meisten Lehrer/innen mit dem Leistungsvermögen, der Lernmotivation und dem Sozialverhalten der Regionalschüler/innen, deren Niveau sich gegenüber früher sogar etwas erhöht habe. Zufrieden sind sie auch mit den Kontakten zu den Eltern und mit deren Interesse an der Schule, das gegenüber früher gewachsen sei. Überhöht erscheinen jedoch auch einigen Lehrer/innen einige der elterlichen Abschlußoptionen für ihre Kinder. Zufrieden sind die meisten Lehrer/innen auch mit ihren äußeren Arbeitsbedingungen und mit dem Arbeitsklima in den einzelnen Schulen, obwohl oder gerade weil das reformpädagogische Konzept und die Versuchssituation das bisherige Klima deutlich geändert hätten und mehr Kontaktaufnahmen oder Kooperation erforderten.

Insgesamt vermitteln die Befunde der Wissenschaftlichen Begleitforschung ein differenziertes, aber insgesamt positives Bild der sechs Regionalen Schulen im Bundesversuch. Diesem Bild entsprechen – soweit dazu Replikationsstudien vorliegen – auch die Befunde von den 14 weiteren Regionalen Schulen im Landesversuch. Die teilweise noch anstehenden Abschlußuntersuchungen müssen nun zeigen, inwieweit sich dieses Bild stabilisiert oder gewandelt hat und welche Erwartungen und Hoffnungen sich erfüllt, welche Bedenken sich bestätigt haben und welche nicht.

Literatur

Arbeitsgruppe Bildungsbericht am Max-Planck-Institut für Bildungsforschung (1994): Das Bildungswesen in der Bundesrepublik Deutschland. Strukturen und Entwicklungen im Überblick. Reinbek: Rowohlt Taschenbuch Verlag

Bechberger-Derscheidt, F.; Stenner, G. (1994a): Bildungspolitisches Programm. In: Gukenbiehl (1994a), S. 21-25

Bechberger-Derscheidt, F.; Stenner, G. (1994b): Standortkriterien für Regionale Schulen als besondere Versuchsschulen. In: Gukenbiehl (1994a), S. 26

Bechberger-Derscheidt, F.; Stenner, G. (1994c): Versuchsregelungen für Regionale Schulen als besondere Versuchsschulen. In: Gukenbiehl (1994a), S. 26-34

Derscheidt, F. (1994): Beiträge des Staatlichen Instituts für Lehrerfort- und –weiterbildung. In: Gukenbiehl (1994a), S. 251-259

Ehrlich, K. (1995): Auf dem Weg zu einem neuen Konzept wissenschaftlicher Begleitung. In: Berufsbildung in Wissenschaft und Praxis, 24. Jahrgang, Heft 1, S. 32-37

Gemeinsames Amtsblatt der Ministerien für Bildung, Wissenschaft und Weiterbildung und für Kultur, Jugend, Familie und Frauen des Landes Rheinland-Pfalz vom 28. April 1997, 7. Jahrgang, Nummer 6, S. 329ff

Gukenbiehl, H. L. (1992): Grundkonzeption zur Begleitforschung des Modellversuchs. In: Pädagogisches Zentrum des Landes Rheinland-Pfalz, S. 17-42

Gukenbiehl, H. L. (1993): Modellversuch Regionale Schule. In: Uniprisma, Koblenz, Heft 7, S. 6-7

Gukenbiehl, H. L. (1994a) (Hrsg.): Regionale Schule. 1. Zwischenbericht über den Modellversuch. Pädagogik Zeitgemäß Heft 15, Bad Kreuznach: Pädagogisches Zentrum des Landes Rheinland-Pfalz

Gukenbiehl, H. L. (1994b): Wissenschaftliche Begleitung. In: ders. 1994a, S. 34-45

Gukenbiehl, H. L. (1996a) (Hrsg.): Regionale Schule. 2. Zwischenbericht über den Modellversuch, Teil II: Begleitforschung. Pädagogik Zeitgemäß Heft 22, Bad Kreuznach: Pädagogisches Zentrum des Landes Rheinland-Pfalz

Gukenbiehl, H. L. (1996b): Zum Programm der Begleitforschung. In: ders. 1996a, S. 19-36

Kromrey, H. (1995): Evaluation. Empirische Konzepte zur Bewertung von Handlungsprogrammen und die Schwierigkeit ihrer Realisierung. In: Zeitschrift für Sozialisationsforschung und Erziehungssoziologie, 15. Jahrgang, Heft 4, S. 313-336

Mahr, H. (1993): Zwischenbericht zur Auswertung des ersten Elternfragebogens. Werkstattbericht Nr. 1, Landau

Mahr, H. (1994): Elternbefragungen. In: Gukenbiehl (1994a), S. 225-242

Mahr, H. (1995): Zwischenbericht zur Auswertung der zweiten Elternbefragung und der ersten Schüler/innenbefragung des Jahrgangs 1992. Werkstattbericht Nr. 6, Landau

Mahr, H. (1996a): Bedingungen und Effekte der Schulentwicklung. In: Gukenbiehl (1996a), S. 37-95

Mahr, H. (1996b): Ergebnisse der Elternzweit- und Schülererstbefragung. In: Gukenbiehl (1996a), S. 97-122

Mahr, H. (1996c): Auswertung der Lehrererstbefragung. In: Gukenbiehl (1996a), S. 123-145

Mahr, H. (1996d): Zwischenbericht zur Auswertung der Elternbefragung an den Grundschulen der Schulbezirke Regionaler Schulen. Werkstattbericht Nr. 8, Landau

Mahr-George, H. (1996): Wissenschaftliche Begleitforschung zum rheinland-pfälzischen Modellversuch Regionale Schule. In: Bos, W.; Tarnai, C. (Hrsg.): Ergebnisse qualitativer und quantitativer empirischer pädagogischer Forschung. Münster: Waxmann, S. 115-131

Mahr, H.; Kasten, M. (1994): Zur Struktur der Standortregionen. In: Gukenbiehl (1994a), S. 201-204

Mahr, H.; Klein, B. (1994): Die Ausgangslage der sechs Versuchsschulen im Überblick. In: Gukenbiehl (1994a), S. 205-209

Mahr, H.; Meyer, S. (1994): Öffentliche Berichterstattung über den Modellversuch. In: Gukenbiehl, S. 243-250

Mahr-George, H.; Sonnenmoser, M. (im Druck): Zwischenbericht zur Auswertung der Eltern- und Schülerabschlußbefragung des Jahrgangs 1992 in Klassenstufe 9, Werkstattbericht Nr. 12

Pädagogisches Zentrum des Landes Rheinland-Pfalz (1992) (Hrsg.): Entwicklung und Erprobung einer Regionalen Schule in Rheinland-Pfalz, Tagungsbericht der Fachtagung am 29./30. Oktober in Bad Kreuznach. Bad Kreuznach: Pädagogisches Zentrum des Landes Rheinland-Pfalz

Pädagogisches Zentrum (1996) (Hrsg.): Regionale Schule. 2. Zwischenbericht über den Modellversuch, Teil I: Erfahrungen und Berichte aus der Schulpraxis. PZ informiert Heft 15, Bad Kreuznach: Pädagogisches Zentrum des Landes Rheinland-Pfalz

Ries, E. (1994): Beiträge des Pädagogischen Zentrums Bad Kreuznach. In: Gukenbiehl (1994a), S. 251-255

Rolff, H.-G. (1992): Aspekte der regionalen Schulentwicklung der Sekundarstufe I. In: Pädagogisches Zentrum des Landes Rheinland-Pfalz, S. 81-107

Rolff, H.-G. et al (1994) (Hrsg.): IFS-Umfrage: Die Schule im Spiegel der öffentlichen Meinung. Ergebnisse der achten IFS-Repräsentativbefragung der bundesdeutschen Bevölkerung. In: ders.: Jahrbuch der Schulentwicklung Band 8. Weinheim: Juventa Verlag, S. 13-55

Tiersch, J. (1994): Beiträge des Schulpsychologischen Dienstes des Landes Rheinland-Pfalz. In: Gukenbiehl (1994a), S. 260-263

Tiersch, J. (1996): Bericht über den Landesversuch Regionale Schule. In: Gukenbiehl (1996a), S. 151-164

Christa Lampe

Sekundarschulen in Niedersachsen – ein Bericht zum Stand des Schulversuchs

Zur Entstehungsgeschichte

Als 1993 die ersten integrierten Haupt- und Realschulen als Schulversuch Sekundarschule gegründet wurden, ging dies auf die Initiative von Schulträgern zurück, die einen Weg suchten, dem Bedeutungsverlust ihrer am Ort befindlichen Hauptschule entgegenzuwirken. Es sollte erreicht werden, daß die Mehrzahl der Kinder nach Beendigung der Orientierungsstufe in einer Schule des Ortes verblieb. Die Elternschaften der betreffenden Hauptschulen unterstützten diese Zielsetzung, weil mit der gemeinsamen Beschulung von haupt- und realschulempfohlenen Schülerinnen und Schülern die soziale Isolierung ihrer Kinder überwunden werden sollte und ein mittlerer Bildungsabschluß auch für sie erreichbar werden würde. Die Kollegien dieser ersten Sekundarschulen waren sehr reformoffen und bereit, die notwendigen pädagogischen Aufgaben bei der unterrichtlichen Gestaltung zu erarbeiten. Sie verbanden mit dem Schulversuch vor allem inhaltliche Veränderungen von Unterricht, ganz besonders auf dem Gebiet der Lernorganisation. Diese Zielsetzungen von Schulträgern, Elternschaften und Kollegien haben auch bei der Gründung der später eingerichteten Versuchsschulen mit unterschiedlicher Gewichtung eine Rolle gespielt:

Mit der Sekundarschule sollten „neue" Schülergruppen der Realschulklientel an den Schulstandort gebunden werden und zu seiner dauerhaften Stabilisierung beitragen. Die Option auf einen mittleren Bildungsabschluß sollte so lange wie möglich offengehalten und die soziale Ausgrenzung Lernschwächerer sollte vermieden werden.

Die Öffnung der Schule in die Region und offene Unterrichtsformen wurden von den Kollegien zu einem wichtigen Bestandteil ihres pädagogischen Konzepts erklärt. In den Auseinandersetzungen um die Errichtung des Schulversuchs an den einzelnen Standorten wurde fast ausschließlich der gemeinsame Unterricht von haupt- und realschulempfohlenen Schülerinnen und Schülern problematisiert. Gegner des Schulversuchs sahen darin die Gefahr, das Realschulniveau könne im Schulversuch nicht erreicht werden; die Anwesenheit lernschwächerer Schülerinnen und Schüler werde „automatisch" zu einem Leistungsverlust der Realschulempfohlenen führen. Dieser Diskussion müssen sich die Versuchsschulen auch noch heute, sechs Jahre nach Beginn der Sekundarschule, stellen.

Nicht mehr in gleicher Weise umstritten sind zwei der wesentlichen Gründe, die für die Einrichtung des Schulversuchs Sekundarschule maßgebend waren: Integrierte Haupt- und Realschulen tragen im Flächenland Niedersachsen dazu bei, ein wohnortnahes Schulangebot zu erhalten. Zur Zeit bilden 30% der Hauptschulgliederungen im 7. Schuljahrgang nur noch einen Klassenverband. Zählt man die Hauptschulen hinzu, die nicht mehr durchgehend zweizügig sind oder deren Klassenfrequenz unter einem mittleren Wert liegt, dann ergibt sich mit 400 dieser Schulstandorten ein Wert von etwa 80% von Schulen, die man als „klein" bezeichnen muß. Die geringe Schülerzahl an diesen Schulen führt zu einer niedrigen Zuweisung von Lehrerstunden, die nicht mehr ausreichen wird, um die notwendigen Differenzierungsmaßnahmen durchzuführen. Diese Schulen werden zusätzlich von einem Schülerschwund betroffen werden, wenn voraussichtlich ab dem Jahr 2003 die geburtenstärkeren Jahrgänge den Sekundarbereich I durchlaufen haben. Die Abnahme der Schülerzahlen hat für die Hauptschule zur Folge, daß die Gruppe der „kleinen", nicht mehr zweizügigen Hauptschulen noch weiter wachsen wird. Auch wenn diese Schulen weitergeführt werden können, weil sie organisatorisch mit einer anderen Schule zusammengefaßt sind, wird nur eine Erhöhung der Schülerzahlen an diesen Standorten die unterrichtliche Arbeit dieser Schulen stabilisieren können. Diese „neuen" Schülergruppen können bei jenen Schülerinnen und Schülern hinzugewonnen werden, die nach der Orientierungsstufe zur Realschule wechseln würden. Deshalb ist der Schulversuch Sekundarschule darauf ausgelegt, „hauptschul- und realschulempfohlene Schülerinnen und Schüler gemeinsam zu den Abschlüssen des Sekundarbereichs I zu führen".

Die Mehrheit der Erziehungsberechtigten wünscht für ihre Kinder eine Schulform, die ihnen einen erfolgreichen Einstieg in einen Ausbildungsberuf ermöglicht. Die steigenden Anforderungen in der Wirtschaft schließen bereits heute einen Teil der Schülerinnen und Schüler der Hauptschule von attraktiven Ausbildungsberufen aus; als Zugangsberechtigung zum Erwerbsleben verliert der Hauptschulabschluß nach Klasse 9 und damit auch die Schulform Hauptschule an Wert. Das erklärt, daß auch in Niedersachsen die Übergangsquoten der Schülerinnen und Schüler, die nach der Orientierungsstufe zur Hauptschule wechseln, kontinuierlich zurückgegangen sind.

Bezogen auf den Zeitraum zwischen 1979-1996 betrug dieser Rückgang 9,5 Prozentpunkte. (1979 erfolgte die Freigabe des Elternwillens). 11,4% der Erziehungsberechtigten folgen heute schon nicht mehr der Empfehlung der Orientierungsstufe, ihr Kind zur Hauptschule wechseln zu lassen.

Es muß erwartet werden, daß diese Entwicklung weiter fortschreiten wird, weil die Erziehungsberechtigten die Erfahrung machen, daß der Wechsel zu den anderen weiterführenden Schulen des Sekundarbereichs I (Realschule und Gymnasium) bei einem Teil der Schülerinnen und Schüler auch dann erfolgreich verlaufen kann, wenn keine entsprechende Empfehlung dafür vorliegt. Damit verringert sich die Hemmschwelle, den Schulwechsel vor allem zur Realschule trotz anderslautender Beratung der Orientierungsstufe zu wagen.

Da dieser Trend unumkehrbar scheint, ergeben sich aus der Einrichtung der Sekundarschule als integrierter Haupt- und Realschule auch aus pädagogischer Sicht entscheidende Vorteile: Schülerinnen und Schüler mit einer Hauptschulempfehlung verbleiben zusammen mit einem Großteil ihrer Mitschülerinnen und Mitschüler im vertrauten Klassenverband. Sie fühlen sich nicht diskriminiert und bleiben lernmotivierter. Sie können an Kursen mit erhöhtem Anspruchsniveau ihre Leistungsfähigkeit erproben und entwickeln und müssen die Schule und die Klasse bei einem Mißerfolg nicht verlassen.

Besonders Lernschwächere profitierten von der sozialen Stabilität der Lerngruppen, und es kann erwartet werden, daß die Anzahl der demotivierten Schülerinnen und Schüler, die sich dem Unterricht gänzlich verweigern und schließlich die Schule ohne Abschluß verlassen, verringert werden kann.

Die Erfahrung des Schulversagens wird auch denjenigen Schülerinnen und Schülern erspart, die ohne Empfehlung auf eine Realschule gewechselt wären und dauerhaft oder auch nur zeitweise die Anforderungen dieser Schulform verfehlt hätten. Sie erhalten durch den Schulversuch die Möglichkeit, auf den von ihnen gewünschten Schulabschluß hinzuarbeiten, ohne den Belastungen einer drohenden Rückschulung ausgesetzt zu werden. In den Sekundarschulen besteht größere Planungssicherheit über die Anzahl der Klassenverbände, da größere, durch Rückläufer entstehende Schwankungen der Schülerzahl nicht auftreten; Klassenteilungen oder -zusammenlegungen können vermieden werden.

Es ist richtig, daß die hier aufgezählten Vorteile des Schulversuchs in ihrer Summe den Schülerinnen und Schülern zugute kommen, die trotz einer Hauptschulempfehlung einen mittleren Schulabschluß anstreben. Für diejenigen, die realschulempfohlen sind, ist es mehr die inhaltliche Gestaltung des Unterrichts und die neue Gewichtung von Fächern und Fachbereichen, die für sie den Besuch der Sekundarschule vorteilhaft erscheinen läßt.

Die Veränderungen gegenüber der herkömmlichen Realschule sind in den Genehmigungserlassen der Versuchsschulen festgelegt worden. Ihre wesentlichen Merkmale werden im folgenden dargestellt. Da sie eine inhaltliche Nähe zum schulformübergreifenden Unterricht der Haupt- und Realschule aufweisen, sollen zunächst Übereinstimmungen und Unterschiede dazu erläutert werden.

Rahmenbedingungen des Schulversuchs – Abgrenzung zum schulformübergreifenden Unterricht an zusammengefaßten Haupt- und Realschulen

Die Grundsatzerlasse für die Hauptschule und die Realschule sind über weite Passagen ihrer Texte identisch. Abweichungen bestehen hauptsächlich zwischen den Stundentafeln der beiden Schulformen. In das Niedersächsische Schulgesetz wurde 1993 mit dem Paragraphen 24 eine Bestimmung aufgenommen, wonach die Schulzweige einer zusammengefaßten Haupt- und Realschule auch schulformübergreifenden Unterricht einrichten können. Der Umfang der Kooperation ist allerdings begrenzt: Der schulformspezifische Unterricht muß überwiegen. Außerdem erfolgt eine Einengung des schulformübergreifenden Unterrichts auf bestimmte Fächer; Deutsch, Mathematik, der Unterricht in der 1. Fremdsprache und die naturwissenschaftlichen Fächer in den Schuljahrgängen 9 und 10 bleiben dem schulformspezifischen Unterricht vorbehalten. Diese Regelung bietet den 161 zusammengefaßten Haupt- und Realschulen in Niedersachsen die Möglichkeit einer weitgehenden Zusammenarbeit.

Der Hauptunterschied dieser Kooperation zwischen den Zweigen von Hauptschule und Realschule und dem Schulversuch Sekundarschule liegt darin, daß die Schülerinnen und Schüler auch im schulformübergreifenden Unterricht weiterhin ihren Schulformen zugeordnet bleiben. Sie werden als Haupt- oder Realschülerinnen und -schüler geführt und unterliegen damit z.B. auch der Leistungsmessung ihrer Herkunftsschulformen.

Im Schulversuch Sekundarschule wird keine Unterscheidung in Schülerinnen und Schüler nach ihrer Schulformzugehörigkeit getroffen. Die Schülerinnen und Schüler verbleiben nach der Orientierungsstufe in heterogenen Klassenverbänden. Sie qualifizieren sich im Verlauf der Klassenstufen 7-10 durch die Teilnahme an den Kursen der Fachleistungsdifferenzierung in Deutsch (spätestens ab Schuljahrgang 9), Mathematik und Englisch (ab Schuljahrgang 7) und in einem Fach der Naturwissenschaften (in den Jahrgangsstufen 9 und 10) und werden gemeinsam zu den Abschlüssen des Sekundarbereichs I geführt. Ein weiterer Unterschied zur Einrichtung des schulformübergreifenden Unterrichts an zusammengefaßten Haupt- und Realschulen besteht also auch darin, daß das Fach Deutsch in der 7. und 8. Jahrgangsstufe mit in den gemeinsamen Unterricht im heterogenen Klassenverband einbezogen bleiben kann.

Während es jedoch den kooperierenden Haupt- und Realschulen überlassen ist, die unterschiedlichen Stundentafeln der beiden Schulen in den Bereichen zu harmonisieren, in denen sie schulformübergreifenden Unterricht einrichten wollen, wurde der Sekundarschule eine Stundentafel vorgegeben, die Schwerpunkte der Hauptschule und der Realschule miteinander verbindet:

Alle Schülerinnen und Schüler können eine 2. Fremdsprache erlernen, und allen wird mit den Fächern des Fachbereichs Arbeit/Wirtschaft-Technik (AWT) eine ökonomische und technische Grundbildung vermittelt. Der Fachbereich AWT tritt mit insgesamt 12 Stunden gleichberechtigt neben die anderen Fachbereiche und gilt als neuer pädagogischer Schwerpunkt des Schulversuchs.

Da in diesem Fachbereich die Berufsorientierung stattfindet, bietet sich nun auch den potentiellen Realschülerinnen und Realschülern die Möglichkeit, sich gezielt auf den Übergang von der Schule in den Beruf vorzubereiten.

Wesentliche Bestimmungen für den Schulversuch Sekundarschule[1]

Zeitlicher Verlauf

Der Schulversuch „Sekundarschule" wird aufsteigend vom Schuljahrgang 7 bis zum Schuljahrgang 10 eingerichtet, beginnend mit dem Schuljahrgang 7. Der Schulversuch endet, wenn der zuerst eingerichtete Schuljahrgang 7 den 10. Schuljahrgang durchlaufen hat. Ein Antrag auf Verlängerung des Schulversuchs ist vor Ablauf dieses Zeitpunkts zu stellen.

Rahmenrichtlinien

Die Schule erstellt für alle Fächer schuleigene Arbeitspläne, für die die Rahmenrichtlinien für die Hauptschule und die Realschule maßgeblich sind, soweit nicht bereits Rahmenrichtlinen für den schulformübergreifenden Unterricht vorliegen. Zusätzlich können die Rahmenrichtlinien für die Integrierte Gesamtschule herangezogen werden. In den Fächern mit Fachleistungsdifferenzierung liegen der Differenzierungsebene A die Rahmenrichtlinien für die Realschule, der Differenzierungsebene B die Rahmenrichtlinien für die Hauptschule zugrunde. Die schuleigenen Arbeitspläne beachten in einer entsprechenden didaktisch bestimmten Gestaltung die pädagogische Einheit der Schuljahrgänge 7 und 8 sowie 9 und 10.

1 Am Ende des Beitrags findet sich zur Verdeutlichung die Stundentafel.

Fachleistungsdifferenzierung

Die Fachleistungsdifferenzierung erfolgt *in Kursen* auf zwei Leistungsebenen in den Fächern Englisch und Mathematik in den Schuljahrgängen 7 und 8 sowie in den Fächern Englisch, Mathematik, Deutsch und im Fachbereich Naturwissenschaften in den Schuljahrgängen 9 und 10. Im Fach Deutsch kann bereits im 8. Schuljahrgang Fachleistungsdifferenzierung in Kursen praktiziert werden. Kurszuweisungen und Umstufungen sind pädagogische Maßnahmen. Bei der Erstzuweisung zu einem Fachleistungskurs ist der Elternwunsch zu berücksichtigen. Die Entscheidungen über Kursumstufungen trifft die Klassenkonferenz auf Vorschlag der Fachlehrerin oder des Fachlehrers. Hierbei ist über die Zensuren der schriftlichen, mündlichen und fachspezifischen Lernkontrollen hinaus die individuelle Entwicklung im Lernprozeß sowie die Gesamtpersönlichkeit der Schülerin oder des Schülers zu berücksichtigen. Pflichtfremdsprache ist Englisch. Die zweite Fremdsprache ist Französisch. Sie wird in den Jahrgängen 7 und 8 im wahlfreien Bereich, in den Jahrgängen 9 und 10 im Wahlpflichtbereich unterrichtet.

Klassenbildung

Die Klassen im Schulversuch Sekundarschule sind in der Bandbreite von 22-28 Schülerinnen und Schüler zu bilden. Für die Zumessung der Lehrerstunden werden die für die Schulform Hauptschule geltenden Stundenzahlen zugrunde gelegt.

Versetzungen und Wiederholungen

Bei der Anwendung der Versetzungsverordnung vom 19.6.1995 (SVBl. S. 182) sind die Vorschriften für die Hauptschule entsprechend auf den Schulversuch Sekundarschule anzuwenden. In Fächern mit Fachleistungsdifferenzierung auf zwei Ebenen (A-Kurs, B-Kurs) ist die Note in den A-Kursen für die Ausgleichsregelungen und für die Versetzungsentscheidung durch die um eine Notenstufe bessere Note zu ersetzen.
Abweichend von § 2 der Versetzungsverordnung rücken die Schülerinnen und Schüler im Schulversuch Sekundarschule am Ende der Schuljahrgänge 7 und 8 in den höheren Schuljahrgang auf. Eine freiwillige Wiederholung der Klasse 7 oder der Klasse 8 ist möglich.

Leistungsmessung

Die Konferenzen der Schule fassen Beschlüsse über die Grundsätze der Leistungsbewertung, insbesondere im integrierten Bereich.

Abschlüsse

Im Schulversuch „Sekundarschule“ werden die Abschlüsse des Sekundarbereichs I sowie der Hauptschulabschluß nach Klasse 9 gemäß der Verordnung über die Abschlüsse im Sekundarbereich I vom 07.04.1994 (SVBl. S. 140) in entsprechender Anwendung des 6. Abschnittes erteilt.

Arbeitszeit der Lehrkräfte und Anrechnungsstunden

In dem Schulversuch unterrichten Lehrkräfte mit dem Lehramt an Grund- und Hauptschulen sowie mit dem Lehramt an Realschulen. Hinsichtlich der Arbeitszeit der im Schulversuch eingesetzten Lehrkräfte finden die Regelungen für Hauptschulen Anwendung. Darüber hinaus wird gemäß § 13 ArbZVO-Lehr folgendes bestimmt: Der nach Anlage 3 ArbZVO-Lehr für Hauptschulen maßgebliche Faktor wird hinsichtlich der am Schulversuch beteiligten Klassen für die Dauer des Versuchs um 0,5 erhöht. Es werden so viele Anrechnungsstunden gewährt, wie Grund- und Hauptschullehrer überwiegend (mind. 14 Unterrichtsstunden) im Schulversuch eingesetzt sind.

Für die Tätigkeit der Fachbereichskonferenzleiter stehen der Schule abweichend von den Regelungen des Erlasses vom 08.03.1989-302-84 012 in den ersten beiden Jahren des Versuchszeitraumes und danach zehn Anrechnungsstunden zur Verfügung.

Berichtspflicht der Schulen

Die Schulen erstellen jährlich einen Bericht, er soll Angaben über die Zahl der am Schulversuch teilnehmenden Schülerinnen und Schüler, Schwerpunkte der pädagogischen Arbeit, Schwierigkeiten und Probleme sowie Umfang und Verteilung der gewährten Anrechnungsstunden enthalten. Der Bericht ist mit einer Stellungnahme der zuständigen Bezirksregierung zum 01.12. eines jeden Jahres vorzulegen. Darin sind drei Punkte besonders zu berücksichtigen:

- Das pädagogische Konzept der Schule für die integrative Beschulung
- Die Entwicklung des Methodenrepertoires für/im gemeinsamen Unterricht
- Die Beschreibung der Lernentwicklung

Darüber hinaus kann zu folgenden Aspekten Stellung genommen werden:

- Zusammenarbeit mit der Elternschaft, mit anderen Schulen und anderen Institutionen
- Gewinnung der Schülerschaft
- Darstellung des Versuchs in der Öffentlichkeit
- Veränderung durch die Zusammensetzung der Schüler- und Lehrerschaft
- Fortbildungschwerpunkte
- Veranstaltungen des Schullebens

Tab. 1: **Übersicht über die beteiligten Schulen am Schulversuch Sekundarschule**

Standort:	Teilnahme seit:
Haupt- und Realschule mit Orientierungsstufe 49451 Holdorf	1993/94
Grund- und Hauptschule mit Orientierungsstufe 26723 Emden	1993/94
St Johannes, Hauptschule mit Orientierungsstufe 49456 Bakum	1994/95
Käthe-Kollwitz-Schule, Hauptschule 49082 Osnabrück	1994/95
Dollartschule Emden, Hauptschule mit Orientierungsstufe 26723 Emden	1994/95
Hauptschule mit Orientierungsstufe 37197 Hattdorf	1995/96
Hauptschule mit Orientierungsstufe Obenstrohe 26316 Varel	1995/96
Grund- und Hauptschule mit Orientierungsstufe 27432 Oerel	1995/96
Heinrich-Heine-Schule, Hauptschule, 30173 Hannover	1996/97

Verlauf des Schulversuchs

In Niedersachsen nehmen zur Zeit neun Schulen am Schulversuch Sekundarschule teil. Sechs Versuchsschulen befinden sich im Bereich der Bezirksregierung Weser-Ems. Die anderen verteilen sich auf die übrigen drei Bezirksregierungen Hannover, Lüneburg und Braunschweig. Die Schulen in Holdorf und Wybelsum nahmen mit Beginn des Schuljahres 1993/94 ihre Arbeit im Schulversuch auf; die vorerst letzte Versuchsschule in Hannover trat dem Schulversuch zum Schuljahr 1996/97 bei. In Holdorf und Wybelsum haben die Schülerinnen und Schüler des ersten Jahrgangs bereits die Klassen

7-10 durchlaufen und sind im Juli 1997 entlassen worden. Beiden Schulen ist eine Verlängerung des Versuchs um 4 Jahre genehmigt worden. Die Schulen in Bakum, Osnabrück und Emden (Dollartschule) werden ebenfalls eine Verlängerung des Schulversuchs beantragen und treten dann mit Beginn des Schuljahres 1998/99 in den zweiten Durchgang des Schulversuchs ein.

Inzwischen liegen die Anträge von Schulträgern vor, die die Sekundarschule an einer Haupt- und Realschule einrichten wollen. Da die Anzahl der Versuchsschulen nicht erhöht wird, können diese Anträge nicht berücksichtigt werden

Nachdem alle neun bereits arbeitenden Versuchsschulen ausschließlich an Hauptschulstandorten mit Orientierungsstufe geführt werden, deutet sich aber hier möglicherweise an, daß der Schulversuch Sekundarschule auch für solche Standorte an Attraktivität gewinnt, die schon über ein Realschulangebot verfügen.

Zum Sachstand des Schulversuchs

Nachdem der erste Schülerjahrgang von Sekundarschulen im Sommer 1997 nach Abschluß der Klasse 10 entlassen worden ist, soll versucht werden, die bisherige Entwicklung des Schulversuchs in wesentlichen Punkten nachzuzeichnen und wichtige Erfahrungen dieses ersten Durchgangs an die Schulen weiterzugeben, die jetzt in die Verlängerung des Versuch eintreten wollen oder sich noch in der Anfangsphase befinden. Was hat sich bewährt, was sollte bei der gemeinsamen Beschulung von haupt- und realschulempfohlenen Schülerinnen und Schüler im Sekundarbereich I erneut problematisiert und schwerpunktmäßig bearbeitet werden? Weitere Fragen zum bildungspolitischen Rang des Schulversuchs Sekundarschule können auch in einem Bericht, der als Zwischenbericht nur die bereits jetzt schon erkennbaren Ergebnisse beschreiben will, nicht ausgeklammert werden; denn auch die Versuchsschulen selbst befinden sich in einer ständigen und teilweise heftig geführten Auseinandersetzung mit Befürwortern und Gegnern des gegliederten oder in Teilbereichen integrierten Schulsystems.

Die Auswertung der in den zurückliegenden vier Jahren von den Versuchsschulen verfaßten Sachstandsberichte soll jedoch vorrangig dazu dienen, Entwicklungstendenzen des Schulversuchs zu beschreiben. Dabei stehen die Fragen nach der Gestaltung des Teils von Unterricht im Vordergrund, der für die gesamte Lerngruppe gemeinsam angeboten wird. Weiterhin wird auch der Aspekt untersucht, wie im System der Fachleistungsdifferenzierung die Durchlässigkeit zwischen den Kursen längstmöglich erhalten bleiben kann, welche Maßnahmen zur Stützung von sogenannten Aufsteigern und welche zur Verhinderung von Kursabstufungen geeignet erscheinen. Einzelne Schulen wenden sich in diesem Zusammenhang ganz besonders den sozialen Zielsetzungen des Schulversuchs zu. Es geht ihnen dabei um die

Stärkung des Gemeinschaftsgefühls in den Klassenverbänden, wenn in den Schuljahrgängen 9 und 10 die äußere Differenzierung in größerem Umfang einsetzt.

Darüber hinaus ist allen Versuchsschulen aufgeben worden, ihre schuleigenen Arbeitspläne darauf auszurichten, daß leistungsschwächere, aber auch leistungsstärkere Schülerinnen und Schüler ein konkret für sie erreichbares und für die Vergabe der von ihnen angestrebten Abschlüsse notwendiges Leistungsniveau erreichen können.

Einige der Versuchsschulen haben diese Frage zu ihrer wichtigsten Aufgabe gemacht, wohl nicht zuletzt deshalb, weil die Akzeptanz der Sekundarschule in der Öffentlichkeit davon abhängt, wie Eltern- und Schülerschaft, weiterführende Schulen des Sekundarbereichs II und Ausbildungsbetriebe den Wert der von ihnen vergebenen Abschlüsse einschätzen.

Ergebnisse des für alle Schülerinnen und Schüler gemeinsam erteilten Unterrichts

Das Hauptbemühen der Sekundarschulen liegt beim Unterricht der Fächer, die für alle Schülerinnen und Schüler einer Lerngruppe gemeinsam erteilt werden, einem Unterricht also, bei dem die Lehrkräfte erwartungsgemäß auf eine größere Streuung der Leistungsfähigkeit treffen. Während die Fachleistungsdifferenzierung in den „adligen" Fächern Englisch und Mathematik schon zu Beginn der Sekundarschule im 7. Jahrgang sicherstellt, daß auf zwei Leistungsebenen unterrichtet werden kann, muß sich der Unterricht aller übrigen Fächer auf die ganze Spannbreite von Leistungsfähigkeit einstellen, die sich durch die heterogene Zusammensetzung der Lerngruppen ergibt; sie reicht von der Schülergruppe ohne ausreichende Deutschkenntnisse bis hin zu realschulempfohlenen Schülerinnen und Schülern.

In allen in den letzten vier Jahren vorgelegten Berichten der Schulen wird ein Zusammenhang zwischen der Einübung offener Unterrichtsformen und den notwendigen binnendifferenzierenden Maßnahmen als eine Voraussetzung für ein auf unterschiedlich leistungsfähige Schülerinnen und Schüler ausgerichtetes Unterrichtsangebot hergestellt.

Für die Fachbereiche Geschichtlich-soziale Weltkunde (GSW) und Arbeit/Wirtschaft-Technik (AWT) liegen Rahmenrichtlinien für den Unterricht in heterogenen Lerngruppen vor, die umfangreiche Hilfen zur Binnendifferenzierung enthalten. Die Schulen berichten, daß sie auf dieser Grundlage keine Schwierigkeiten hatten, ein binnendifferenzierende Unterrichtsangebot zu erarbeiten und umzusetzen. Einschränkungen ergeben sich dort, wo ausgesiedelte und ausländische Schülerinnen und Schüler nicht über ausreichende Sprachkenntnisse verfügen. Inzwischen ist ihre Anzahl an fast allen Standorten soweit zurückgegangen, daß diese Integrationsaufgabe zwar immer noch als außerordentlich kräfteraubend von den betroffenen Lehrkräften empfunden wird; aber sie steht nicht mehr in der Weise im Vordergrund der Arbeit wie noch vor vier Jahren.

Die beiden Fachbereiche GSW und AWT haben maßgeblichen Anteil an der Ausbildung eines Schulprofils an allen Standorten der Sekundarschulen; fast alle Schulen haben die Herstellung eines regionalen Bezuges in ihr pädagogisches Konzept aufgenommen. Aus dieser Zielsetzung hat sich eine Fülle von Projekten entwickelt, die gemeinsam mit Kooperationspartnern im außerschulischen Bereich durchgeführt worden sind.

Beispiele für regionale Projekte

- Obenstrohe: Plattdeutsch als Sprache der Region
- Bakum: Zeitung und Schule, in Zusammenarbeit mit der Universität Oldenburg
- Hannover: Nicht-investives Energiesparen, in Zusammenarbeit mit der Stadt Hannover

Die Öffnung der Schulen in die Region schließt die Einbeziehung außerschulischer Lernorte mit ein. Dabei spielen die Wirtschaftsbetriebe der Region eine besonders wichtige Rolle. Eine Schule äußert im diesjährigen Bericht, diese Komponente des Unterrichts sei in aller Regel der „Auftakt" für eine größere Lernmotivation Lernschwächerer.

Eine besondere Erprobungsaufgabe wird von den Versuchsschulen darin gesehen, auch im fachleistungsdifferenzierten Unterricht der letzten Schuljahrgänge das Prinzip einer Öffnung des Unterrichts beizubehalten. Dieses wird allerdings durch das Anwachsen der Klassenfrequenzen durch Rückläufer anderer weiterführender Schulen erschwert. Die Sekundarschulen stellen dennoch für sich fest, daß sie auf dem Gebiet der Öffnung der Schule eine für die Erfüllung ihres Auftrages wichtige Entwicklung vollzogen haben.

Nicht alle Schulen nehmen in ihre Berichte Aussagen über Erfahrungen aus sogenannten Nebenfächern auf. Dort, wo sie erwähnt werden, wird ihre integrative Funktion besonders hervorgehoben (Religion, Sport, Fachbereich musisch-kulturelle Bildung). Von ihnen gehen wichtige Impulse für die Gestaltung des Schullebens aus, aber sie übernehmen teilweise auch die Aufgabe, ein Gegengewicht zu dem sonst vorherrschenden Leistungsaspekt zu schaffen und Regeln des Miteinanderumgehens, Rituale des Gemeinschaftslebens in einer Lerngruppe zu entwickeln. Die Lehrkräfte dieser Fächergruppe äußern sich übereinstimmend positiv zum gemeinsamen Unterricht ihrer so unterschiedlich ausgestatteten Schülerschaft.

Maßnahmen im Rahmen der Fachleistungsdifferenzierung

In den Berichten der Schulen zum Unterricht in den fachleistungsdifferenzierten Fächern wird vor allem die Durchlässigkeit zwischen den Kursen thematisiert. Für die Fächer Englisch und Mathematik werden Möglichkeiten einer Durchlässigkeit bis zu Ende des 8. Schuljahrganges erprobt, für das Fach Deutsch auch darüber hinaus. Allerdings kommen Umstufungen zwischen den Kursen im 9. und im 10. Schuljahrgang nur selten vor.

Die Bemühungen der Sekundarschulen, solche Schülerinnen und Schüler zu stützen, die aus einem B- in einen A-Kurs wechseln wollen, konzentrieren sich auf den 8. Schuljahrgang und umfassen Zusatzanforderungen mit einem auf die Realschule bezogenem Anspruchsniveau, die stundenweise Teilnahme am Unterricht des A-Kurses und die Hilfestellung im Rahmen der Hausaufgabenhilfe, die von einigen Schulen angeboten wird. Das Zusammenfassen von Schülerinnen und Schülern zu einem Aufsteiger- oder Liftkurs bildet die Ausnahme; er erweist sich gegenüber anderen Stützmaßnahmen als weniger flexibel und schulorganisatorisch nur mit einem gewissen Planungsvorlauf umsetzbar.

Die Schulen beurteilen den Umfang der äußeren Differenzierung in den Jahrgängen 9 und 10 in seinen Auswirkungen auf die Schülerinnen und Schüler unterschiedlich. Die Zusammenfassung leistungshomogener Schülergruppen wird als notwendig für die gezielte Arbeit für die einzelnen Schulabschlüsse begrüßt. Aber es wird auch spürbar, daß die Klassenverbände nur noch in wenigen Fächern gemeinsam unterrichtet werden. Ob dies bei den nur noch in B-Kursen verbleibenden Schülerinnen und Schülern mit einer Motivationsminderung einhergeht, hängt offenbar davon ab, wie weit sie bis zu diesem Zeitpunkt ihre Leistungsfähigkeit erproben und für sich eine sinnvolle Lernperspektive in den auf das Hauptschulniveau ausgerichteten Kursen entwickeln konnten. Die bisher befragten Schüler- und Elternvertretungen von Sekundarschulen haben sich zu diesem Problem positiv geäußert. Die Klassenverbände seien bis zu diesem Zeitpunkt so stabil geworden, daß die Trennung von Schülergruppen durch die Kurseinweisung nicht als nachteilig empfunden werde. Der Verbleib oder die Umstufung in B-Kursen löse keine Versagensängste aus, da Erfolgserlebnisse in anderen Fächern möglich seien und kein Schulwechsel drohe.

Eine Schule berichtet über eine interessanten Ansatz im Fach Englisch, bei dem durch kursübergreifende Projekte Schülerinnen und Schüler unterschiedlicher Leistungsfähigkeit zusammengearbeitet haben. Dieses scheint einen großen Leistungsanreiz auf alle Beteiligten ausgeübt zu haben.

Interessant ist die äußere Differenzierung im Fach Deutsch; die Schulen entscheiden hier unterschiedlich. Der Vorteil einer erst im 9. Jahrgang vollzogenen Trennung von leistungsschwächeren und leistungsstärkeren Schülerinnen und Schülern wird darin gesehen, daß das für die Arbeit in diesem Fach notwendige gute sprachliche Vorbild so lange wie möglich erhalten bleibt. Für die bereits im 8. Jahrgang einsetzende Differenzierung spricht in der Regel, daß die Leistungsunterschiede zwischen diesen Schülergruppen nicht mehr ausschließlich mit einer Binnendifferenzierung aufzufangen sind. Eine der beteiligten Schulen macht ihre Konferenzentscheidung zur Differenzierung im Fach Deutsch von der Zusammensetzung des 8. Schülerjahrganges abhängig. Es bleibt abzuwarten, ob sich dieses Verfahren auch für andere Sekundarschulen eignet.

Insgesamt verwenden die Versuchsschulen offenbar große Sorgfalt darauf, den Gedanken der Förderung in den Vordergrund zu stellen und gleichzeitig auch den Leistungsanspruch der auf das Niveau der Realschule ausgerichteten A-Kurse zu erfüllen. Insbesondere die in diesen Kursen eingesetzten, von Realschulen abgeordneten Lehrkräfte tragen durch ihre Vergleichsmöglichkeiten positiv dazu bei, daß dieser Anspruch glaubhaft „nach außen hin" vertreten werden kann.

Aussagen zur Leistungsbewertung und zur Zeugnisgestaltung

Die Sekundarschulen haben die Beratung von Schülerinnen und Schülern und deren Erziehungsberechtigten in ihr pädagogisches Konzept aufgenommen und ergänzen deshalb ihre Zeugnisse durch Angaben zum Lernprozeß. An einer der Schulen werden diese Zeugnisse in Gegenwart der Erziehungsberechtigten ausgegeben, um für alle Beteiligten ein möglichst konkretes Bild über die erbrachten Lernstände zu vermitteln. Nach dem Urteil der Schulen haben diese Verfahren ganz erheblich zu einer größeren Transparenz der Notengebung beigetragen und bei den Schülerinnen und Schülern zu der Einsicht geführt, daß auch sie selbst Verantwortung für ihren Lernerfolg tragen müssen. Durch die Ergänzungen zum Notenzeugnis ist es überdies möglich geworden, Aussagen zu fachunabhängigen Qualifikationen zu treffen, den sog. Schlüsselqualifikationen, deren Wert sich nach Auskunft der befragten Schülervertretungen zunehmend positiv bei der Ausbildungsplatzsuche erweist.

Trotz des Erfolges und der Anerkennung, die die Versuchsschulen mit diesen Verfahren für sich verbuchen können, bleiben sie gegenüber den Erziehungsberechtigten und Außenstehenden immer noch in der Verpflichtung, über die Qualität der von ihnen vergebenen Abschlüsse Rechenschaft abzulegen. Es reicht offenbar nicht aus, daß sie in ihren Arbeitsplänen die Anforderungsprofile der Hauptschule und der Realschule beschreiben; ob sie „richtige" Abschlüsse vergeben, soll von ihnen auch nachgewiesen werden. Aus dieser, den Schulen von außen auferlegten Notwendigkeit haben zwei Schulen unterschiedliche Ansätze zur Evaluierung der Schülerleistungen entwickelt, deren Ergebnisse für den Schulversuch interessant sein werden. Die eine

Schule plant, „Abnehmer“, vor allem Ausbildungsbetriebe, nach der Leistungsfähigkeit ihrer Schülerinnen und Schüler zu befragen. Eine andere Schule wird im jetzigen Entlaßjahrgang Vergleichsarbeiten anderer Bundesländer einsetzen, um Sicherheit über die „Gleichwertigkeit“ der von ihnen zu vergebenden Abschlüsse zu erhalten. Die Ergebnisse dieser Bewertungen liegen noch nicht vor; die Schulen fürchten jedoch nicht, daß sie für sie negativ ausfallen werden. Unabhängig davon bleibt der Bereich der Leistungsmessung für alle Versuchsschulen ein wichtiger Arbeitsbereich und eine Fortbildungsaufgabe.

Zusammenfassung

Die Auswertung der Sachstandsberichte hat bezüglich der den Schulen aufgegebenen Fragen keine spektakulären und auch keine grundsätzlich neuen Erkenntnisse erbracht. Sie bestätigen vielmehr die Befürworter einer teilintegrativen Beschulung in der Annahme, daß die gemeinsame Beschulung von Schülerinnen und Schüler der Hauptschule und der Realschule möglich und sinnvoll ist. Als Voraussetzung dafür dienen Rahmenrichtlinien und schuleigene Arbeitspläne, die Angaben zur Binnendifferenzierung enthalten und auf das Anspruchsniveau der Hauptschule und der Realschule ausgerichtet sind, sowie eine Fachleistungsdifferenzierung in den abschlußrelevanten Fächern.

Ernsthafte Hindernisse für die Einführung der integrativen Haupt- und Realschule müssen auch im weiteren Verlauf des Schulversuchs nicht erwartet werden, weshalb einige der am Versuch beteiligten Schulen schon jetzt in ihren Berichten fordern, den Versuch zu beenden und die Sekundarschule als Regelschulform im Niedersächsischen Schulgesetz zu verankern. Diese Schulen meinen, durch ihre Arbeit ausreichend belegt zu haben, daß der Schulversuch erfolgreich verläuft. Als Früchte ihrer Arbeit sehen sie nun die Beendigung des Versuchs und damit die Rückgewinnung fester Einzugsbereiche an. Danach würden alle hauptschul- und realschulempfohlenen Schülerinnen und Schüler ihres Ortes (bzw. ihres festgelegten Einzugsbereichs) bei ihnen verbleiben müssen und könnten nicht auf andere Schulen ausweichen. Die Schulen sind der ständigen Auseinandersetzung mit ihrem außerschulischen Umfeld – vor allem aber mit den benachbarten Realschulen – überdrüssig. Ihre Schulträger möchten Planungssicherheit über die zukünftig aufzunehmenden Anzahl der Schülerinnen und Schüler erhalten; in der Regel haben sie dem Schulversuch zugestimmt, weil sie „ihre“ Schülerinnen und Schüler im Ort behalten wollen. Ein Schulträger hat aus diesem Grund jetzt den Antrag gestellt, aus dem Versuch auszuscheiden, nachdem sich abzeichnet, daß sich die Anzahl der am Schulversuch teilnehmenden realschulempfohlenen Schülerinnen und Schüler nicht seinen Erwartungen entsprechend gesteigert hat. Hier scheint das eigentliche Dilemma zu liegen: Die Sekundarschule „gewinnt" ihre Schülerschaft noch immer vor allem aus der Gruppe derjenigen, die die Orientierungsstufe mit einer Hauptschulempfehlung verlassen hat, aber ohne die Alternative Sekundarschule zur Realschule gewechselt wäre.

Untersucht man die Frage nach dem eher geringen Anteil von realschulempfohlenen Schülerinnen und Schülern am Schulversuch, so findet man keine eindeutige und befriedigende Antwort. Als eine Ursache muß vermutet werden, daß die Sekundarschulen bislang an Hauptschulstandorten errichtet worden sind und traditionsreiche Realschulen in ihrer Nachbarschaft haben. Das trifft jedoch auch für den Standort Hannover zu, wo die Beteiligung von Realschulempfohlenen schon beim Eintritt in den Schulversuch 21% betragen hat. Auch die beiden Schulen, die bereits einen Schülerjahrgang entlassen haben, weisen die große Unterschiede bei der Einschulung des darauf folgenden 7. Jahrganges auf. In dem einen Fall erreicht die Schule 40%, im anderen sinkt die Teilnahme der realschulempfohlenen Schülerinnen und Schüler knapp unter 10%, wird sich aber voraussichtlich im kommenden Schuljahr wieder bei 20% stabilisieren. Die Versuchsschulen werden also auch weiterhin Überzeugungsarbeit zu leisten und aktiv die Attraktivität ihrer Arbeit zu vermitteln haben. Es muß abgewartet werden, ob und wie sich die Zusammensetzung der Schülerschaft an den Sekundarschulen entwickelt und ob eindeutige Einflußfaktoren ausgemacht werden können. Es scheint, daß der Grad der Beteiligung realschulempfohlener Schülerinnen und Schüler von den Schulstrukturen in den einzelnen Regionen abhängt und von der Ausprägung eines markanten Schulprofils jeder einzelnen Versuchsschule beeinflußt wird. Die Frage, ob dies den Erfolg des Schulversuchs schmälert, kann man auf die inhaltliche Arbeit bezogen und angesichts der von den Versuchsschulen geleisteten Arbeit guten Gewissens verneinen; entscheidend erscheint vielmehr, daß dieser Schulversuch im integrierten und im fachleistungsdifferenzierten Unterricht seinen Schülerinnen und Schülern ein auf ihre Leistungsfähigkeit ausgerichtetes Unterrichtsangebot bereitstellt, wobei der Maßstab für die Leistungsstärkeren das Anspruchsniveau der Realschule ist.

Die Frage, ob die vergebenen Abschlüsse auch von den „Abnehmern", d.h. Ausbildungsbetrieben und berufsbildenden Schulen, anerkannt werden, stellt sich nicht allein den Sekundarschulen, sondern allen Schulen im Sekundarbereich I. Die gegenwärtige Diskussion über die Ausbildungsfähigkeit der Schülerinnen und Schüler, die von der allgemeinbildenden Schule in den Beruf wechseln, verlangt von ihnen den Nachweis, daß wesentliche Voraussetzungen für die Aufnahme einer Ausbildung vermittelt werden. Darauf sind die Sekundarschulen durch den Evaluierungsprozeß gut vorbereitet.

Tab. 2: Stundentafel

Fachbereich Fach	Kl.stufe 7 1	2	3	Kl.stufe 8 1	2	3	Kl.stufe 9 1	2	3	Kl.stufe 10 1	2	3
Sprachlich-literarisch												
Deutsch	4			4			4			4		
1. Fremdsprache	4			4			3			3		
2. Fremdsprache			4			4						
Geschichtlich-soziale Weltkunde												
Geschichte	)			)			)			)		
Sozialkunde	> 3			>			>			> 3		
Erdkunde	)			3			3			)		
				)			)					
Mathematik-Naturwissenschaften												
Mathematik	4			4			4			4		
Physik	)			)			)			)		
Chemie	> 3			>			>			> 3		
Biologie	)			3			3			)		
Informatik	)			)			)			)		
				)			)					
Arbeit-Wirtschaft-Technik												
Arbeit/Wirtschaft		)			)			)			)	
Technik	)	>2		)	>2		)	>2		)	>2	
Hauswirtschaft	>3	)		>3	)		>2	)		>3	)	
	)	)		)	)		)	)		)	)	
Musisch-kulturelle Bildung												
Musik				1			)			)		
Kunst	1			1			)			)		
Gestaltendes Werken	1			)			>			>2		
Textiles Gestalten				>1			2			)		
				)			)			)		
							)					
Religionsunterricht [2]	2			2			2			2		
Sport	2			2			2			2		
Verfügungsstunde	1			1			1			1		
Förderunterricht			)			)			)			)
Wahlfreie Kurse			>2[3]			>2[3]			>2[3]			>2[3]
Arbeitsgemeinschaften			)			)			)			)
Gesamtstunden	28	2	2/4	28	2	2/4	26	6	2	26	6	2
Pflichtstunden alle Schüler	30			30			32			32		
Mögl. Höchststunden je Schüler	32 (34)			32 (34)			34			34		

1 = Pflichtunterricht, 2 = Wahlpflichtkurs, 3 = wahlfreier Unterricht

1) Drei je zweistündige Wahlpflichtkurse oder ein zweistündiger und ein vierstündiger Wahlpflichtkurs.
2) Die dritte Sportstunde wird im Rahmen der Arbeitsgemeinschaften bereitgestellt.
3) Nur für Schülerinnen und Schüler, die nicht am Französischunterricht teilnehmen.

Behörde für Schule, Jugend und Berufsbildung der Freien und Hansestadt Hamburg

Erster Zwischenbericht über den Schulversuch „Integrierte Haupt- und Realschule“

Der folgende Beitrag ist die gekürzte Fassung eines ersten „Zwischenberichts“ zum Schulversuch „Integrierte Haupt- und Realschule“ an die Deputation der Behörde für Schule, Jugend und Berufsbildung für deren Sitzung am 16.8.1995.[1]

1. Zur Entstehungsgeschichte

Die Haupt- und Realschulen Friedrichstraße und Winterhuder Weg haben 1990 aufgrund „einer durch Erfahrung gefestigten Einschätzung“ (Formulierung aus dem Antrag der Schulen) die Einrichtung integrierter Haupt- und Realschulklassen über die Beobachtungsstufe hinaus für die Klassenstufen 7 bis 9/10 beantragt. Dem Antrag vorausgegangen waren intensive Gespräche der Schulen mit dem Beratungsbereich Haupt- und Realschule des Instituts für Lehrerfortbildung und dem zuständigen Grundsatzreferenten im Amt für Schule. Unterstützung fand die Einrichtung Integrierter Haupt- und Realschulen zusätzlich durch ein von der Senatorin in Auftrag gegebenes Gutachten „Zur Zukunft der Hauptschule in Hamburg“, das 1991 von den Hamburger Erziehungswissenschaftlern Dr. Johannes Bastian und Prof Dr. Carl-Ludwig Furck erstellt wurde.

Grundanliegen der beiden Haupt- und Realschulen Friedrichstraße und Winterhuder Weg war es, arbeitsfähige Lerngruppen nach der Beobachtungsstufe nicht auflösen zu müssen. Auf die übliche Aufteilung in Haupt- und Realschulklassen sollte verzichtet werden. Die Schulen waren überzeugt davon, daß – entsprechende Differenzierungsmöglichkeiten vorausgesetzt – in langfristig planbaren, weitgehend stabilen Lernverbänden für alle Schülerinnen und Schüler, sowohl für die Hauptschüler als auch die Realschüler, wesentliche Verbesserungen des sozialen Klimas, der Arbeitsatmosphäre, des unterrichtlichen Angebots und der Lernerfolge erreicht werden könnten.

1 Zur frühen Entwicklung im Bundesland Hamburg vgl. Peter Struck: Kombinierte Haupt- und Realschulklassen in Hamburg. In: Zeitschrift für Pädagogik 23 (1977), S. 129-141.

Die Einführung integrierter Haupt- und Realschulklassen hatte in Hamburg besonders gute Realisierungsvoraussetzungen, weil

- Haupt- und Realschullehrer in Hamburg gemeinsam eine einheitliche, akademische Lehrerausbildung erhalten,
- Haupt- und Realschule seit 1924 als eine organisatorische Einheit im gleichen Gebäude von einem Kollegium und einer Schulleitung geführt werden,
- die Klassenstufen 5 und 6 die gemeinsame Beobachtungsstufe für die Haupt- und Realschule bilden. Darüber hinaus werden ab Klasse 7 bzw. 8 bei unterschiedlichen unterrichtlichen Aktivitäten, z. B. in Neigungs- und Wahlpflichtkursen, schulartübergreifende Lerngruppen für Haupt- und Realschüler eingerichtet. [...]

Die wichtigsten Anstöße für eine engere Zusammenführung der Haupt- und Realschulen haben sich ergeben aus

- der demographischen Entwicklung der Schüleranteile in den Schulformen,
- der daraus resultierenden bundesweit schwierigen Situation der Hauptschulen,
- den Wünschen der Eltern und der Arbeitswelt nach möglichst qualifizierten Bildungsabschlüssen und
- der Neugestaltung des Schulwesens in den neuen Bundesländern.

Der bundesweit auch durch unterschiedliche Maßnahmen zur Verbesserung der Attraktivität der Hauptschule nicht umkehrbare Trend sukzessiv sinkender Schüleranteile in dieser Schulform gilt auch für Hamburg: Im Schuljahr 1965/66 besuchten noch 56,6% aller Schülerinnen und Schülern eines Jahrgangs die Hauptschulklasse 7. Bis zum Schuljahr 1993/94 sank dieser Anteil auf 13,0%. Das bedeutet: Im Durchschnitt besuchen etwa die drei bis vier lernschwächsten Kinder einer Grundschulklasse später einmal die Hauptschule.

Die Folge ist, daß sich in vielen Hauptschulklassen eine Zusammenführung besonders lernschwacher und problembelasteter Schüler ergibt, die aus unterschiedlichen Gründen wachsende Schwierigkeiten haben, schulischen Anforderungen zu genügen bzw. bei denen die Schule in ihrem Bildungsauftrag bisher gescheitert ist. Hinzu kommt, daß nicht zuletzt durch die schulischen Ausleseprozesse, die sie bis zu ihrem Eintritt in die Klasse 7 erfahren haben, viele von ihnen in ihrem Selbstwertgefühl und ihrer Leistungsmotivation nachhaltig beeinträchtigt werden. Lehrerinnen und Lehrer machen in ihrer Alltagsarbeit in Hauptschulen vielfach die Erfahrung, daß die Zusammenführung solcher Schülerinnen und Schüler in einer Klasse meist eine problematische Verstärkung arbeits- und lernerfolgshemmender Faktoren in den Klassen bewirkt.

Eine grundlegende Verbesserung der Bildungschancen für „Hauptschüler“ kann – nimmt man diese Entwicklung zur Kenntnis und die damit verbundenen Erfahrungen ernst – nicht nur von einer angemessenen Neugestaltung der Unterrichtsangebote erwartet werden; mindestens ebenso wichtig sind Veränderungen in der Lerngruppenbildung, durch die auch im gegliederten Schulwesen einer Trennung problembelasteter und leistungsschwacher Schüler von gemeinschaftstragenden und leistungsstärkeren Schülern soweit wie möglich entgegengewirkt wird.

Die Behörde für Schule, Jugend und Berufsbildung hat sich daher 1991 als erstes Bundesland entschlossen, dahingerichtete Initiativen in den Schulen aufzunehmen und Rahmenbedingungen für einen Schulversuch „Integrierte Haupt- und Realschule“ zu erarbeiten. In diesem Hamburger Schulversuch bleiben die in der Beobachtungsstufe gebildeten Klassenverbände soweit wie möglich erhalten und werden auch in den Klassenstufen 7 bis 9/10 als integrierte Haupt- und Realschulklassen geführt. Schüler, die auf der Beobachtungsstufe gemeinsam gelernt haben, werden weiterhin in gemeinsamen Klassenverbänden unterrichtet.

Wesentliche Vorteile, die mit der Einrichtung integrierter Haupt- und Realschulen verbunden sein können, sind aus pädagogischer Sicht vor allem folgende:

- Für Schülerinnen und Schüler mit Hauptschulberechtigung sind die motivierenden und stabilisierenden Effekte, wie sie bei einer durch geeignetere „gleichaltrige Miterzieher“ mitbestimmten günstigeren Lernatmosphäre gegeben sind, von großer Bedeutung bei der Entwicklung ihrer Gemeinschafts- und Leistungsfähigkeit.
- Schülerinnen und Schüler mit Realschulberechtigung, die in Teilbereichen oder ganz (z. B. entwicklungsbedingt über kürzere oder längere Zeiten) Realschulanforderungen nicht erfüllen können, erhalten angemessene Lernangebote, brauchen die Klassen nicht zu verlassen und bekommen so bessere Chancen als sonst im gegliederten Schulwesen, später den Anschluß an Leistungen auf Realschulniveau wieder zu erreichen.
- Das in den Klassen 5 und 6 gewachsene soziale Gefüge bleibt erhalten; das demotivierende Gefühl, einer „Restgruppe“ anzugehören, wird vermieden. Anders als bisher kann eine Kontinuität der pädagogischen Arbeit und der sozialen Beziehungen von Klasse 5 bis 9/10 erreicht werden. Das läßt einen höheren Lernerfolg auch bei schwächeren Schülern erwarten und kann dazu beitragen, die Zahl der Schulabgänger ohne Abschluß zu reduzieren.
- Eine Entscheidung über den Schulabschluß wird länger offen gehalten.
- Es werden erweiterte Qualifikationsmöglichkeiten geschaffen (Hauptschulabschluß mit Teilqualifikation auf Realschulniveau). Mit der Möglichkeit, ein zehntes Schuljahr im vertrauten Verband zu besuchen, können außerdem für einige Schülerinnen und Schüler mit Hauptschulstatus

die Chancen erhöht werden, durch stärkere berufliche Orientierung eine entsprechend besser fundierte Entscheidung in der Berufswahl zu treffen.

- Viele Organisationsschwierigkeiten entfallen, weil nach der Beobachtungsstufe für die Fortführung der Klassen 7 an einer Schule nicht genau die Zahl der Haupt- bzw. Realschüler gefunden werden muß, die der jeweiligen Orientierungsfrequenz entspricht.

Gemäß der Vereinbarung zur Zulassung von Schulversuchen (Beschluß der KMK vom 16.02.1990) wurden die Integrierten Haupt- und Realschulen noch zum Schuljahrsbeginn 1991/92 von allen Bundesländern als Hamburger Schulversuch genehmigt Damit war zugleich sichergestellt, daß im Schulversuch erteilte Haupt- und Realschulabschlüsse bundesweit anerkannt werden.

Gegenwärtiger Stand des Schulversuchs

Im Schuljahr 1991/92 wurden an zwei Schulen insgesamt vier integrierte Haupt- und Realschulklassen eingerichtet.

Im Schuljahr 1994/95 sind daran in Hamburg nach kontinuierlicher Ausweitung 14 Haupt- und Realschulen mit insgesamt 62 Klassen und 1 462 Schülerinnen und Schülern beteiligt. [...]

2. Rahmenbedingungen

Der Schulversuch knüpft in seiner Zielsetzung an die positiven Erfahrungen an, die die Schulen im Wahlpflichtbereich, in Projekten, in Neigungskursen, aber auch im allgemeinen Unterricht bereits mit schulformübergreifenden Lerngruppenbildungen gemacht haben; angestrebt wird, in vielen Fächern und Lernbereichen „Haupt- und Realschüler“ in gemeinsamen Lerngruppen zu unterrichten und Formen äußerer Differenzierung möglichst gering zu halten.

Die integrative Arbeit verlangt zugleich eine sehr konsequente innere Differenzierung des Unterrichts, mit deren Hilfe auf den Haupt- bzw. den Realschulabschluß bezogene Anforderungsprofile sicherzustellen sind. Die Anforderungsprofile, die in den jeweiligen Lehrplänen für die Haupt- und Realschulen festgelegt sind, bleiben in vollem Umfang erhalten. Die Schulen entscheiden in eigener pädagogischer Verantwortung, wann, in welchem Umfang und in welchen Fächern neben den Maßnahmen der inneren Differenzierung auch solche der „äußeren Differenzierung, zeitlich begrenzt oder auf Dauer, z. B. in Arbeitsgemeinschaften, Projektgruppen, Niveau- und Fachleistungskursen durchgeführt werden.

Diese pädagogische Arbeit soll, stärker als es bisher möglich war, sowohl Hauptschülern als auch Realschülern helfen, die ihnen tatsächlich möglichen

Lernerfolge und Abschlüsse zu erreichen. Damit wird zugleich deutlich, daß nicht nur für die Hauptschule, sondern auch für die Realschule neue pädagogische Gestaltungsmöglichkeiten geschaffen werden sollen.

Für die Erarbeitung der Rahmenbedingungen des Schulversuchs „Integrierte Haupt- und Realschule“ waren neben der Einbeziehung von Erfahrungen der antragstellenden Schulen und den Gesprächen mit Erziehungswissenschaftlern der Universität Hamburg auch die Erfahrungen aus dem von 1978 bis 1982 an den Schulen an den Öjendorfer Höhe und Lutterothstraße durchgeführten Modellversuch „Integrierte Haupt- und Realschulklassen“ zu berücksichtigen.

Mit der Stundentafel für den 1991 neu begonnenen Schulversuch „Integrierte Haupt- und Realschule“ sind durchschnittlich etwa 4,5 Lehrerwochenstunden zusätzlich pro Klasse und Jahrgang bereitgestellt worden. Die Orientierungsfrequenz der Klassen beträgt 24 (Durchschnitt aus den für die Haupt- und Realschulklassen gültigen Orientierungsfrequenzen). Lehrerinnen und Lehrer in Integrierten Haupt- und Realschulen haben wie ihre Kolleginnen und Kollegen in Realschulen ab 01.08.95 eine Unterrichtsverpflichtung von 27 Wochenstunden.

Die Stundentafel macht lediglich kenntlich, wieviel Unterrichtszeit insgesamt zur Verfügung steht und wie diese Zeit im Jahresdurchschnitt auf die einzelnen Lernbereiche verteilt werden soll. Wochenstunden mehrerer Lernbereiche können epochal zusammengefaßt werden, um Unterrichtseinheiten oder Projekte durchzuführen. Die Anteile der einzelnen Lernbereiche dürfen deshalb zeitweise über- bzw. unterschritten werden. Es müssen aber insbesondere in den Lernbereichen Deutsch, Fremdsprachen und Mathematik auch Formen systematischen Lernens und regelmäßigen Übens gewährleistet sein.

2.1 Stundentafel des Schulversuchs „Integrierte Haupt- und Realschule"

	Sg	Lm	Lg	Sg	Lm	Lg	Sg	Lm	Lg	Sg	Lm	Lg
Deutsch	4	2	6	4	2	6	4	2	6	4	2	6
Erdkunde	2		2	2		2						
Geschichte	2		2	2		2	3		3	2		2
Religion/Ethik							2		2	2		2
Englisch	4	2	6	4	2	6	3	2	5	4	2	6
Mathematik	4	2	6	4	2	6	4	2	6	4	2	6
Biologie												
Physik	4	2	6	4	2	6	4	2	6	4	2	6
Chemie												
Arbeitslehre	4	2	6	4	2	6	4	2	6	4	2	6
	(2)*			(2)			(2)			(2)		
Bildende Kunst	6	2	8	6	2	8	6	2	8	6	2	8
Musik	(4)			(4)			(4)			(4)		
Sport												
Wahlpflichtkurse	(6)			(6)			(6)			(6)		
2.Fremdsprache	(4)			(4)			(4)			(4)		
Koordinations- und Betreuungs stunde		1	1		1	1		1	1		1	1
Schülergrund-Stunden, Lehrer Mehrstunden, Lehrergesamt-stunden	30	13	43	30	13	43	30	13	43	30	13	43

* Zahlen in Klammern sind im Wahlpflichtbereich zu erteilende Stunden.
Sg = Schülergrundstunden,
Lm = Lehrermehrstunden,
Lg = Lehrergesamtstunden.

2.2 Differenzierung des Unterrichts

Die in der Stundentafel ausgewiesenen Lehrermehrstunden werden zur Verfügung gestellt, damit eine Verstärkung differenzierter Unterrichtsangebote und gezielter Fördermaßnahmen erfolgen kann. Sie sollen in eigener pädagogischer Verantwortung der Schulen genutzt werden, z. B. um

- Doppelbesetzungen im Unterricht zu ermöglichen,
- heterogen zusammengesetzte Teilgruppen (auch kleine Lerngruppen) zu bilden,
- Niveaukurse und zeitlich begrenzte Arbeitsvorhaben mit unterschiedlichem Leistungsanspruch (äußere Differenzierung) durchzuführen, damit Schüler mit herausragenden Lernfähigkeiten angemessen gefordert, zu-

gleich aber auch solche mit Lernschwierigkeiten hinreichend unterstützt werden können.

Durch die Erhöhung der Lehrermehrstundenzahl können in den Fächern Deutsch, Englisch und Mathematik aus zwei Klassen jeweils durchgehend drei Lerngruppen gebildet werden. Die Ausweitung des Wahlpflichtunterrichts auf die Klassenstufe 7 eröffnet einerseits Chancen, vor allem den Lernbereich Arbeitslehre und damit handlungs- und projektorientierte Arbeitsformen zu verstärken, und ermöglicht es andererseits, mit der zweiten Fremdsprache bereits ab Klasse 7 zu beginnen.

Für bestimmte Unterrichtsvorhaben können auf Beschluß der Lehrerkonferenz auch Kurse mit jahrgangsübergreifenden Lerngruppen eingerichtet werden. Die erweiterten Möglichkeiten integrativer Lerngruppenbildung, unterschiedlicher Differenzierungsformen und neuer unterrichtlicher Schwerpunktsetzungen sollen genutzt werden, um sowohl für „Hauptschüler" als auch für „Realschüler" Über- bzw. Unterforderungen weitgehend zu vermeiden und alle Schülerinnen und Schüler durch ein breites Spektrum flexibler und differenzierter Anforderungen in stärkerem Maße als bisher zu den ihnen jeweils möglichen Leistungen zu führen.

Durch die Art der Lerngruppenbildung und der Unterrichtsgestaltung im Rahmen des integrierenden und differenzierenden Unterrichts erhalten Schülerinnen und Schüler Gelegenheit, sich über mehrere Jahre sowohl an Grundanforderungen („Hauptschulanforderungen") als auch an erweiterten Anforderungen („Realschulanforderungen") zu erproben und zu bewähren; dabei können und sollen sie lernen, sich selbst angemessene Ziele zu setzen. Auf diese Weise werden sie stärker als bisher herausgefordert, selbstbestimmend und eigenverantwortlich an der bis in die Klassenstufen 9/10 offengehaltenen Entscheidung über die Art des Schulabschlusses mitzuwirken.

Von den erweiterten Möglichkeiten, innerhalb des Klassenverbandes individuelle Stärken, aber auch individuelle Lernschwierigkeiten einzelner Schülerinnen und Schüler angemessen zu berücksichtigen, werden positive Auswirkungen auf die Leistungsbereitschaft und die Persönlichkeitsentwicklung erwartet.

Die Unterschiede in den Anforderungen werden sowohl durch die Lerninhalte und Zielsetzungen als auch die Art der Aufgabenstellung und der Erarbeitung bestimmt. Lehrerinnen und Lehrer orientieren sich dabei einerseits an den Lehrplänen, die für alle Hamburger Haupt- und Realschulen gelten, andererseits aber auch an den Fähigkeiten und Interessen von Schülerinnen und Schülern.

Zur Unterstützung der Lehrerinnen und Lehrer bei der Erstellung und Beschaffung für die Differenzierung geeigneter Lehr- und Lernmittel wird den Schulen pro Jahr und Klasse ein zusätzlicher Betrag von 200,-- DM zugewiesen.

2.3 Leistungsbewertung, Versetzungen, Übergänge und Abschlüsse

Die Leistungen von Schülerinnen und Schülern im Schulversuch Integrierte Haupt- und Realschule können bis einschließlich Klasse 8 je nach Mehrheitsentscheidung der Eltern einer Jahrgangsstufe durch Notenzeugnisse mit zusätzlichem Berichtsteil oder in Berichtsform bewertet werden; ab Klasse 9 werden Notenzeugnisse erteilt.

In den Fächern Deutsch, Englisch, Mathematik, Erdkunde, Geschichte, Biologie, Physik und Chemie erfolgt eine nach der Erfüllung von Grundanforderungen und erweiterten Anforderungen differenzierte Bewertung der Leistungen auf Haupt- bzw. Realschulniveau. [...]

Werden gemäß der Mehrheitsentscheidung der Eltern auf einer oder mehreren Jahrgangsstufen Berichtszeugnisse erteilt – die in den Versuch einbezogenen Schulen dürfen bei entsprechender Mehrheitsentscheidung der Eltern einer Klasse auch auf der Beobachtungsstufe Berichtszeugnisse erteilen –, entfallen die Halbjahreszeugnisse. An ihre Stelle treten verbindliche Angebote der Schule zu Einzelgesprächen mit den Eltern jeweils nach dem ersten Schulhalbjahr. Ist die Versetzung aufgrund der Leistungen im 1. Halbjahr eines Schuljahres gefährdet, wird dies den Eltern auch schriftlich mitgeteilt.

Bei Erteilung von Berichtszeugnissen gilt: In die nächsthöhere Klassenstufe auf Hauptschulniveau kann versetzt werden, wer in fünf Fächern, darunter in zwei der Fächer Deutsch, Englisch und Mathematik, Grundanforderungen (Hauptschulanforderungen) ohne wesentliche Einschränkungen erfüllt hat; in die nächsthöhere Klasse auf Realschulniveau kann versetzt werden, wer in fünf Fächern, darunter in zwei der Fächer Deutsch, Englisch und Mathematik, erweiterte Anforderungen (Realschulanforderungen) ohne wesentliche Einschränkungen erfüllt hat.

Im Zeugnis ist ab Klasse 7 jeweils zu vermerken, in welche Klasse welcher Schulform die Schülerin oder der Schüler versetzt worden ist bzw. welchen Abschluß sie oder er erreicht hat.

Am Ende ihrer Schulzeit erhalten Schülerinnen und Schüler je nach Leistungsstand ein Abgangszeugnis, ein Hauptschulabschlußzeugnis oder ein Realschulabschlußzeugnis der Integrierten Haupt- und Realschule. In diesen Zeugnissen wird die herkömmliche Notenskala von sehr gut bis ungenügend verwendet. Sind von Schülerinnen und Schülern, die einen Hauptschulabschluß erreichen, in einzelnen Fächern Realschulanforderungen erfüllt worden, ist dies in ihrem Abschlußzeugnis zu vermerken. Hauptschulabschlüsse können nach Klasse 9 oder 10, Realschulabschlüsse nach Klasse 10 erteilt werden. [...]

2.4 Lehrerfortbildung

Um Lehrkräfte und Schulleitungen bei der Gestaltung der innovativen pädagogischen Arbeit an ihren Schulen zu unterstützen, werden durch das Institut für Lehrerfortbildung (IfL) versuchsbegleitende Fortbildungsangebote bereitgestellt. Dazu gehören vor allem:

- die Einrichtung und Betreuung von zentralen Lehrerprojektgruppen, an denen Klassenlehrerinnen und Klassenlehrer aus allen in den Versuch einbezogenen Schulen teilnehmen können, um schulübergreifend Erfahrungen und Arbeitsmaterialien auszutauschen und an Schwerpunktthemen wie z.B. der Gestaltung von Klassenlehrertagen, Werkstattmaterialien, Projektthemen, Formen der Teamarbeit und allgemeinen pädagogischen Fragestellungen zu arbeiten;
- die Einrichtung und Betreuung zentraler fachbezogener Lehrerprojektgruppen; hier erörtern Lehrerinnen und Lehrer in Zusammenarbeit mit Fachdozenten des IfL didaktische und methodische Fragen, z. B. der inneren und äußeren Differenzierung, des lehrgangs- und projektorientierten Arbeitens, und entwickeln geeignete Materialien für den differenzierenden Unterricht;
- die Einrichtung und Betreuung schulinterner Lehrerprojektgruppen, in denen jeweils die konkrete Situation der einzelnen Schule erörtert wird, um tragfähige Grundlagen für Planungs- und Entscheidungsprozesse zu schaffen und die Entwicklung schuleigener pädagogischer Profile zu unterstützen. [...]

Über die aufgeführten Fortbildungsangebote hinaus sind für Lehrerinnen und Lehrer im Schulversuch Möglichkeiten eröffnet worden, an einzelnen Veranstaltungen teilzunehmen, in denen an allgemeinen pädagogischen Fraugestellungen (z.B. zur Leistungsbewertung und zur Zeugnisgestaltung) oder speziellen fachdidaktischen Themen (z. B. Differenzierung in den Fächern Deutsch, Englisch und Mathematik) gearbeitet worden ist. [...]

Mit dem Anwachsen der Anzahl der Schulen im Schulversuch ist die Fortbildung der beteiligten Lehrerinnen und Lehrer zu einem Schwerpunkt der Arbeit im Beratungsbereich Haupt- und Realschule des lfL geworden, in die auch die Fachberatungsstellen, bisher vor allem für Deutsch, Deutsch als Zweitsprache, Englisch und Mathematik, einbezogen sind. Im Schuljahr 1994/95 haben 61 Lehrerinnen und Lehrer kontinuierlich in den Lehrerprojektgruppen mitgearbeitet. Insgesamt waren etwa 150 Kolleginnen und Kollegen an den unterschiedlichen Fortbildungsveranstaltungen des lfL beteiligt. Für das Schuljahr 1995/96 haben sich bis Ende April dieses Jahres bereits 80 Kolleginnen und Kollegen verbindlich für die kontinuierlich arbeitenden Lehrerprojektgruppen angemeldet.

Wegen des besonderen Zuspruchs werden im Schuljahr 1995196 neben den zentralen Veranstaltungen der Lehrerfortbildung verstärkt dezentrale und schulinterne Fortbildungsangebote durchgeführt.

Für die Leitung, Konzipierung und Organisation der Fortbildungsarbeit im Schulversuch steht ein Koordinator mit ganzer Stelle zur Verfügung. [...]

3. Fragestellungen für die Auswertung des Schulversuchs

Mit Hilfe des Koordinators, der Beratungsstelle für die Haupt- und Realschulen im IfL und des Projektleiters im Amt für Schule wird sowohl eine interne Reflexion der pädagogischen Arbeit in den am Schulversuch beteiligten Schulen unterstützt und dokumentiert als auch unter Beteiligung des Schulleiterarbeitskreises eine externe Evaluation begonnen.

Ziel dieser Arbeitsvorhaben ist es, vor allem Antworten auf folgende Fragen zu finden:

- Welche Formen der Unterrichtsgestaltung und Organisation, der Differenzierung und Kursbildung erweisen sich in den einzelnen Jahrgängen und Lernbereichen als geeignet, sowohl mit „Hauptschülern" als auch mit „Realschülern" ihren unterschiedlichen Möglichkeiten entsprechende Lernerfolge zu erzielen?
- Erreichen die Schülerinnen und Schüler die für die Haupt- und Realschulen gültigen Leistungsstandards?
- Kann mit den zur Verfügung gestellten personellen und materiellen Ressourcen ein hinreichend differenziertes Anforderungsprofil für den Schulalltag entwickelt werden?
- Inwieweit wird das Angebot von Schülerinnen und Schülern, die auf der Beobachtungsstufe eine Realschulberechtigung erworben haben, angenommen?
- Wie entwickeln sich die sozialen Beziehungen zwischen Schülerinnen und Schülern mit Haupt- und Realschulberechtigung, sind positive bzw. negative Auswirkungen dieser Beziehungen auf deren Wohlbefinden sowie die Entwicklung ihrer Lernmotivation und Leistungsfähigkeit zu beobachten?
- In welchem Umfang werden von den Lehrkräften Möglichkeiten zur Kooperation und Teamarbeit genutzt?
- Welche Formen der Leistungsbewertung werden auf den einzelnen Klassenstufen verwirklicht?
- Inwieweit entsprechen die erreichten Abschlüsse den am Ende der Beobachtungsstufe erworbenen Berechtigungen zum Besuch der Hauptschule bzw. der Realschule? Wie viele Schülerinnen und Schüler verlassen die

Schule ohne Abschluß bzw. wechseln in eine Förderschule oder Berufsvorbereitungsklasse?

- Gelingt der Übergang der Absolventen in das Ausbildungs- und Beschäftigungssystem mindestens in der gleichen Weise wie bei Schülerinnen und Schülern der Haupt- und Realschulen?

4. Bisherige Erfahrungen

Die neuen mit dem Schulversuch eröffneten Spielräume für die Gestaltung der pädagogischen Arbeit sind von den Schulen genutzt worden, um unterschiedliche Formen der Unterrichtsorganisation, der Lerngruppenbildung und der Schwerpunktsetzung in der Unterrichtsarbeit zu entwickeln und zu erproben.

Dem nachfolgenden Bericht über erste Erfahrungen liegen kontinuierliche Gespräche des Projektleiters, des Koordinators und der Moderatoren mit Lehrerinnen und Lehrern, Schulleitungen auf Konferenzen und in Fortbildungsveranstaltungen sowie eine im März/April dieses Jahres durchgeführte Umfrage in den am Schulversuch beteiligten Schulen zugrunde.

4.1 Zusammensetzung der Lerngruppen

Im April 1995 wurden die vierzehn Integrierten Haupt- und Realschulen von insgesamt 1 462 Schülerinnen und Schülern besucht; 669 (45,8%) von ihnen hatten einen Hauptschulstatus (Berechtigung zum Besuch der Hauptschule) und 793 (54,2%) hatten einen Realschulstatus (Berechtigung zum Besuch der Realschule); insgesamt 546 (37,3%) waren Schülerinnen und Schüler mit anderer Muttersprache als Deutsch.

Verglichen mit den Anteilen in den nicht am Schulversuch beteiligten Haupt- und Realschulen liegt der durchschnittliche Anteil der Schülerinnen und Schüler mit Hauptschulstatus deutlich über, der Anteil derjenigen mit Realschulstatus deutlich unter dem Hamburger Durchschnitt. Von den 15 392 Schülerinnen und Schülern in Hamburger Haupt- und Realschulen besuchten im Schuljahr 1994/95 insgesamt 5 994 (39%) Hauptschulklassen und 9 398 (61%) Realschulklassen. Nach Aussagen der Schulleitungen der Integrierten Haupt- und Realschulen entsprechen die Anteile der Schülergruppen in ihren Schulen aber der üblichen Zusammensetzung ihrer Schülerschaft. Versuchsbedingte Verschiebungen mit dem Ergebnis eines geringeren Anteils von Schülerinnen und Schülern mit Realschulstatus, etwa durch ein verändertes Anmeldeverhalten für die Klassenstufe 5, habe es nicht gegeben.

4.2 Akzeptanz

Bei allen Befragungen, die von Haupt- und Realschulen vor Antragstellung in ihren sechsten Klassen durchgeführt worden sind, haben die Schülerinnen und Schüler einstimmig oder mit überwältigender Mehrheit für die Fortführung des gemeinsamen ‚Klassenverbandes in einer Integrierten Haupt- und Realschule gestimmt. Befürchtungen einiger Schulen, Eltern von Schülerinnen und Schülern mit Realschulstatus würden ihre Kinder aus Integrierten Haupt- und Realschulen ab- und für herkömmliche Realschulklassen anmelden, haben sich nicht bestätigt. Nach Angaben der Schulen sind von 1991 bis 1994/95 insgesamt nur für zwölf Schülerinnen und Schüler (Gesamtzahl: 1 462) von ihren Eltern Umschulungen in herkömmliche Realschulen beantragt worden; zwei sind von ihren Eltern an herkömmlichen Hauptschulen angemeldet worden. Außer diesen Schülerinnen und Schülern haben bisher zwanzig die Integrierten Haupt- und Realschulen nach Klasse 6 oder später von sich aus verlassen. Bedingt waren diese Umschulungen durch Wohnortwechsel (9) und Abgänge auf das siebenstufige Gymnasium (11).

Den Abgängen standen im gleichen Zeitraum Zugänge von insgesamt 117 Schülerinnen und Schülern gegenüber. Sie sind aus Förderschulen (3), Haupt- und Realschulen (42), Integrierten Gesamtschulen (5) und Gymnasien (67) gekommen.

Die Akzeptanz des Schulversuchs ist nicht zuletzt jeweils bei Antragstellung der Schulen durch die einstimmigen oder mit großer Mehrheit beschlossenen positiven Voten der befragten Eltern der Sechstkläßler, der Elternräte und der Schulkonferenzen an allen am Versuch beteiligten Schulen Jahr für Jahr erneut unterstrichen worden. Den Abstimmungen waren jeweils Gespräche und Hospitationen in den bereits am Versuch beteiligten Schulen vorausgegangen. Nicht unerheblich zur Akzeptanz beigetragen haben insbesondere bei Lehrerinnen und Lehrern auch pädagogische Jahreskonferenzen, die in den Schulen mit Hilfe der „Gruppe Erziehung und Unterricht“ des Instituts für Lehrerfortbildung vorbereitet und durchgeführt worden sind.

4.3 Arbeitsatmosphäre

Außerordentlich positiv, so wird von allen Schulen einhellig berichtet, hat sich die Fortführung der in den Klassen 5 und 6 gewachsenen Klassenverbände auf das Lern-, Arbeits- und Sozialverhalten von Schülerinnen und Schülern ausgewirkt. Das geht sowohl aus der Beantwortung der schriftlichen Umfrage als auch den Gesprächen hervor, die mit Schulleiterinnen und Schulleitern, Lehrerinnen und Lehrern in Konferenzen und Fortbildungsveranstaltungen geführt worden sind.

Die Unterrichtsarbeit kann nach Klasse 6 kontinuierlich fortgesetzt werden, ohne Störungen, die sich sonst häufig aus der Entwicklung gruppendynamischer Prozesse in neu zusammengesetzten siebten Klassen ergeben.

Frustrationssymptome, wie sie in Form von Verhaltensschwierigkeiten, mangelhafter Lern- und Arbeitsbereitschaft sonst üblicherweise vor allem in Hauptschulklassen 7 zu beobachten sind, bleiben aus. Schülerinnen und Schüler entwickeln Sozialkontakte und Freundschaften untereinander weiter, unabhängig davon, ob sie gegenwärtig eine über das Zeugnis ausgesprochene Berechtigung zum Haupt- oder Realschulbesuch haben. Die Gewißheit, daß niemand die Sozialgemeinschaft der Klasse verlassen muß, sofern sein Leistungsstand nur die Versetzung oder wenigstens ein Aufrücken in die nächsthöhere Klasse auf Hauptschulniveau ermöglicht, und das Wissen darum, daß es trotz zeitweise nicht ausreichender Leistungen bis in die Klasse 9 oder 10 offen bleibt, welcher Schulabschluß (Hauptschulabschluß, Hauptschulabschluß mit Teilqualifikationen auf Realschulniveau oder. Realschulabschluß) erreicht wird, hat zu entscheidenden Verbesserungen der Lern- und Arbeitsbereitschaft der Schülerinnen und Schüler beigetragen. Befürchtungen, Schülerinnen und Schüler könnten zwischenzeitlich in ihrer Arbeits- und Anstrengungsbereitschaft nachlassen, da im Prinzip ja alles immer auch noch später erreichbar sei, haben sich nicht bestätigt. Im Gegenteil, die Bereitschaft zu arbeiten und sich wechselseitig zu helfen, um Lernergebnisse zu erreichen, die zu den gewünschten Versetzungs- bzw. Abschlußentscheidungen führen, hat sich in den heterogenen Lerngruppen. erfreulich verstärkt. Ursächlich hierfür sind neben der veränderten Zusammensetzung der Schülerschaft in den Klassen in erster Linie neue Formen der Unterrichtsgestaltung. Vor allem Werkstattage, Klassenlehrertage, Projektzeiten sowie unterschiedliche Formen der inneren und äußeren Differenzierung beinhalten breitgefächerte Anforderungen, Lern- und Arbeitsangebote, die Schülerinnen und Schüler ihren individuellen Fähigkeiten und Interessen gemäß jeweils zu den ihnen möglichen Leistungen und Lernerfolgen herausfordern. Gerade dabei erfahren Schülerinnen und Schüler, wie wichtig, hilfreich und leistungssteigernd unterschiedliche Formen der Zusammenarbeit für das Erreichen eines gemeinsamen Zieles sein können.

Entgegen ursprünglicher Skepsis vieler Lehrerinnen und Lehrer wirken sich aber auch die jährlichen „Zwischenbilanzen“ in Form von Versetzungsentscheidungen auf Haupt- oder Realschulniveau und von Zeugnissen mit entsprechenden Teilqualifikationen nicht motivationshemmend, sondern förderlich auf die Arbeits- und Lernbereitschaft aus. Nach Einschätzung der beteiligten Pädagoginnen und Pädagogen ist durch die genannten Faktoren eine grundlegende Verbesserung der Arbeitsatmosphäre in den Klassen erreicht worden; sie hat zu Leistungssteigerungen beigetragen und zu einem wesentlich höheren Maß an Arbeitszufriedenheit und des Sich-miteinander-Wohlfühlens bei Schülerinnen und Schülern sowie Lehrerinnen. und Lehrern geführt.

4.4 Differenzierung

Über Formen der inneren und äußeren Differenzierung entscheiden die Schulen in eigener pädagogischer Verantwortung selbst. Schulleitungen und Lehrkräfte begrüßen diese Entscheidungsfreiheit und entwickeln von Schule zu Schule, in einigen Schulen auch von Klasse zu Klasse jeweils situationsbezogen unterschiedliche Maßnahmen, um ein differenziertes Anforderungsprofil sicherzustellen. Dazu gehören vor allem:

- Doppelbesetzungen im Unterricht mit zwei Lehrkräften und durchgehend doppeltbesetzte Klassenlehrertage,
- Teilungen von Klassen in heterogene kleinere Lerngruppen über kürzere oder längere Zeit,
- zeitlich befristete Lerngruppenbildungen innerhalb der Klasse mit unterschiedlichen Aufgabenstellungen und Leistungsanforderungen,
- dauerhafte Einrichtungen von Kursen mit unterschiedlichem Leistungsniveau (äußere Differenzierung). [...]

Zusammenfassend ist festzustellen:

- Von Klasse 7 bis 9/10 werden bisher in Englisch, Mathematik, Teilbereichen des Deutschunterrichts, Physik, Chemie und Biologie neben Formen der inneren Differenzierung auch solche der äußeren Differenzierung verwirklicht.
- In Klasse 7 werden Maßnahmen der äußeren Differenzierung mit der Einrichtung von Kursen auf zwei Leistungsniveaus ausschließlich in Englisch (an 7 der 14 Schulen) und in Mathematik (an 5 Schulen) durchgeführt.
- In Klasse 8 wird die äußere Leistungsdifferenzierung in Englisch und Mathematik verstärkt, und in Teilbereichen des Deutschunterrichts (Grammatik, Rechtschreibung, schriftliche Darstellung) erfolgen zeitweise Kursbildungen mit unterschiedlichem Anforderungsprofil.
- In den Klassen 9 und 10 wird in Englisch und Mathematik in allen Schulen durchgehend in Kursen mit unterschiedlichem Leistungsniveau (orientiert an Haupt- und Realschulanforderungen) gearbeitet; die Kursbildungen in Teilbereichen des Deutschunterrichts und des naturwissenschaftlichen Unterrichts werden verstärkt.
- An den meisten Schulen gelingt es bisher, in allen Klassenstufen einen doppeltbesetzten Klassenlehrertag pro Woche zu organisieren, an dem vorrangig Werkstatt- und Projektunterricht praktiziert wird und der durch ein weites und differenziertes Anforderungsprofil gekennzeichnet ist. Mit den Klassenlehrertagen schaffen sich die Schulen besonders günstige Möglichkeiten für die Entwicklung unterschiedlicher Formen von Wochenplan- und Freiarbeit, für die mehrstündige Nutzung von Fachräumen,

für Besuche von Lernorten außerhalb der Schule, für Ausflüge, Besichtigungen und Erkundungen.

- Ein hohes Maß an Differenzierung nach Interessen und Fähigkeiten wird auch im Wahlpflichtbereich, insbesondere durch die Bildung jahrgangsübergreifender Kurse erreicht.
- Ein Teil der Schülerinnen und Schüler erhält ein klassenübergreifendes verstärktes Angebot (vier Stunden pro Woche ab Klasse 7 statt drei Stunden pro Woche ab Klasse 8 in den nicht am Schulversuch beteiligten Realschulen) zum Erlernen der zweiten Fremdsprache. Mehrere Schulen haben sog. Schnupperkurse in Klasse 7 sogar für alle Schülerinnen und Schüler eingerichtet. Einige Schulen mit einem hohen Anteil an Schülerinnen und Schülern mit anderer Muttersprache als Deutsch beginnen mit dem Unterricht in der zweiten Fremdsprache nach Abstimmung mit den Eltern erst in Klasse 8; sie verstärken bis dahin den Deutsch- und Englischunterricht.
- Zur Entwicklung einer differenzierteren Gestaltung des Unterrichts auf der Klassenstufe 10, die eine besondere Herausforderung an Pädagoginnen und Pädagogen darstellt, ist eine aus Schulleitungen, Lehrkräften, dem Koordinator und einigen Moderatoren bestehende Arbeitsgruppe gebildet worden; mit ihrer Hilfe sollen Vorhaben und Unterrichtskonzepte erarbeitet werden, die einen Teil der Schülerinnen und Schüler zu einem einfachen Hauptschulabschluß, andere zu einem Hauptschulabschluß mit Teilqualifikationen auf Realschulniveau oder zu einem Realschulabschluß führen und die bei aller notwendigen Differenzierung zugleich hinreichend Gelegenheit für ein integrierendes gemeinschaftsförderndes Leben und Arbeiten in den heterogenen Lerngruppen bieten.

Wo in den Schulen mit der Einrichtung von Kursen auf unterschiedlichem Leistungsniveau Maßnahmen der äußeren Differenzierung durchgeführt werden, wird regelmäßig überprüft, ob die Kurszugehörigkeit der Schülerinnen und Schüler weiterhin ihrem Leistungsvermögen entspricht. Angemessene Umgruppierungen erfolgen nach Rücksprache mit den Eltern turnusmäßig jeweils am Ende eines Schulhalbjahres, können in dringenden Fällen aber in Absprache mit Eltern, Schülerinnen und Schülern auch jederzeit vorgenommen werden. Übergänge aus Ieistungsschwächeren in Ieistungsstärkere Kurse werden durch individuelle Fördermaßnahmen innerhalb der Kurse unterstützt.

Angesichts der geringen Zahlen lassen sich noch keine gesicherten empirischen Aussagen über die Entwicklung der Schullaufbahnen von Schülerinnen und Schülern machen. Es zeichnen sich aber folgende Trends ab: Nach Angaben der Schulen haben die weitaus meisten Schülerinnen und Schüler zur Zeit der Umfrage im April dieses Jahres den gleichen Status (Berechtigung zum Besuch der Hauptschule bzw. Berechtigung zum Besuch der Realschule), den sie in der Beobachtungsstufe erworben haften. Durch die flexiblen Differenzierungsformen und Fördermöglichkeiten unterstützt, ist es einigen, die zunächst nur einen Hauptschulstatus hatten, aber tatsächlich gelungen, einen Realschulstatus zu erwerben, und nahezu alle Schülerinnen und Schüler mit besonderen Lernschwierigkeiten haben inzwischen gute Aussichten, Versetzungen auf Hauptschulniveau bzw. den Hauptschulabschluß zu erreichen. Daneben ist bei einigen Schülerinnen und Schülern ein mehrfacher Wechsel von einem zum anderen Status und bei einigen auch ein dauerhafter Abstieg vom Realschulstatus zum Hauptschulstatus zu beobachten. (Letzteres entspricht auch den Erfahrungen in getrennten Haupt- und Realschulklassen.) Unter den Schülerinnen und Schülern, denen eine dauerhafte Verbesserung vom Hauptschulstatus zum Realschulstatus gelingt, ist der Anteil derjenigen mit ausländischer Muttersprache relativ hoch. [...]

4.5 Zeugnisse und Abschlüsse

Nach anfänglicher Skepsis und Kritik wird die achtstufige Notenskala (vgl. Kapitel 3.3) inzwischen in den Schulen mehrheitlich akzeptiert und angewendet. Gemeinsam mit den Schulen sind eigene Zeugnisformulare für den Schulversuch entwickelt worden. Sie ermöglichen für die Klassenstufe 7 und 8 umfängliche, die Benotung ergänzende Kommentare. Die Möglichkeit, bis zur Klassenstufe 8 einschließlich Berichtszeugnisse zu erteilen, ist bisher an keiner Schule genutzt worden. [...]

In den versuchseigenen Zeugnisformularen werden in den dafür vorgesehenen Fächern Qualifikationen auf Haupt- bzw. Realschulniveau durch die „H-“ bzw. „R-Noten“ dokumentiert. In den schulformbezogenen Zeugnisformularen werden Teilqualifikationen auf Haupt- bzw. Realschulniveau durch Zusätze im Zeugniskommentar bescheinigt. [...]

Klassenwiederholungen hat es in den Integrierten Haupt- und Realschulen bisher nur in ganz wenigen Ausnahmefällen gegeben, weil mit Hilfe der bereitgestellten Differenzierungs- und Fördermöglichkeiten auch für Schülerinnen und Schüler, die das Klassenziel der Hauptschule oder der Realschule nicht erreicht hatten, die Voraussetzungen für ein erfolgreiches Lernen in der nächsthöheren Klasse geschaffen werden konnten und die Lehrerinnen und Lehrer davon überzeugt waren, daß gerade für diese Schülerinnen und Schüler in der vertrauten Sozialgemeinschaft die besten Lernerfolgschancen bestanden.

Nach Einschätzung der Schulen ist dadurch für viele Schülerinnen und Schüler, die in den herkömmlichen Haupt- und Realschulen die Schulform hätten wechseln oder eine Klasse hätten wiederholen müssen, die Schulzeit um ein Jahr verkürzt worden. Das gilt vor allem für Schülerinnen und Schüler, die im Schulversuch ohne Verlust eines Jahres einen Hauptschulabschluß oder einen Realschulabschluß erreicht haben bzw. erreichen werden, obwohl sie zeitweise in Teilbereichen die entsprechenden Anforderungen nicht erfüllen konnten. Andererseits verlängern viele Schülerinnen und Schüler, die nach Klasse 9 bereits einen Hauptschulabschluß haben, ihre Schulzeit freiwillig um ein Jahr, um ihr Abschlußzeugnis zu verbessern, zusätzliche Teilqualifikationen auf Realschulniveau zu erwerben oder – in Einzelfällen – auch noch einen Realschulabschluß zu erreichen.

Nur wenige Schülerinnen und Schüler mit erheblichen Lern- und Verhaltensschwierigkeiten sind in dem Zeitraum von 1991 bis 1994 aus Integrierten Haupt- und Realschulen auf Förderschulen (3) oder in Berufsvorbereitungsklassen (19) umgeschult worden. Außer diesen sind bisher keine Schülerinnen und Schüler ohne Hauptschulabschluß aus Integrierten Haupt- und Realschulen entlassen worden. Zum Schuljahresende 1993/94 haben an den Schulen Friedrichstraße und Winterhuder Weg insgesamt 16 Schülerinnen und Schüler (31,4% derjenigen mit Hauptschulstatus) die Schulen nach Klasse 9 mit einem Hauptschulabschluß verlassen. Die anderen 35 (68,6% derjenigen mit Hauptschulstatus), darunter 5 ohne und 30 mit Hauptschulabschluß sind in die Klasse 10 übergegangen. Zum Schuljahresende 1994/95 werden von diesen 35 Schülerinnen und Schülern insgesamt 31 (88,6%) einen Hauptschulabschluß und vier (11,4%) einen Realschulabschluß erwerben. Alle 47 Schülerinnen und Schüler mit Realschulstatus sind in die Klasse 10 übergegangen. Sie werden ohne Ausnahme einen Realschulabschluß erhalten. (Diese Daten sind vor den abschließenden Zeugniskonferenzen erhoben worden, beruhen also auf Prognosen der Lehrerinnen und Lehrer.)

5. Zusammenfassung

Die Anzahl der am Schulversuch beteiligten Schulen ist von 1991 bis 1995/96 kontinuierlich behutsam ausgeweitet worden. Die durchgehende Akzeptanz, die dem Schulversuch von den Schülerinnen und Schülern und ihren Eltern entgegengebracht wird, zeigt, daß die Schulen mit ihrer innovativen pädagogischen Arbeit deren Erwartungen in hohem Maße erfüllt haben. Das ist vor allem darauf zurückzuführen, daß eine bessere Arbeitsatmosphäre in den Klassen entstanden ist, in der sowohl die Schülerinnen und Schüler mit Hauptschulstatus als auch die mit Realschulstatus jeweils zu den ihnen möglichen Leistungen geführt worden sind.

Dabei ist es zu einer intensiveren Förderung und teilweise besseren Leistungen der Schülerinnen und Schüler mit Hauptschulstatus gekommen, als es in herkömmlichen Hauptschulklassen möglich ist, ohne daß in den Klassen deshalb Abstriche in den Anforderungen auf Realschulniveau gemacht worden sind. Im Gegenteil: Auch für Schülerinnen und Schüler mit Realschulstatus sind die Lernchancen insbesondere durch das verstärkte Angebot in der zweiten Fremdsprache, die Möglichkeit, kleinere Lerngruppen zu bilden, und die gezielte Förderung von Schülerinnen und Schülern mit Lernschwächen und Leistungsrückständen erweitert und verbessert worden.

Eine Vergleichsuntersuchung, die diese Feststellungen empirisch bestätigen könnte, ist noch nicht vorgenommen worden. Sie ist aber beabsichtigt, sobald eine größere Zahl von Schülerinnen und Schülern in den verschiedenen am Versuch beteiligten Schulen die Klassenstufen 9 und 10 erreicht hat.

Die einhellig positive Bilanz über die Leistungsentwicklung von Schülerinnen und Schülern im Schulversuch durch Schulaufsichtsbeamte, Schulleitungen und Lehrkräfte, die es nicht für vertretbar halten, das Realschulniveau an ihren Schulen zugunsten besserer Bildungschancen von Schülerinnen und Schülern mit Hauptschulstatus zu senken und die hohe Akzeptanz, die die Schulen bei Eltern, Schülerinnen und Schülern, auch solchen, die das Gymnasium verlassen mußten, haben, sind ein Hinweis darauf, daß die angestrebte Leistungsentwicklung sowohl bei Hauptschülern als auch bei Realschülern der angestrebten Zielsetzung entsprechend erreicht werden konnte.

Nach den bisherigen Erfahrungen konnten die Schulen mit den zur Verfügung gestellten personellen und materiellen Ressourcen ein hinreichend differenziertes Anforderungsprofil für den Schulalltag entwickeln. In allen Klassen sind erfreuliche Innovationen in der pädagogischen Praxis zu beobachten. Gleichwohl halten es die Schulen und die Lehrerfortbildner für geboten, besonders intensiv an der Weiterentwicklung binnendifferenzierender Unterrichtskonzepte zu arbeiten, durch die die Chancen der heterogenen Lerngruppen noch besser als bisher für Lernerfolge aller genutzt werden können.

Einen besonders intensiven Personaleinsatz erfordert die Differenzierung des Unterrichts in der Klassenstufe 10. Lehrerinnen und Lehrer praktizieren bei Doppelbesetzungen im Fachunterricht und an Klassenlehrertagen unterschiedliche Formen der Arbeitsteilung und Zusammenarbeit. Dazu werden ihnen auf eigenen Wunsch hin zukünftig verstärkt Fortbildungsangebote gemacht, die sie in die Lage versetzen sollen, sowohl in der Klasse als auch über die Klasse und den Jahrgang hinaus innerhalb des gesamten Kollegiums noch offenere und effektivere Kommunikations- und Kooperationsstrukturen zu entwickeln.

Viele Schülerinnen und Schüler mit Hauptschulstatus nutzen in den Integrierten Haupt- und Realschulen die Chance, ein zehntes Schuljahr zu besuchen und dadurch ihren Schulabschluß zu erhalten bzw. zu verbessern.

Nach den bisherigen Entwicklungen im Schulversuch zeichnet sich ab, daß aufgrund der veränderten Lerngruppenbildung und der Neugestaltung der pädagogischen Arbeit in den Integrierten Haupt- und Realschulen

- Entlassungen von Schülerinnen und Schülern ohne Hauptschulabschluß sowie Umschulungen in Sonderschul- und Berufsvorbereitungsklassen aus den Jahrgangsstufen 7-10 weitgehend vermieden werden können,

- Klassenwiederholungen nur noch in Ausnahmefällen erfolgen und dadurch die Schulzeit für viele Schülerinnen und Schüler um ein Jahr reduziert werden kann. [...]

Horst Weishaupt / Monika Plath

Die Regelschule in Thüringen – Entwicklungsstand und Perspektiven

Die Regelschule, an der Haupt- und Realschulabschlüsse erworben werden können, gilt als das „Herzstück" der neuen Schulstruktur in Thüringen. Dies nicht nur, weil etwa zwei Drittel der Schüler der Sekundarstufe I die Regelschule besuchen, sondern vor allem, weil Thüringen mit dieser Schulart die in den alten Ländern in getrennten Schulen unterrichteten Haupt- und Realschüler zusammenfaßt. Damit beschreitet Thüringen – ähnlich wie Sachsen-Anhalt und Sachsen – einen Weg in der Organisation der Sekundarstufe I, der aus der unfruchtbaren Konfrontation zwischen dreigliedrigem Schulsystem und Gesamtschule herausführen soll. Bildungssoziologische, schulplanerische und ökonomische Überlegungen machen dieses Modell eines Schulverbundes auch in den alten Ländern zunehmend attraktiv (s. Holtappels/ Rösner 1994).

Die Regelschule in Thüringen hat besondere Entwicklungsprobleme zu lösen, die sich auch bzw. vor allem aus der spezifischen „Anfangssituation" ergeben:

- Die Einführung der neuen Schulstruktur in Thüringen war nicht das Ergebnis eines unter Beteiligung der Eltern und Lehrer geführten öffentlichen Diskussionsprozesses. Bereits wenige Monate nach der Konstitution des Thüringer Landtags wurde im März 1991 das „Vorläufige Thüringer Bildungsgesetz" verabschiedet, das bereits die Grundzüge des Schulsystems festschrieb. Es ist kaum beeinflußt von den 1990 an den Schulen geführten Diskussionen um eine Reform des Schulwesens, die überwiegend eine innere Reform des Einheitsschulsystems intendierten (s. Köhler 1993), sondern hauptsächlich bestimmt von dem Zwang zur Anpassung an die westdeutschen Schulstrukturen.
- Lehrer der Regelschulen können sich bei ihrer pädagogischen Arbeit nicht wie Gymnasiallehrer an westdeutschen Vorbildern orientieren, wenn von den Erfahrungen mit integrierten Haupt-Realschulklassen in Hamburg abgesehen wird (Struck 1977). Diese Erfahrungen aus einer großstädtischen, westdeutschen Region sind kaum auf die Verhältnisse eines Flächenstaates wie Thüringen übertragbar. Dazu tragen zusätzlich Unterschiede in den rechtlichen Rahmenbedingungen und in der relativen Bedeutung der Schularten für das Schulsystem der beiden Länder in der Sekundarstufe I bei.

Nachfolgend soll die Regelschule dargestellt werden. Den Rahmen dafür bilden die schulrechtlichen Vorgaben, die durch schulstatistisches Material und ausgewählte Ergebnisse aus eigenen Forschungsprojekten ergänzt werden. Insbesondere soll auf Probleme verwiesen werden, die sich aus den Vorgaben für die Schulorganisation ergeben und die von den einzelnen Schulen unterschiedlich bewältigt werden. Die Darstellung konzentriert sich auf drei Problemfelder: den Zugang, Abschlüsse an der Regelschule und die weiteren Ausbildungswege, die Organisation der 7. bis 9. Klassen und Fragen der inneren Entwicklung unter besonderer Berücksichtigung der Situation der Lehrer. Im abschließenden Teil wird auch auf Folgen der demographischen Entwicklung für die Regelschule eingegangen.

1. Zugänge, Abgänge und Übergänge

Von den Grundschülern wechselten zwischen 1992 und 1997 mehr als zwei Drittel zur Regelschule über (Kuthe 1997, S. 275 u. 277):

1992	1993	1994	1995	1996	1997
62%	67%	67%	66%	68%	66%

Der Besuch der Regelschule ist in hohem Maße von dem sozialen Status der Familien und zusätzlich von der Erreichbarkeit der Regelschule abhängig. Vor allem Kinder unterer sozialer Gruppen und von Eltern, die auf ein wohnortnahes Schulangebot Wert legen, besuchen die Regelschule (Fickermann 1997, S. 148-155). Die Regelschule müssen alle Schüler besuchen, die nicht wenigstens in einem Hauptfach (Deutsch/Mathematik/Heimat- und Sachkunde) die Note „gut" und in den anderen beiden Fächern die Note „befriedigend" erreichen. Haben die Schüler nur in einem der drei Fächer die Note „gut", steht die Empfehlung für den Besuch des Gymnasiums im Ermessen der Schule. Eine Empfehlung für den Besuch des Gymnasiums wird in der Regel erst dann erteilt, wenn in einem der drei Fächer die Note „befriedigend" und in den anderen beiden Fächern die Note „gut" erreicht wird. Die Eltern können eine Aufnahmeprüfung verlangen, wenn sie entgegen der Empfehlung der Schule den Besuch des Gymnasiums für ihr Kind wünschen. In Thüringen beansprucht die Schulaufsicht das Recht zur letzten Entscheidung über den weiterführenden Schulbesuch. In welchem Umfang Schüler, die die Voraussetzungen zum Besuch des Gymnasiums erfüllen, dennoch die Regelschule besuchen, ist nicht bekannt. Die großen regionalen Unterschiede des Übergangs – zwischen den Kreisen variierte die Übergangsquote zum Gymnasium 1996 zwischen 19 und 51 Prozent (Kuthe 1997, S. 277) – lassen aber darauf schließen, daß die Regelschule in einigen Regionen von der „Distanz" der Eltern gegenüber dem Gymnasium profitiert.

Bedeutsam für die Besuchsquote der Regelschule ist auch der Übergang von der Regelschule zum Gymnasium. Die Möglichkeit des Wechsels besteht nach dem 5. und 6. Schuljahr. Damit sind Korrekturen der Übergangsentscheidung nach der Grundschule für „Spätentwickler" möglich. Die Kriterien für den Übergang entsprechen denen der 4. Klasse der Grundschule, nur tritt Englisch als Fremdsprache an die Stelle von Heimat- und Sachkunde. Von den Schülern der 6. und 7. Klassenstufe besuchten im Schuljahr 1992/93 5,8 Prozent (3956 Schüler) ein Gymnasium, nachdem sie im Schuljahr zuvor die Regelschule besucht hatten; im Schuljahr 1995/96 verringerte sich dieser Anteil auf 1,5 Prozent (972 Schüler). Die Regelschulen zeigen demnach die Tendenz, die Übergangsmöglichkeit restriktiv zu handhaben und nur Schüler mit eindeutiger Erfolgsprognose an ein Gymnasium abzugeben.

Die Übergänger nach der 10. Klasse der Regelschule hatten 1993 unter den Schülern der 10. Klasse des Gymnasiums – die Wechsler müssen das Schuljahr wiederholen und können in besonderen Klassen zusammengefaßt werden – nur einen Anteil von 1,8% und 1995 von 2,9%. Diese Möglichkeit der weiteren schulischen Ausbildung wird von den Regelschulabsolventen mit Realschulabschluß nicht intensiv genutzt. Wenn sie die Hochschulreife anstreben, bevorzugen sie einen Bildungsgang an beruflichen Schulen. Immerhin strebten bei einer Befragung von Regelschülern 1993 21 Prozent der Schüler des Realschulzweigs eine Hochschulzugangsberechtigung an (Weishaupt 1997b, S. 202-203). Dieser Wunsch findet sich vornehmlich in Familien mit einem hohen Bildungsstatus (Fickermann 1997, S. 163).

Zunehmend wechseln auch Schüler des Gymnasiums zur Regelschule. Im Schuljahr 1992/93 hatten nur 552 der Regelschüler im Schuljahr zuvor ein Gymnasium besucht, davon kamen 221 in die 10. Klasse. Im Schuljahr 1994/95 erhöhte sich die Zahl der Überwechsler zur Regelschule auf 1527, davon 413 Schüler, die in die 10. Klasse wechselten. Leistungsschwache Gymnasiasten wechseln außer nach der 9. vor allem nach der 8. Klasse zur Regelschule (Kuthe 1997, S. 281). Die Integration dieser Schüler stellt eine zunehmende Herausforderung für die Regelschule dar, denn diese Schüler sind nicht nur durch den Mißerfolg am Gymnasium verunsichert, sondern haben daneben in der 9. und 10. Klasse der Regelschule Stofflücken zu schließen, die sich aus Unterschieden zwischen den Stundentafeln von Gymnasium und Regelschule ergeben. In Untersuchungen an drei ausgewählten Regelschulen konnte nur an einer Schule über die Darstellung der Interviewpartner der Eindruck gewonnen werden, daß diese Problematik bewußt in Handlungskonzepte umgesetzt wurde, um die Schüler an der neuen Schule sozial zu integrieren und ihre Leistungsentwicklung zu stabilisieren (Böttcher/Plath/Weishaupt 1995). Die anderen beiden untersuchten Schulen bemühten sich nicht speziell um die Überwechsler aus dem Gymnasium.

Von den Absolventen der Regelschule erreichen etwa 10 Prozent keinen Schulabschluß. Die Hälfte dieser Schüler verlassen bereits vor der 9. Klasse die Regelschule. Die andere Hälfte besteht aus Schülern, die die 9. Klasse des Hauptschulbildungsgangs nicht erfolgreich absolvierten oder nach einer nicht bestandenen Realschulprüfung die Schule verließen. In Thüringen wird den an der Abschlußprüfung gescheiterten Realschülern kein Hauptschulabschluß zuerkannt. Die Realschulabschlußprüfung besteht aus vier schriftlichen Arbeiten in den Fächern Deutsch, Mathematik, erste Fremdsprache (mit vom Kultusministerium gestellten Prüfungsaufgaben) und einem vom Schüler gewählten Fach und zwei mündlichen Prüfungen.

Die Schüler des Hauptschulbildungsgangs können den qualifizierenden Hauptschulabschluß erwerben, wenn sie an einer freiwilligen Prüfung teilnehmen. Die Aufgaben für die beiden schriftlichen Prüfungen in Deutsch und Mathematik werden unter den vom Kultusministerium gestellten Aufgaben von den Schulen ausgewählt, die Aufgaben für die praktische Prüfung im Fach Wirtschaft und Technik und die mündliche Prüfung bestimmen die Schulen selbst. Der qualifizierende Hauptschulabschluß berechtigt zum Besuch der 10. Klasse der Realschule. Statistische Veröffentlichungen informieren nicht darüber, welcher Anteil unter den Schülern im Hauptschulbildungsgang den qualifizierenden Hauptschulabschluß erwirbt.

Tab. 1: Schulentlassene der Schuljahre 1991/92 bis 1995/96 nach erworbenem Schulabschluß

Jahr	Schulentlassene absolut		Absolventen insg. nach erworbenem Abschluß (in %)			Anteil der weibl. Absolventen			
	Insgesamt	weiblich	ohne HSA	mit HSA	mit RSA	ohne HSA	mit HSA	mit RSA	insgesamt
1991/92	19776	8945	6,9	31,6	61,5	26,3	38,9	50,6	45,2
1992/93	21024	9366	8,4	33,8	57,7	26,3	39,4	50,2	44,5
1993/94	21550	9642	10,6	28,9	60,5	34,7	34,7	51,3	44,7
1994/95	23070	10783	8,7	29,2	62,1	32,8	37,4	53,1	46,7
1995/96	22351	9985	10,2	29,7	60,0	33,6	36,0	50,8	44,7

HSA= Hauptschulabschluß; RSA= Realschulabschluß;
Quelle: Statistisches Bundesamt: Fachserie 11, Bildung und Kultur, Reihe 1, Allgemeinbildende Schulen.

Tabelle 1 zeigt, daß etwa 30 Prozent der Regelschulabsolventen den Hauptschulabschluß und etwa 60 Prozent den Realschulabschluß erwerben. Unter den Realschulabsolventen sind die Schülerinnen, die nur einen Anteil von 45 Prozent unter den Schülern der Regelschule ausmachen, überrepräsentiert und unter den Schülern ohne Abschluß und mit Hauptschulabschluß stark unterrepräsentiert. Der hohe Anteil der Absolventen ohne Schulabschluß, der nach der 10. Klasse die Regelschule verläßt (1995/96 immerhin

2,8% aller Schulentlassenen), zeigt die problematischen Implikationen der rigiden Regelungen für den Erwerb eines Schulabschlusses in Thüringen.[1]

2. Differenzierung innerhalb der Regelschule

In der Regelschule differenzieren die 5. und 6. Klassen nicht nach Bildungsgang der Haupt- oder Realschule. Erst ab der 7. Klasse werden abschlußbezogene Klassen gebildet oder der Unterricht in einem Kern-Kurs-System (integrierte Klassen) organisiert. Es bestehen Schulen, die sich für eine der beiden Formen entschieden haben oder beide Formen in unterschiedlichen Jahrgängen nebeneinander praktizieren. In den Schuljahren seit 1992 hat sich der Schulbesuch in den 7. bis 9. Klassen der Regelschulen in Thüringen in dieser Hinsicht stark verändert (Tabelle 2).

In der 7. und 8. Jahrgangsstufe wurden 1992 noch etwa die Hälfte der Regelschüler in integrativ geführten Klassen unterrichtet. Bis 1997 hat sich dieser Anteil auf 20 Prozent verringert. Im 9. Schuljahr war dieser Anteil immer niedriger; er betrug 1992 aber noch 41 Prozent. Bis 1996/97 ist er auf 7 Prozent gesunken. Werden abschlußbezogene Klassen an den Schulen gebildet, dann befinden sich wesentlich mehr Schüler in den zum Realschulabschluß führenden Klassen als in den Klassen, die zum Hauptschulabschluß führen. Das Verhältnis beträgt etwa 2:1. Teilweise ist dieser Effekt auf die niedrigeren Klassenfrequenzen der hauptschulabschlußbezogenen Klassen (15,2 Schüler je Klasse) gegenüber den realschulabschlußbezogenen Klassen (19,6 Schüler je Klasse) zurückzuführen, die sich aus unterschiedlichen Klassenmeßzahlen ergeben. Die Mindestzahl für eine Hauptschulklasse beträgt 12, für eine Realschulklasse 15 Schüler.

---

1 Da Gymnasiasten mit dem Übergang in die Klasse 11 des Gymnasiums ebenfalls keine Realschulreife zuerkannt wird, nehmen auch Gymnasiasten an den Realschulabschlußprüfungen an Regelschulen teil, um nach einem Scheitern in der gymnasialen Oberstufe einen Schulabschluß zu besitzen. Durch einen Erlaß wurde Gymnasiasten 1995 diese Möglichkeit eröffnet.

Tab. 2: Entwicklung des Schulbesuchs in der 7. bis 9. Klasse der Regelschule von 1992/ 93 bis 1997/98

	Schüler (in %) in ...			
Klassenstufe	abschlußbezogenen Klassen		integrativ geführten	insgesamt
	Hauptschule	Realschule	Klassen	
		Schuljahr 1992/93		
7. Klassenstufe	16	30	54	21540
8. Klassenstufe	16	37	47	21774
9. Klassenstufe	18	41	41	20182
		Schuljahr 1993/94		
7. Klassenstufe	21	34	45	20848
8. Klassenstufe	19	38	43	21217
9. Klassenstufe	23	52	25	20941
		Schuljahr 1994/95		
7. Klassenstufe	26	46	28	20570
8. Klassenstufe	25	44	31	20807
9. Klassenstufe	29	56	15	20739
		Schuljahr 1995/95		
7. Klassenstufe	26	51	23	21461
8. Klassenstufe	26	52	21	20590
9. Klassenstufe	31	58	11	20759
		Schuljahr 1996/97		
7. Klassenstufe	27	53	20	20976
8. Klassenstufe	26	57	17	21587
9. Klassenstufe	31	62	7	20900
		Schuljahr 1997/98		
7. Klassenstufe	26	53	22	21449
8. Klassenstufe	26	56	18	21396
9. Klassenstufe	29	64	7	21935

Quelle: Thüringer Landesamt für Statistik: Statistischer Bericht. Allgemeinbildende Schulen in Thüringen

Die Zuweisung der Schüler zu Kursniveaus bzw. Haupt- oder Realschulklassen ist im 7. bis 9. Schuljahr von den Leistungen der Schüler abhängig und wird halbjährlich überprüft. Nur bei Einstufungen in ein höheres Leistungsniveau haben die Eltern ein Mitspracherecht. Die Umstufungen sind starr an geforderte Notendurchschnitte und Mindestnoten in den Hauptfächern gebunden. Dadurch stehen die Schüler der Realschulklassen unter einem ständigen Leistungsdruck, der noch dadurch verstärkt wird, daß mit dem erfolgreichen Besuch der 9. Realschulklasse nicht der Hauptschulabschluß erworben wird und auch die Schüler, die bei der Realschulabschlußprüfung am Ende der 10. Klasse nicht erfolgreich sind, ebenfalls die Schule ohne Schulabschluß verlassen (s. o.). Angesichts dieser Situation bemühten sich die von uns in einer detaillierten Studie untersuchten drei Regelschulen um eine verantwortliche und frühzeitige Schullaufbahnberatung (Böttcher/Plath/ Weishaupt 1995). Die Wechsel zwischen den Kursniveaus bzw. zwischen Klassen, die auf den Hauptschul- oder den Realschulabschluß vorbereiten, sollten auf ein Mindestmaß reduziert werden, denn die Lehrer legten großen Wert auf konstante Lerngruppenbeziehungen unter den Schülern. Dennoch wurde im Einzelfall der Niveauwechsel gestattet und unterstützt.

Auch wenn konstante Lerngruppen in der Regelschule erstrebenswert sind, lassen sie sich gerade dort kaum realisieren. Zu den Schülern, die auf das Gymnasium bzw. vom Gymnasium zur Regelschule wechseln und den internen Umstufungen kommt noch eine relativ hohe Quote von Klassenwiederholern hinzu, die zu Veränderungen in der Zusammensetzung der Lerngruppen führen. Während in Thüringen – wie ähnlich auch in den anderen neuen Ländern – Klassenwiederholungen am Gymnasium unbedeutend sind (weniger als 1% der Gymnasiasten sind jährlich davon betroffen), sind es an den Regelschulen jährlich etwa 3,5 Prozent der Schüler, die eine Klasse wiederholen (Kuthe 1997, S. 284). Zu vermuten ist, die Schulstatistik läßt dazu keine Aussagen zu, daß darunter auch Schüler sind, die durch die Wiederholung versuchen, eine Abstufung in den Hauptschulbildungsgang zu vermeiden.

Wie die *Tabelle 2* zeigt, verzichten die Schulen zunehmend auf ein Kern-Kurs-System und bilden abschlußbezogene Klassen. Als Begründung dafür wird oft angeführt, daß abschlußbezogene Klassen stundenplantechnische Vorteile haben und meist einen höheren Lehrerbedarf erfordern und auf diese Weise die Beschäftigung der Lehrer sichern.

Die Anteile von Hauptschülern und Realschülern in den integrierten Klassen lassen sich für die Jahre 1994 bis 1996 über eine Sonderauswertung der amtlichen Schulstatistik bestimmen. Trennkriterium für Haupt- und Realschüler in integrierten Klassen sind die Unterrichtsfächer (s. auch Tabelle 4 weiter unten) Wirtschaft und Technik (Hauptschüler) und Wirtschaft und Recht (Realschüler). Dadurch ist es möglich, den Anteil der Hauptschüler in den 7. bis 9. Klassen aller Regelschulen zu ermitteln. Er sank in den untersuchten Jahren von 34 auf 31 Prozent, in der 9. Klasse ist er immer etwas höher als in der 7. und 8. Klasse.[2]

In Regelschulen mit integrierten Klassen ist der Anteil von Hauptschülern in der 7. und 8. Klasse deutlich niedriger als in Regelschulen mit abschlußbezogenen Klassen. Diese Tendenz hat sich 1996 noch verstärkt. Erst in der 9. Klasse entspricht der Hauptschüleranteil in integrierten Klassen dem Anteil in abschlußbezogenen Klassen. Die Schulen mit integrierten Klassen nutzen

---

2 Eine Statistik der Hauptschüler im 8. Schuljahr von 1991-1997 läßt erkennen, daß – ohne nennenswerte Veränderungen in dem beobachteten Zeitraum – knapp 20 Prozent aller Schüler dieser Klassenstufe den Bildungsgang der Hauptschule besuchen. (Thüringer Landesamt für Statistik: Allgemeinbildende Schulen 1997/98, S. 26, eigene Berechnungen)

folglich noch das 7. und 8. Schuljahr, um die Leistungsentwicklung der Schüler zu beobachten, während in Schulen mit abschlußbezogenen Klassen die Vorgaben für die Klassenbildung bereits am Ende der 6. Klasse eine nur noch in Einzelfällen korrigierbare Vorentscheidung über den Schulabschluß verlangen.

Tab. 3: Hauptschüler in den Klassenstufen 7 bis 9 der Regelschule (1994-1996) nach abschlußbezogenen und integrierten Klassen

Jahr/Klasse	Anteil der Hauptschüler an den Schülern ... (in %)		
	insgesamt	in abschlußbezogenen Klassen	in integrierten Klassen
Klasse 7	34	36	29
Klasse 8	34	36	30
Klasse 9	35	34	38
1994 (7-9)	34	36	31
Klasse 7	33	36	27
Klasse 8	33	34	29
Klasse 9	36	35	39
1995 (7-9)	34	34	31
Klasse 7	31	34	20
Klasse 8	29	31	18
Klasse 9	33	33	31
1996 (7-9)	31	33	21

Quelle: Kuthe 1997, S. 287

In einer 1993 durchgeführten eigenen Studie, in die 30 Regelschulen einbezogen waren, wurden die Schüler u.a. nach ihrem Wohlbefinden in der Schule in Abhängigkeit von der Art der Klassenbildung befragt (Plath 1997).

Danach fühlen sich Hauptschüler in integrativen Klassen (20%) und Schüler in Hauptschulklassen (26%) nicht so wohl, wie die Realschüler in abschlußbezogenen Klassen (38%) und die Realschüler in integrierten Klassen (35%). Insgesamt fühlen sich Realschüler wohler als Hauptschüler. Der angestrebte Schulabschluß hat nach diesen Ergebnissen einen deutlichen Einfluß auf das allgemeine Wohlbefinden der Schüler. Vergleicht man abschlußbezogene Klassen („reine“ Haupt- bzw. Realschulklassen) mit integrativ geführten Klassen (Kursklassen), wird jedoch noch ein weiterer Unterschied sichtbar: Das Wohlbefinden der Kursschüler ist deutlich niedriger als das der Schüler in abschlußbezogenen Klassen. Dies gilt sowohl für Hauptschüler als auch für Realschüler. Am wenigsten wohl fühlen sich Hauptschüler in Kursklassen. Die Untersuchung von Einflußfaktoren auf das Wohlbefinden der Schüler in Abhängigkeit von der Art der Klassenbildung ergab deutlich unterschiedliche Einschätzungen der Beziehungen zu den Lehrern und zu den Mitschülern (Plath 1997, S. 106). Die Vermutung, daß der von den Schülern empfundene Leistungsdruck die soziale Befindlichkeit der Schüler in der Schule nicht unwesentlich beeinflußt (vgl. u.a. Helmke/Dreher 1979) konnte ebenfalls bestätigt werden (Plath 1997, S. 107).

Abb. 1: Wohlbefinden der Regelschüler nach Bildungsgängen (*Angaben in Prozent*)

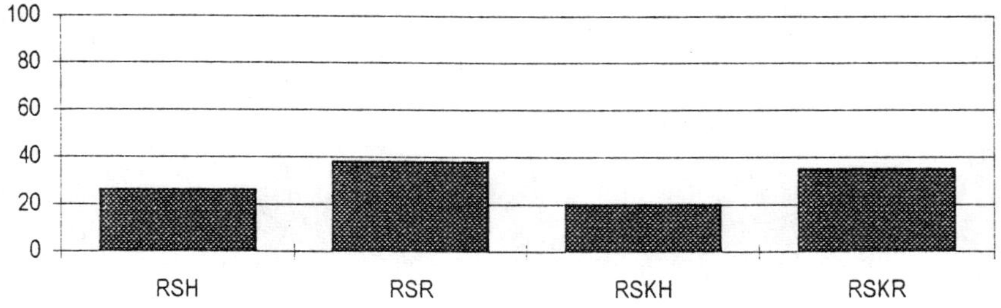

RSH = Schüler in hauptschulabschlußbezogenen Klassen
RSR = Schüler in realschulabschlußbezogenen Klassen
RSKH = Hauptschüler in integrativ geführten Klassen
RSKR = Realschüler in integrativ geführten Klassen
Quelle: Plath 1997, S. 105

Ergänzend wurde untersucht, ob die schlechteren Werte im sozialen Wohlbefinden von potentiellen Hauptschülern in der Regelschule der Struktur dieser Schulart „anzulasten" sind, oder ob sie mit Unterschieden in der Qualität der Einzelschule in Zusammenhang stehen. Ausgehend von den Befunden der Forschungen zur Qualität von Schule (vgl. u.a. Fend 1977, Steffens/ Bargel 1992) wurde vermutet, daß bei einer differenzierten Sicht auf die in die Untersuchung einbezogenen Einzelschulen große Unterschiede im Wohlbefinden der Schüler zu verzeichnen sind. Erwartet wurde, daß im Vergleich von Regelschulen mit hohem Wohlbefinden der Schüler und Schulen mit niedrigem Wohlbefinden der Schüler die Differenz zwischen der Zufriedenheit von Haupt- und Realschülern an „guten Schulen" geringer ist als an „weniger guten" Schulen.

Um diese Hypothese zu überprüfen, wurden aus den einbezogenen 30 Regelschulen die jeweils 5 „besten" Schulen (sehr hohes Wohlbefinden der Schüler, nachfolgend als „gute" Schulen bezeichnet) und die 5 „schlechtesten" Schulen (niedriges Wohlbefinden der Schüler, nachfolgend als „schlechte" Schulen bezeichnet) in jeweils einer Gruppe zusammengefaßt.

An „guten Schulen" waren es annähernd 50% der Schüler, die gern in die Schule gehen, an „schlechten Schulen" nur 20%. Das durchschnittliche Wohlbefinden der Hauptschüler an „guten" Schulen war höher als die Zufriedenheit der Realschüler an „schlechten" Schulen. Der Einfluß der Einzelschule auf die Zufriedenheit ihrer Schüler ist danach sehr groß.

Die Abbildung 2 zeigt jedoch auch deutlich, daß der vermutete Strukturunterschied zwischen den beiden Gruppen von Schulen nicht nachweisbar ist. Die Differenzen in der Zufriedenheit zwischen Haupt- und Realschülern sind in beiden Extremgruppen ähnlich hoch. Das durchschnittlich hohe Wohlbefinden in der ersten Gruppe der Regelschulen ist auf die vergleichbar größere Zufriedenheit von Haupt- und Realschülern zurückzuführen und nicht auf geringere Differenzen in der Zufriedenheit zwischen den beiden Schülergruppen.

Abb. 2: Wohlbefinden der Schüler nach Bildungsgängen an „guten" und „schlechten" Schulen *(Angaben in Prozent; Abkürzungen s. Abbildung 1)*

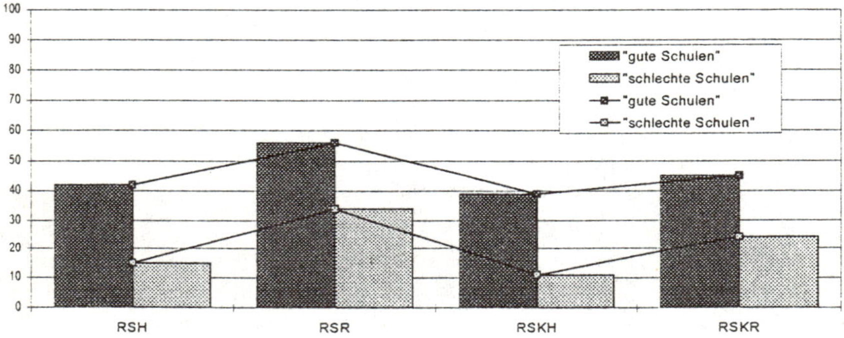

Quelle: Plath 1997, S. 109

Die Ergebnisse verweisen auf die große Bedeutung der Profilierung der Einzelschule für die weitere Entwicklung der Regelschule. Jedoch drängt sich die Frage auf, warum an „guten" Schulen trotz deutlich höherer Wertschätzung der Lehrer und besserer Einschätzung des sozialen Klimas durch die Schüler die Differenzen zwischen dem Wohlbefinden von Haupt- und Realschülern, wie von uns erwartet, nicht aufgehoben werden. Offensichtlich stoßen hier Möglichkeiten der inneren Schulgestaltung an äußere, durch die Schulstruktur vorgegebene Grenzen.

Diese Befunde deuten ein zukünftig stärker zu beachtendes Problemfeld an, daß nämlich die bestehenden Regelungen zur Auf- und Abstufung von Regelschülern (besonders von Kursschülern) zu einem kontinuierlichem Leistungsdruck führen. Diese Schülergruppe muß sich zudem (vor allem ihre Leistung) am gesamten Schülerjahrgang messen, an dessen leistungsmäßigem Ende sie steht. Die Frage danach, wie die Regelschule mit ihren „Hauptschülern" umgeht, wird damit zu einem Schlüssel für das Gelingen der inneren Entwicklung der Regelschule.

Ausgehend von den berichteten Ergebnissen der 1993 durchgeführten quantitativen Untersuchung (Zedler/Weishaupt 1997) entstand 1994 das bereits erwähnte und vom Thüringer Kultusministerium in Auftrag gegebene Projekt „Die Regelschule in Thüringen – Drei Schulporträts" (Böttcher/Plath/

Weishaupt 1995), in dessen Rahmen mit Hilfe quantitativer und qualitativer Forschungsverfahren Fallstudien von drei Thüringer Regelschulen erstellt wurden, die auf Gemeinsamkeiten und Unterschiede in der Entwicklung der Einzelschule verweisen.

Die erfaßten Schulen unterschieden sich in der Organisation des Unterrichts nach dem 6. Schuljahr. Eine Schule (C) hat ausschließlich Kurse, eine andere nur abschlußbezogene Klassen (B), die dritte Schule (A) noch beides nebeneinander. Für beide Formen der Unterrichtsorganisation haben die Schulen aus ihrer Sicht überzeugende Antworten gegeben; sie berichten jeweils über gute Erfahrungen. Als ein entscheidendes Kriterium für die Bewertungen der Schulen erwies sich die Einstellung der Lehrer gegenüber der veränderten Schülerzusammensetzung.

Ein besonderes Problem stellte für die Lehrer aller drei Schulen das Leistungsniveau der Schüler dar, die den Hauptschulabschluß anstreben. Vor der Einführung der Regelschule hatten die Lehrer nur Erfahrungen mit dem Unterricht in leistungsheterogenen Klassen. Dieses Erfahrungsdefizit wurde an den Schulen unterschiedlich intensiv thematisiert – und wie es scheint – auch mit unterschiedlichem Ergebnis diskutiert. Nur an Schule B wurde deutlich, daß sich die Lehrer um ein spezifisches pädagogisches Programm für die, wie sie sagten, 'anspruchsvollen', leistungsschwachen Schüler bemühten. Vor dem Hintergrund des Ziels, daß kein Schüler die Schule ohne Abschluß verlassen soll, sahen sie die vielfältigen Probleme mit der Gruppe der Hauptschüler als pädagogische Herausforderung an. Lehrer, die an dieser Schule in hauptschulabschlußbezogenen Klassen unterrichteten, genossen im Kollegium besondere Achtung. 'Da schicken wir unsere besten Lehrer hin', betonte die Schulleiterin. Durch die Antworten der Lehrer an den anderen beiden Schulen schimmerte so etwas wie ein 'latentes POS-Bewußtsein': Den Lehrern war es noch nicht gelungen, sich auf die Hauptschüler als eine relativ leistungshomogene Lerngruppe im unteren Leistungsbereich einzustellen. Die Entscheidung für Kurse an der Schule C erschien vor diesem Hintergrund eher als ein Festhalten an gewohnten Unterrichtsformen und nicht als eine bewußte Entscheidung für leistungsdifferenzierenden Unterricht.

3. Zur inneren Profilierung der Regelschule

Parallel zur organisatorischen Umstrukturierung der Schulen begann die Erprobung neuer Unterrichtsinhalte – zum Teil in neuen Fächern: Wirtschaft-Umwelt-Europa, Wirtschaft und Technik, Wirtschaft und Recht, Sozialkunde, Religion und Ethik. Zunächst gab es als Orientierungshilfen für den Unterricht der Lehrer „Vorläufige Lehrplanhinweise“, seit dem Schuljahr 1993/94 werden die „Vorläufigen Lehrpläne“ erprobt, die inzwischen in einer erneut überarbeiteten Fassung vorliegen. Grundlage der Lehrpläne bildeten neue Stundentafeln, die teilweise die Fächer neu gewichteten. Die Unterschiede zeigt deutlich ein Vergleich zwischen der Stundentafel der POS und der Regelschule (s. Tabelle 4).

Vor allem Mathematik, Deutsch und die Naturwissenschaften haben in der Regelschule im Vergleich zur POS an Bedeutung verloren, Religion/Ethik ist stattdessen neu in die Stundentafel aufgenommen worden, und Musik und Kunst haben eine etwas größere Bedeutung. Das Fach Polytechnik der POS wird im Hauptschulbildungsgang der Regelschule durch das Fach 'Wirtschaft und Technik' ersetzt, im Realschulbildungsgang ist das Fach 'Wirtschaft und Recht' kein wirklicher Ersatz.

Mit der inhaltlichen Neubestimmung der Fächer wurden zugleich Fragen nach der methodischen Gestaltung des Unterrichts aufgeworfen. Die „Leistungsspitze" fehlt überwiegend in den Klassen der Regelschule. Eine leistungsgerechte Unterrichtsgestaltung für relativ leistungshomogene Lerngruppen ergibt sich daraus als neue Anforderung für die Lehrer, die zuvor in den leistungsheterogenen Klassen der POS unterrichtet hatten. Danach befragt, ob sich aus dem schulstrukturellen Wandel für sie eher Vor- oder Nachteile ergeben haben, antworten Regelschullehrer als einzige Lehrergruppe nicht mehrheitlich positiv (Weishaupt 1997b). Diese schlechtere Bewertung durch Regelschullehrer ist vielleicht darauf zurückzuführen, daß sie formal die gleiche Qualifikation (Diplomlehrer) wie die Gymnasiallehrer haben, bei der Auswahl für das Gymnasium aber nicht berücksichtigt wurden.

Die Regelschullehrer unterliegen auch einem größeren Zwang zur Umqualifizierung, d. h. der Anpassung der Unterrichtsinhalte an die veränderten Bedingungen und der Nachqualifikation für ein neues Unterrichtsfach. Ein Viertel der Regelschullehrer erwarb 1993 die Lehrbefähigung für ein weiteres Fach, während es von den Lehrern am Gymnasium nur 16% und von den Grundschullehrern nur 18% waren (Köhler 1997).

Tab. 4: **Vergleich der Stundentafel der POS mit der Stundentafel für die Regelschule in Thüringen**

Fächer	POS 5-9	RS: HS 5-9	Differenz POS/ HS 5-9	POS 5-10	RS: RS 5-10	Differenz POS/RS 5-10
	Jahreswochenstunden insgesamt					
Deutsch	27	22	-5	30	26	-4
1. Fremdsprache	20	19	-1	23	23	0
Mathematik	27	21	-6	31	23	-8
Physik	10	6	-4	13	8	-5
Astronomie	0	0	0	1	1	0
Chemie	8	6	-2	10	8	-2
Biologie	9	9	0	11	11	0
Geschichte	9	8	-1	11	10	-1
Geographie	9	7	-2	11	9	-2
Sozial-/ Staatsbürgerkunde	3	3	0	5	4	-1
Musik	5	7	+2	6	8	+2
Kunsterziehung/ Zeichnen	5	6	+1	5	7	+2
Werken	4	4	0	4	4	0
Polytechnik	13	0	-13	18	0	-18
Religionslehre/ Ethik	0	10	+10	0	12	+12
Sport	12	13	+1	14	15	+1
Wirtschaft und Technik	0	12	+12	0	0	0
2. Fremdsprache	9	0	-9	11	12	+1
Wirtschaft und Recht	0	0	0	0	4	+4
Ergänzungsstunden	0	2	+2	0	2	+2
Insgesamt	170	155	-15	204	187	-17

[1] nicht berücksichtigt ist eine Stunde Nadelarbeit, die fakultativ im 5. Schuljahr angeboten wurde.

[2] nicht berücksichtigt sind 2 Stunden Sport, die fakultativ zusätzlich angeboten werden.

[3] nicht berücksichtigt sind 3 Stunden Sport, die fakultativ zusätzlich angeboten werden.

[4] Die 2. Fremdsprache wurde in der POS nur falkultativ angeboten. An Stelle der zweiten Fremdsprache können in der Regelschule als Wahlpflichtfächer für den Realschulabschluß auch Wirtschaft/Umwelt/Europa, Sozialwesen und Naturwissenschaften (wenn die personellen und technischen Bedingungen an der jeweiligen Schule gegeben sind) gewählt werden.

POS=Polytechnische Oberschule

RS: HS 5-9 = Regelschule Hauptschulbildungsgang der 5.-9. Klassenstufe

RS: RS 5-10 = Regelschule Realschulbildungsgang der 5.-10. Klassenstufe

Quelle: Mitter 1990, S. 190; Thüringer Schulordnung (ThürSchulO) vom 20.1.1994, Anlage 2. In: Gesetz- und Verordnungsblatt Nr. 7, 24.02. 1994.

Wie die Antworten in der *Abbildung 3* zeigen, führen vermutlich aber auch Schwierigkeiten im Umgang mit den Schülern zu der nur wenig positiven Bilanz des Schulstrukturwandels durch die Regelschullehrer. Sie sehen sich an ihren Schulen erhöhten pädagogische Anforderungen konfrontiert.

Abb. 3: Welche der folgenden Probleme, die an Schulen auftreten können, sind auch an Ihrer Schule eine Belastung für die tägliche schulische Arbeit? Dies ist an meiner Schule ein größeres Problem ... *(Anteil der Antworten 1 und 2 auf einer fünfstufigen Skala von 1 = großes bis 5 = kein Problem)*

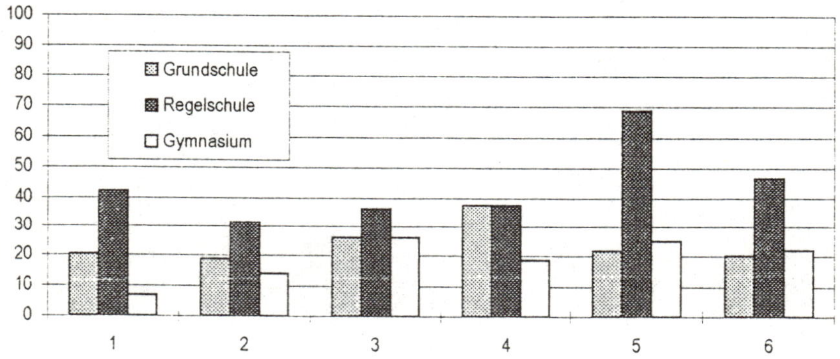

(1) mangelnde Disziplin der Schüler
(2) Ungenügende fachliche Beratung durch Psychologen etc.
(3) zu wenig Angebote für unterschiedliche Schülerinteressen
(4) zu wenig Möglichkeiten zur Förderung lernschwacher Schüler
(5) Mangelndes Interesse der Schüler an Schule und Unterricht
(6) zu wenig Unterstützung durch die Eltern

Quelle: Weishaupt 1997b, S. 206

Nahezu 70% der Regelschullehrer klagen über ein mangelndes Interesse der Schüler an Schule und Unterricht. Außerdem belastet sie in weit höherem Maße als ihre Kolleginnen und Kollegen an Grundschulen und Gymnasien die mangelnde Disziplin der Schüler und die geringe Unterstützung durch die Eltern. Die Interviews an den drei von uns ausführlich untersuchten Regelschulen lassen an einigen Stellen erkennen, daß mit den gewonnenen Freiheiten die Schüler verstärkt nach einer abwechslungsreichen Unterrichtsgestaltung verlangen. Sie artikulieren eher ihre Unzufriedenheit bei einem uninteressanten Unterricht, oder sie stören ihn, ohne daß die gewohnten Sanktionsmittel der Lehrer greifen. Vielen Lehrern fällt es offensichtlich noch schwer, die Ansprüche der Schüler als legitim anzuerkennen und in ihrer Unterrichtsgestaltung zu berücksichtigen. Die veränderten gesellschaftlichen Rahmenbedingungen der Schule verlangen aber auch nach einem anderen Lehrer-Schüler-Verhältnis. Die Diskussion der damit verbundenen Fragen scheint in den Kollegien unterschiedlich weit vorangeschritten zu sein. Als Eindruck läßt sich festhalten, daß der durch die Wende nicht zerbrochene Zusammenhalt des Kollegiums an einer der drei Schulen die Artikulation der Schüleransprüche weitgehend verhindert hat. Erst eine Schule bemüht sich intensiv um neue Lösungen.

Aus den genannten Daten ergibt sich der Eindruck (s. ergänzend Weishaupt 1997b), daß Lehrer der Regelschule in stärkerem Maße pädagogisch gefordert sind und sich häufiger pädagogischen Situationen nicht gewachsen fühlen als ihre Kollegen in Grundschulen und Gymnasien.

Eine weitere Belastung für die innere Entwicklung der Regelschulen stellen die bisher bereits notwendig gewordenen nachhaltigen Korrekturen am Schulstandortnetz dar. Nach den Vorstellungen des Ministeriums sollen Regelschulen mindestens 3 Parallelklassen haben, nur in Ausnahmefällen sollen auch zwei Parallelklassen zugelassen werden. Statt der 459 Regelschulen im Schuljahr 1991/92 bestanden im Schuljahr 1997/98 nur noch 365. Erst die Entwicklung der letzten Jahre zeigte, welche der geplanten Standorte auch aufgrund der Nachfrage tragfähig sind. Weitere Regelschulstandorte sind schon jetzt in ihrem Bestand gefährdet, denn die durchschnittliche Schulgröße der Regelschulen liegt immer noch unter der gewünschten Norm (s. Tabelle 5). Nach 2000 wird der Geburtenrückgang seit der sogenannten „Wende" nochmals tiefgreifende Umorganisationen mit Schulschließungen erfordern (Weishaupt 1997a). Dadurch besteht an vielen Schulen Unsicherheit über die künftigen Rahmenbedingungen der pädagogischen Arbeit, gleichgültig, ob eine Schule geschlossen wird oder eine Schule die Schüler und Lehrer einer geschlossenen Schule aufzunehmen hat. Das Kultusministerium versucht bereits über erste Schulversuche mit „kleinen Regelschulen", sich auf die radikal veränderten demographischen Bedingungen für die Schulorganisation einzustellen. Voraussichtlich wird es in wenigen Jahren an vielen Regelschulen nicht mehr möglich sein, abschlußbezogene Klassen zu bilden, wenn nicht der Schüleranteil im Hauptschulbildungsgang stark erhöht wird.

Für die weitere innere Entwicklung der Regelschulen ist neben dem Erhalt eines Netzes wohnortnah erreichbarer Regelschulen die Lehrerbeschäftigung von zentraler Bedeutung. Bereits zwischen 1992 und 1997 führte die angespannte Situation des Thüringer Landeshaushalts zu einer Verringerung der Lehrer an Regelschulen um 1360 Stellen auf im Schuljahr 1997/98 nur noch 8568 Vollzeitlehrereinheiten. Dadurch hat sich die Schüler-Lehrer-Relation von 12,2 auf 14,2 verschlechtert. Auch die durchschnittliche Klassenfrequenz ist in den letzten Jahren deutlich angestiegen (s. Tabelle 5).

Der starke Rückgang der Schülerzahlen in den kommenden Jahren und der dadurch notwendige weitere Abbau von Lehrerstellen führte zu einer Vereinbarung der Lehrerverbände mit dem Thüringer Kultusministerium, die den Lehrern über eine zeitweise Teilzeitbeschäftigung eine dauerhafte Beschäftigungsgarantie gibt (Floating-Modell). Zugleich sollen Lehrer vorübergehend in anderen Schularten eingesetzt werden (Swing-Modell). Für die Lehrer an

Regelschulen beginnt der Rückgang der Unterrichtsverpflichtung im Schuljahr 1998/99 (auf 90%), der mit einer entsprechenden Gehaltskürzung (ab 1.10.98 beträgt die Vergütung bei ganzer Stelle 86,5% BAT III-West) verbunden ist. Es ist vorgesehen, daß zwischen 2006 und 2008 der Beschäftigungsumfang der Regelschullehrer nur 65% beträgt und bis 2014 wieder auf 100% ansteigt. Dadurch werden sich die Arbeitsbedingungen der Lehrer an Regelschulen weiter erschweren.

Tab. 5: Entwicklung der Regelschulen 1991-1997

Jahr	Schulen	Klassen	Anzahl der Klassen je Jahrgang	Schüler	Schüler je Schule	Schüler je Klasse
1991	459	6.267	2,3	125.959	274	20,1
1992	455	6.149	2,3	121.426	267	19,8
1993	403	6.198	2,6	122.631	304	19,8
1994	397	6.245	2,6	123.415	311	19,8
1995	385	6.194	2,7	123.050	320	19,9
1996	371	6.052	2,7	122.425	330	20,2
1997	365	5.928	2,7	121.630	333	20,5

4. Schlußfolgerungen und Perspektiven

Die Regelschule als schulorganisatorische Variante des dreigliedrigen Schulsystems gerät durch die Folgeprobleme des nach dem Hamburger Abkommen geforderten Haupt- und Realschulabschlusses in schwierige interne Klärungsprozesse ihrer pädagogischen Arbeit. Im Wohlbefinden der Schüler der unterschiedlichen Bildungsgänge innerhalb der Regelschule gibt es nennenswerte Unterschiede. Hauptschüler, und besonders die in Kursklassen, sind bedeutend unzufriedener als Realschüler. Diese Ergebnisse sind nicht als Votum für abschlußbezogene Klassen zu interpretieren, sie weisen aber auf eine bekanntermaßen schwierige pädagogische Konstellation in Kursklassen hin, die in der Aus- und Weiterbildung der Lehrer besondere Aufmerksamkeit verdient. Regelschüler – und hier wiederum die in Kursklassen – erleben zudem einen wesentlich höheren Leistungsdruck in der Schule als Gymnasiasten der Sekundarstufe I (s. Plath 1997, S. 107). Dies ist vermutlich auf Regelungen der Auf- und Abstufung in der Regelschule zurückzuführen.

Der Tatbestand, daß selbst gute Regelschulen es nach unseren Befunden nicht vermögen, die Differenzen im Wohlbefinden zwischen Haupt- und Realschülern zu verringern oder gar aufzuheben, zeigt, daß das Wohlbefinden der Schüler vermutlich auch abhängig ist von den durch die schulische Selektion eröffneten Abschlußmöglichkeiten und Zukunftschancen, die die Gesellschaft den Schülern bietet.

Das Engagement der Lehrer für die weitere Entwicklung der Regelschule wird entscheidend von ihrer arbeits- und besoldungsrechtlichen Behandlung abhängen. Gleich qualifiziert wie ihre Kollegen am Gymnasium müssen sie sich mit ungleich schwierigeren pädagogischen Bedingungen an den Schulen auseinandersetzen. Diese Aufgabe bewältigen die Regelschulen teilweise bereits mit großem Erfolg. Über die einheitliche Besoldung der Regelschul- und Gymnasiallehrer wird gegenwärtig noch eine gleiche Wertschätzung dieser Arbeit zum Ausdruck gebracht (auch wenn die Unterrichtsverpflichtung der Regelschullehrer höher ist). Wird diese Gemeinsamkeit im Blick auf westdeutsche Besoldungsstrukturen verlassen, dann dürfte die Unterstützung der Regelschule durch die dort unterrichtenden Lehrer teilweise in Resignation umschlagen. Darüber, wie sich das Floating-Modell auf die Innovationsbereitschaft der Lehrer und damit die innere Entwicklung der Regelschulen auswirken wird, kann gegenwärtig nur spekuliert werden. Jedenfalls war der Schulstrukturwandel 1991 unter dieser Perspektive der Beginn einer dauerhaften inneren und äußeren Weiterentwicklung eines Schulverbundmodells, das im nächsten Jahrzehnt voaussichtlich erst seine wirkliche Bewährungsprobe bestehen muß.

Literatur

Böttcher, I./Plath, M./Weishaupt, H.: Die Regelschule in Thüringen – Drei Schulporträts. ThILLM Materialien. Arnstadt 1995.

Fend, H.: Schulklima. Soziale Einflußprozesse in der Schule. Soziologie der Schule III. Weinheim 1977.

Fickermann, D.: Soziale Aspekte der Bildungsbeteiligung. In: Zedler, P. / Weishaupt, H. (Hrsg.): Kontinuität und Wandel – Thüringer Schulen im Urteil von Schülern, Lehrern und Eltern. Weinheim 1997, S. 147-168.

Helmke, A./Dreher, E.: Gesamtschule und dreigliedriges Schulsystem in Nordrhein-Westfalen – Erzieherische Wirkungen und soziale Umwelt, Paderborn 1979.

Holtappels, H.-G./Rösner, E.: Schulen im Verbund. In: Rolff, H.-G. u.a. (Hrsg.): Jahrbuch der Schulentwicklung. Bd. 8. Weinheim 1994, S. 57-98.

Köhler, G.: Die Sicht Thüringer Lehrer auf die Veränderungen im Schulwesen. In: Zedler, P. / Weishaupt, H. (Hrsg.): Kontinuität und Wandel – Thüringer Schulen im Urteil von Schülern, Lehrern und Eltern. Weinheim 1997, S. 115-146.

Köhler, G.: Die Umgestaltung des Schulwesens in Thüringen. Anmerkungen zu Verlauf und Ergebnissen des Schulstrukturwandels in der Zeit von 1989 bis 1992. In: Forschungsgruppe Schulstrukturwandel in Thüringen (Hrsg.): Schulstrukturwandel in Thüringen. Ergebnisse einer Befragung von Schülern, Eltern und Lehrern in der Stadt Erfurt. (Erfurter Studien zur Entwicklung des Bildungswesens, Bd. 1), Erfurt: PH Erfurt 1993, S. 11-32.

Kuthe, M.: Das neue Thüringer Schulsystem: Strukturen, Bildungsnachfrage und Abschlüsse. In: Zedler, P. / Weishaupt, H. (Hrsg.): Kontinuität und Wandel – Thüringer Schulen im Urteil von Schülern, Lehrern und Eltern. Weinheim 1997, S. 265-294.

Mitter, W.: Allgemeinbildendes Schulwesen. Grundfragen im Überblick. In: Bundesministerium für innerdeutsche Beziehungen (Hrsg.): Vergleich von Bildung und Erziehung in der Bundesrepublik Deutschland und in der Deutschen Demokratischen Republik, Köln 1990, S. 171-200.

Plath, M.: Wie wohl fühlen sich Schüler an Thüringer Schulen? – Ein Beitrag zur Diskussion um die innere Schulreform. In: Zedler, P. / Weishaupt, H. (Hrsg.): Kontinuität und Wandel – Thüringer Schulen im Urteil von Schülern, Lehrern und Eltern. Weinheim 1997, S. 91-113.

Steffens, U./Bargel, T.: Erkundungen zur Qualität von Schule. Neuwied 1993.

Struck, P.: Kombinierte Haupt- und Realschulklassen in Hamburg. In: Zeitschrift für Pädagogik 23 (1977) H. 1, S. 129-141.

Weishaupt, H.: Folgen der demographischen Veränderungen für die Schulentwicklung in den neuen Bundesländern. In: Krüger, H.-H./Olbertz, J.H. (Hrsg.): Bildung zwischen Staat und Macht. Opladen 1997a, S. 607-619.

Weishaupt, H.: Zur Situation in der Regelschule. In: Zedler, P. / Weishaupt, H. (Hrsg.): Kontinuität und Wandel – Thüringer Schulen im Urteil von Schülern, Lehrern und Eltern. Weinheim 1997b, S. 195-208.

Zedler, P./Weishaupt, H. (Hrsg.): Kontinuität und Wandel. Thüringer Schulen im Urteil von Schülern, Lehrern und Eltern, Weinheim 1997.

Adolf Wagner

Die Gestaltung der Sekundarschule in Sachsen-Anhalt

1. Vorbemerkungen

Gesellschaftliche Entwicklungen, die sich in wirtschaftlichen Veränderungen, im Wandel von Verhaltensweisen, Wertorientierungen und Lebenskonzeptionen der Menschen widerspiegeln, erfordern Reformen im Bildungswesen, damit sich den Kindern und Jugendlichen gute Voraussetzungen für die Bildungswege eröffnen und sie bestmöglich auf das Leben vorbereitet werden. Eine gute Schule muß neuen pädagogischen Konzepten offen gegenüberstehen. Hierbei hat sie sowohl das veränderte Kinder- und Jugendverhalten als auch die veränderten Anforderungen der Berufs- und Arbeitswelt zu berücksichtigen. In diesem Sinne ist längeres gemeinsames Lernen die richtige Antwort auf eine sich immer schneller verändernde Welt. Von diesen Erkenntnissen hat sich der Gesetzgeber in den letzten Jahren leiten lassen und mit den Änderungen des Schulgesetzes des Landes Sachsen-Anhalt weitere Schritte zur Schulreform in unserem Land eingeleitet.

Beginnend mit dem Schuljahr 1991/92 wurde die Schullandschaft in Sachsen-Anhalt grundlegend verändert. An die Stelle der zehnklassigen allgemeinbildenden polytechnischen Oberschule und der erweiterten allgemeinbildenden polytechnischen Oberschule traten die Grundschule (1. bis 4. Schuljahrgang), die Sekundarschule mit der differenzierenden Förderstufe (5. und 6. Schuljahrgang), dem Hauptschulbildungsgang (7. bis 9. Schuljahrgang) und dem Realschulbildungsgang (7. bis 10. Schuljahrgang) sowie das Gymnasium (5. bis 12. Schuljahrgang).

Mit der Einführung der Förderstufe und der Gesamtschule als Regelschule ab dem Schuljahr 1997/98 begann ein Prozeß, durch den der integrative Charakter des Schulwesens in unserem Land gestärkt wird, und der seine Fortführung in der Umstrukturierung der Schuljahrgänge 7 bis 10 der Sekundarschule erfährt (s. Tabelle 1).

Die bestehende Sekundarschule wird sich, beginnend mit dem Schuljahr 1999/2000, dahingehend verändern, daß sie durch folgende charakteristische Merkmale geprägt ist: In den Schuljahrgängen 5 und 6 (Förderstufe) wird der für alle Schülerinnen und Schüler gemeinsame Bildungsgang der Grundschule fortgeführt. Die Trennung der Bildungsgänge in Hauptschulbildungsgang und Realschulbildungsgang wird mit dem 7. Schuljahrgang aufsteigend aufgehoben. Die Vollzeitschulpflicht beträgt zehn Jahre und kann an der Sekundarschule erfüllt werden. Die Schülerinnen und Schüler werden mit dem Ziel unterrichtet, im 10. Schuljahrgang einen Mittleren Schulabschluß zu erwerben. Mit diesem Bildungskonzept entsteht im öffentlichen Schulwesen von Sachsen-Anhalt eine neue Sekundarschule (s. Tabelle 2). Sie umfaßt die Schuljahrgänge 5 bis 10 und gliedert sich in die Förderstufe (5. und 6. Schuljahrgang) und den Sekundarschulbildungsgang (7. bis 10. Schuljahrgang).

Tab. 1: Zeitlicher Rahmen der Reform in der Sekundarschule

Schuljahr	Schuljahrgang	
1997/98	5. Einführung der Förderstufe	6. letztmalig differenzierende Förderstufe
1998/99	6. Förderstufe	7. letztmalig Haupt- und Realschulbildungsgang
1999/2000	7. Aufhebung der Trennung der Bildungsgänge; FLD*) Mat, Eng	8. letztmalig Haupt- und Realschulbildungsgang
2000/01	8. Sekundarschulbildungsgang; FLD Mat, Eng	9. letztmalig Haupt- und Realschulbildungsgang
2001/02	9. Sekundarschulbildungsgang; FLD Mat, Eng, Deu, Phy	10. letztmalig Realschulbildungsgang
2002/03	10. Sekundarschulbildungsgang; FLD Mat, Eng, Deu, Phy	

*) FLD-äußere Fachleistungsdifferenzierung

Tab. 2: Stellung der Sekundarschule im öffentlichen Schulwesen

<table>
<tr><td colspan="5">Hochschulen, Universitäten</td></tr>
<tr><td>13
12
11</td><td colspan="2">Berufsbildende Schulen</td><td rowspan="2">Gesamtschule</td><td rowspan="2">Gymnasium</td></tr>
<tr><td>10
9
8
7</td><td rowspan="3">Sonderschulen</td><td>Sekundarschule</td></tr>
<tr><td>6
5</td><td colspan="3">Förderstufe in der Sekundarschule/Gesamtschule</td></tr>
<tr><td>4
3
2
1</td><td colspan="3">Grundschule</td></tr>
</table>

2. Konzept der Förderstufe

Das Dritte Gesetz zur Änderung des Schulgesetzes des Landes Sachsen-Anhalt vom 7. Dezember 1995 hat die Grundlage für die flächendeckende Einführung der Förderstufe geschaffen. Danach werden die Schuljahrgänge 5 und 6 schulorganisatorisch an der Sekundarschule bzw. Gesamtschule geführt. Weiter bestimmt das Gesetz, die Klassenverbände der Grundschule geschlossen fortzuführen. Die Zeit des gemeinsamen Lernens wird damit über die Primarstufe hinaus um zwei weitere Jahre verlängert. Dadurch ist eine wesentliche Voraussetzung für einen harmonischen Übergang von einer Schulform in eine andere gegeben.

Die Schuljahrgänge der Förderstufe sind das Bindeglied zwischen der Primarstufe und den weiterführenden Schulformen bzw. Bildungsgängen der Sekundarstufe I. Der Unterricht in der Förderstufe knüpft an das ganzheitliche, handlungsorientierte und fächerübergreifende Lernen in der Grundschule an, führt die Schülerinnen und Schüler an neue Lerninhalte und Arbeitsweisen heran und bereitet sie auf die höheren Anforderungen des Unterrichts in den weiterführenden Schuljahrgängen der Sekundarschule, der Gesamtschule und des Gymnasiums vor. Dazu soll der Unterricht in der Förderstufe den unterschiedlichen Lernvoraussetzungen der Schülerinnen und Schüler Rechnung tragen und sie in ihren individuellen Begabungen, Interessen und Neigungen durch gemeinsames Lernen im binnendifferenzierten Klassenunterricht sowie durch neigungsdifferenzierten wahlobligatorischen Unterricht in geschlechtsheterogenen und -homogenen Lerngruppen fördern.

Ein wichtiger Bestandteil der pädagogischen Arbeit in der Förderstufe ist das soziale Lernen. Miteinander und voneinander lernen ist ein bewußt zu planender Prozeß. Verantwortung füreinander tragen, Konflikte aushalten und lösen können, sich für andere engagieren und miteinander zurechtkommen sind wichtige soziale Fähigkeiten, die auf das spätere Leben vorbereiten.

2.1 Organisation und Gestaltung des Unterrichtsprozesses

2.1.1 Stundentafel

In der Förderstufe wird nach einer Stundentafel (*s. Tabelle 3*) unterrichtet, die sowohl traditionelle als auch innovative Elemente enthält. Der Wechsel zwischen traditionellen Arbeitsweisen und Formen der Öffnung von Unterricht, z.B. Wochenplan-, Frei- und Projektarbeit, trägt in besonderem Maße dazu bei, verschiedene Formen fächerübergreifenden und fächerverbindenden Unterrichts zu praktizieren.

Tab. 3: Stundentafel für die Förderstufe, gültig ab 1. 8. 1997

Stundenzahl im Schuljahrgang	5		6	
Deutsch	5		5	
Englisch	4		4	
Mathematik	5		4	
Biologie	2		1	} + P[2]
Physik	0		2	
Geographie } Geschichte	2[1]	+ P[2]	3[1]	
Ethikunterricht/ Religionsunterricht	2		2	
Musik } Kunsterziehung } Werkunterricht	3[1]	+ P[2]	3[1]	+ P[2] [3]
Sport	3		3	
wahlobligatorischer Unterricht	2		2	
Verfügungsstunde	1		1	
Pflichtstundenzahl	29		30	

[1] Bei Epochalunterricht ist zu sichern, daß die Stundenanteile der Einzelfächer insgesamt über beide Schuljahre annähernd gleich sind.
[2] Durchführung einer Projektwoche nach den Vorgaben der entsprechenden Broschüre der Reihe „Richtlinien, Grundsätze und Anregungen für die Schulpraxis“.
[3] Die Projektwoche ist vorrangig dem Werkunterricht zuzuordnen.

2.1.2 Alternative Stundentafel

Um die Schulen in Sachsen-Anhalt zu ermutigen, zur Gestaltung der eigenen schulischen Arbeit auch fächerübergreifendes Lernen zu organisieren, bietet das Kultusministerium die Möglichkeit an, in der Förderstufe eine alternative Stundentafel (s. Tabelle 4) modellhaft zu erproben. Damit wird das Lernen in fächerverbindend-integrativen Lernbereichen dem fachbezogenen Lernen gegenübergestellt und die Bedeutung einer wechselseitigen Ergänzung beider Organisationsformen des Lernens betont.

Die Arbeit mit der alternativen Stundentafel bedarf der Genehmigung durch das Kultusministerium. Die Genehmigung erfolgt auf Antrag und gilt für die genehmigten Klassen jeweils im 5. und 6. Schuljahrgang.

Tab. 4: Alternative Stundentafel
für die Förderstufe (gültig ab 1.8.1997)

Stundenzahl	5	6
A. Fachunterricht		
Deutsch	5	5
Englisch	4	4
Mathematik	5	4
Ethik/Religionsunterricht	1	1
Sport [1]	2	2
B. Themenbezogener Unterricht in den Lernbereichen		
Naturwissenschaften-Technik[2]	3	4
Musisch-kulturelle Bildung	2	3
Gesellschaftswissenschaften	3	3
C. Wahlobligatorischer Unterricht	3	3
D. Verfügungsstunde	1	1
Pflichtstundenzahl	29	30

1) Die dritte Sportstunde soll im Bereich "Wahlobligatorischer Unterricht" oder durch Teilnahme an einer AG "Sport in Schule und Verein" realisiert werden.
2) Technik orientiert sich an den Inhalten des Werkunterrichts.

2.2 Öffnung von Unterricht

Der Unterricht ist so anzulegen, daß die Schülerinnen und Schüler zunehmend Fähigkeiten und Fertigkeiten erwerben, die zu selbständigem und kooperativem Arbeiten führen. Die aus der Öffnung des Unterrichts notwendig werdenden besonderen Unterrichts- und Sozialformen erfordern, daß die Schülerinnen und Schüler in zunehmendem Maße an der Unterrichtsplanung und -gestaltung beteiligt werden. Das Schaffen von Situationen, in denen sie eigene Entscheidungen treffen müssen und individuelle Interessen entfalten können, sowie das Einschätzen der eigenen Leistungsfähigkeit und der verantwortliche Umgang mit Material, Zeit und Personen fördern ihre Selbständigkeit im Lernprozeß.

Ein Novum des neuen Unterrichtens sind die verpflichtenden Projektwochen. Hier sind die Schülerinnen und Schüler Akteure in einer neuen Lernumwelt, in der sie Lerninhalte einzelner Fächer mit fächerübergreifenden Inhalten verbinden. Die Schulen gestalten je Schuljahrgang verpflichtend drei Projektwochen. Davon sind zwei Wochen mit Pflichtthemen sowie eine Woche mit einem Wahlpflichtthema oder mit einem frei zu wählenden Thema zu gestalten. Darüber hinaus können zusätzlich zwei Projektwochen nach freier

Themenwahl durchgeführt werden. Folgende Projektthemen stehen zur Auswahl:

a) Miteinander leben;
b) Zwischen Vergangenheit und Zukunft leben;
c) Mit Technik und Medien leben;
d) Gesundes Leben in einer gesunden Umwelt.

Das Kultusministerium hat für die Schulen zu diesen Projektthemen im Rahmen der Schriftenreihe „Grundsätze und Anregungen für den Unterricht" jeweils Broschüren mit didaktisch-methodischen Hinweisen, Materialien für die Projektarbeit, Literatur- und Medienhinweisen bereitgestellt.

2.3 Das Lernen lernen

Um die Schülerinnen und Schüler zum selbständigen Lernen zu befähigen, ist es notwendig, Verfahrenskenntnisse, besonders im Hinblick auf das geistig-schöpferische Arbeiten und den Umgang mit den entsprechenden Hilfsmitteln, zu vermitteln und Fähigkeiten zur selbständigen Aneignung und kreativen Anwendung des Wissens zu entwickeln. Dazu gehören beispielsweise die Vermittlung von Methoden und Verfahren des Lernens, die Organisation des Lernens, der Umgang mit dem Lehrbuch als Wissensspeicher sowie die Anleitung zur sinnvollen Rezeption von Rundfunk- und Fernsehsendungen. Der schon in der Grundschule verfolgte pädagogische Grundsatz, das Lernen zu lernen, erhält insbesondere in der Förderstufe für die weitere Schullaufbahn der Schülerinnen und Schüler besonderes Gewicht.

2.4 Wahlobligatorischer Unterricht

Stützkurse, Förderkurse und Neigungskurse sind Bestandteile des wahlobligatorischen Unterrichts. Seine Einrichtung und Ausgestaltung liegt in der Verantwortung der Schule. Die Schulleiterin oder der Schulleiter entscheidet nach Beratung mit den Lehrkräften über Art, Umfang, Dauer der Stütz-, Förder- oder Neigungskurse und die Teilnahme der Schülerinnen und Schüler.
Stützkurse dienen in Verbindung mit den binnendifferenzierenden Maßnahmen im Fachunterricht dem Ausgleich von Lerndefiziten, dem Heranführen an Lern- und Arbeitsmethoden, dem Trainieren von geistigen und geistig-praktischen Schülertätigkeiten sowie der individuellen Unterstützung. Die in der Klasse unterrichtenden Lehrkräfte ermitteln und setzen die Schwerpunkte sowie den zeitlichen Rahmen für die Arbeit in den Stützkursen. Eltern, Schülerinnen und Schüler sind dabei einzubeziehen. Lernfortschritte sind durch

die Klassenlehrerin oder den Klassenlehrer in Form von Lernfortschrittsberichten zu erfassen.

In Förderkursen wird ein auf den Rahmenrichtlinien basierendes Angebot mit höherem Anspruchsniveau vorgehalten. Sie dienen ebenfalls in Verbindung mit den binnendifferenzierenden Maßnahmen im Fachunterricht dem Heranführen an Lern- und Arbeitsmethoden, dem Trainieren von geistigen und geistig-praktischen Schülertätigkeiten sowie der individuellen Förderung. Die in der Klasse unterrichtenden Lehrkräfte ermitteln und setzen die Schwerpunkte sowie den zeitlichen Rahmen für die Arbeit in den Förderkursen. Sie koordinieren die Inhalte mit dem Fachunterricht, so daß es zu keinem Vorgriff auf zu behandelnde stoffliche Inhalte kommt. Ergebnisse der Förderarbeit sind ebenfalls in den Lernfortschrittsberichten zu erfassen.

In den Neigungskursen besteht die Möglichkeit, die Begabungen, Interessen und Neigungen der Schülerinnen und Schüler (handwerklich, musisch-künstlerisch, sportlich u. a.) besonders zu fördern. Die Klassenlehrerin oder der Klassenlehrer ermittelt die Interessen und Neigungen der Schülerinnen und Schüler. Die Einrichtung der entsprechenden Kurse wird nach den Möglichkeiten der Schule vorgenommen. Eltern, Schülerinnen und Schüler sind dabei einzubeziehen.

2.5 Leistungsbewertung

Aufgabe der Förderstufe ist es, die Entwicklungsmöglichkeiten aller Schülerinnen und Schüler in den verschiedenen Fächern der Stundentafel sowohl im binnendifferenzierenden Unterricht des Klassenverbandes als auch im Projektunterricht, im Epochalunterricht und in Kursen zu fördern. Sie sollen dabei zu Leistungswillen und Leistungsfähigkeit erzogen werden.

Intelligenzleistung, technische Fertigkeiten und soziales Durchsetzungsvermögen allein genügen nicht. Menschlich wertvolle und gesellschaftlich wichtige Fähigkeiten wie Phantasie, Verantwortungsgefühl, Kooperationsfähigkeit, moralische und soziale Empfindsamkeit, die in starkem Maße von der Gesellschaft gefordert werden, sind auch Leistungen, die es zu fördern gilt. Für dieses anspruchsvolle Vorhaben bilden die Schuljahrgänge 5 und 6 eine pädagogische Einheit. Um einen zu frühen und starken Leistungsdruck zu vermeiden sowie das gemeinsame Lernen fortzusetzen, unterbleibt zwischen den beiden Schuljahrgängen eine formelle Versetzung. Bei der Bildung der Zeugnisnoten soll neben den Ergebnissen punktueller kognitiver Überprüfung auch die individuelle Entwicklung von Lernen und Leistung des einzelnen Kindes anhand der Lernfortschrittsberichte Beachtung finden.

2.6 Schullaufbahnberatung

Durch die Einrichtung der Förderstufe werden die Eltern vom frühen Auswahl- und Entscheidungsdruck in der Grundschule über den zu wählenden Bildungsweg ihrer Kinder entlastet und können in Zusammenarbeit mit den Lehrkräften der Sekundarschule länger den Entwicklungsweg ihrer Kinder verfolgen und gemeinsam mit ihnen am Ende des 6. Schuljahrganges eine Schullaufbahnentscheidung treffen. Die kontinuierliche Beratung der Schülerinnen und Schüler sowie deren Eltern liegt in der pädagogischen Verantwortung der Schule. Eine wesentliche Grundlage dafür sind neben den Zeugnisnoten die Lernfortschrittsberichte, die Aussagen zur Persönlichkeitsentwicklung, zum allgemeinen Lernverhalten, zur Lernbereitschaft sowie zum Individual- und Sozialverhalten der Schülerinnen und Schüler treffen.

2.7 Verfügungsstunde

Klassenlehrerinnen und Klassenlehrer erhalten im Rahmen ihrer Pflichtstundenzahl eine Verfügungsstunde. Sie dient vor allem einer zusätzlichen pädagogischen und sozialen Betreuung der Schülerinnen und Schüler, aber auch der Bewältigung von in der Klasse auftretenden Fragen und Konflikten, der individuellen Beratung und Betreuung der Schülerinnen und Schüler sowie der Planung, Vor- und Nachbereitung besonderer Vorhaben der Klasse.

3. Konzept des Sekundarschulbildungsganges

Das Vierte Gesetz zur Änderung des Schulgesetzes des Landes Sachsen-Anhalt vom 21. 06. 1996 beinhaltet die Aufhebung der Trennung des Hauptschulbildungsganges und des Realschulbildungsganges sowie die zehnjährige Vollzeitschulpflicht. Diese Änderungen und Neuerungen für die Schuljahrgänge 7 bis 10 dienen dem Ziel, daß noch mehr Schülerinnen und Schüler gemäß ihren Neigungen und Fähigkeiten gefördert werden können und einen ihren Leistungen entsprechenden Schulabschluß erhalten. Sie sollen dazu beitragen, eine neue Sekundarschule zu schaffen, die alle Schülerinnen und Schüler auf ein lebenslanges Lernen vorbereitet, damit sie ihren Platz in der Gesellschaft finden.

3.1 Fachleistungsdifferenzierung

Für den Sekundarschulbildungsgang ist aufgrund der Aufhebung der Trennung der Bildungsgänge eine weitere Rahmenbedingung zu berücksichtigen. Sie ergibt sich aus der „Vereinbarung der Kultusminister über die Schularten und Bildungsgänge im Sekundarbereich I“ vom 3.12. 1993. Danach muß in einem integrativen System der Unterricht in einem Teil der Fächer leistungsdifferenziert auf mindestens zwei lehrplanbezogenen Anspruchsebenen erteilt werden. In der neuen Sekundarschule sind das ab Schuljahr 1999/2000 vom 7. Schuljahrgang an die Fächer Mathematik und Englisch sowie zusätzlich die Fächer Deutsch und Physik vom 9. Schuljahrgang an mit zwei unterschiedlichen Anspruchsebenen (A-Kurse, B-Kurse). Das A-Kursniveau orientiert sich an den Anforderungen des Mittleren Schulabschlusses, der in Sachsen-Anhalt die Bezeichnung „Sekundarabschluß I – Fachoberschulreife“ erhält.

Die Kurszuweisung zu Beginn des 7. Schuljahrganges in den Fächern Mathematik und Englisch erfolgt entsprechend der Wahl der Erziehungsberechtigten nach Beratung durch die Schule. Über die Zuweisung zu Beginn des 9. Schuljahrganges in den Fächern Deutsch und Physik entscheidet die Klassenkonferenz auf der Grundlage der gezeigten Leistungen. Je nach Leistungsstand können zu bestimmten Zeitpunkten Umstufungen zwischen A-Kursen und B-Kursen ebenfalls durch die Klassenkonferenz vorgenommen werden.

3.2 Rahmenrichtlinien

Der Einführung des Sekundarschulbildungsganges im Schuljahr 1999/2000 geht eine gründliche Vorbereitung voraus. Seit nunmehr über einem Jahr arbeiten am Landesinstitut für Lehrerfortbildung, Lehrerweiterbildung und Unterrichtsforschung von Sachsen-Anhalt (LISA) Kommissionen zur Entwicklung der neuen Rahmenrichtlinien (RRL). Dabei hat es sich als günstig erwiesen, daß jeweils eine Fachkommission sowohl die RRL für die Sekundarschule als auch die für das Gymnasium erarbeitet. Die Entwürfe werden ein Jahr vor Einführung, also ab September 1998, vorliegen. In entsprechenden Kursen und Einzelveranstaltungen des LISA werden Fachbetreuerinnen und Fachbetreuer sowie Fachmoderatorinnen und Fachmoderatoren die neuen RRL kennenlernen, diskutieren und besondere Schwerpunkte, wie z. B. das fächerübergreifende und fächerverbindende Arbeiten, unterrichtliche Differenzierung und Öffnung von Unterricht, selbsttätig für die regionale Fortbildung aufbereiten. Damit erhalten viele Kolleginnen und Kollegen Gelegenheit zur Einflußnahme noch vor dem Inkrafttreten der RRL.

3.3 Stundentafel

Mit der Stundentafel für den Sekundarschulbildungsgang (s. Tabelle 5) wird die Stundenzahl für Deutsch im 9. Schuljahrgang und für Mathematik im 10. Schuljahrgang um eine Stunde erhöht. Damit soll für die Schülerinnen und Schüler eine Verbesserung der basalen Fähigkeiten und Fertigkeiten in diesen Fächern erreicht werden. Das Fach Physik, das für die Berufsvorbereitung und Berufswahl der Absolventen der Sekundarschule mit einem Mittleren Schulabschluß einen gewissen Vorzug im Kanon der naturwissenschaftlichen Fächer besitzt, erhält im 8. Schuljahrgang eine Stunde mehr.

Tab. 5: Stundentafel für den Sekundarschulbildungsgang, gültig ab 1. 8. 1999

Stundenzahl im Schuljahrgang	7	8	9	10
Deutsch	4	4	4	3
Englisch	4	3	3	3
Mathematik	4	4	4	4
Physik	2	2	2	2
Biologie	1	1	2	2
Chemie	1	2	2	1
Geographie	1	1	2	1
Geschichte	2	1	2	1
Sozialkunde	0	1	1	2
Astronomie	0	0	0	1
Ethikunterricht/Religionsunterricht	2[1]	2[1]	2[1]	2[1]
Lernbereich Wirtschaft-Technik, Hauswirtschaft	3[2]	3[2]	2[2]	2[2]
Musik } Kunsterziehung	2	3	2	2
Sport	2	2	2	2
Wahlpflichtkurse	2/4	2/4	1/3	1/3
davon				
- thematische Angebote	2	2	1	1
- zweite Fremdsprache	4	4	3	3
Pflichtstundenzahl	30/32	31/33	31/33	29/31
Wahlfreie Kurse	Schulkontingent			

[1] Gemäß Nr. 3.1. 2. des RdErl. des MK vom 17. 6. 1998 (SVBL. LSA S. 215) wird der Unterricht vorübergehend mit einer Wochenstunde erteilt.

[2] Stundenaufteilung für den Lernbereich Wirtschaft-Technik; Hauswirtschaft:
7. Schuljahrgang: 0 - 2 ; 1 — 9. Schuljahrgang: 1 - 0,5 ; 0,5
8. Schuljahrgang: 1 - 1 ; 1 — 10. Schuljahrgang: 1 - 0,5 ; 0,5

3.4 Neue Unterrichtsformen

Im Sekundarschulbildungsgang wird der Unterricht sowohl binnendifferenziert im Klassenverband als auch fachleistungs- und neigungsdifferenziert in Lerngruppen erteilt.
Neben den traditionellen Arbeitsweisen sollen die Schülerinnen und Schüler mit den in der Förderstufe vertraut gemachten Formen der Öffnung von Unterricht in höherem Maße zu selbstverantwortetem, selbstbestimmtem, kooperativem und ganzheitlichem Lernen befähigt werden. Dabei sind neben der Ausbildung von Fachkompetenz der Methoden- und der Sozialkompetenz große Aufmerksamkeit zu schenken. Das Prinzip des Fachunterrichts wird fortgesetzt und durch einen neugestalteten Wahlpflichtbereich ergänzt. Er sieht neben der zweiten Fremdsprache (Russisch, Französisch) folgende Wahlpflichtkurse vor:

a) Planen, Bauen und Gestalten (ab 7. Schuljahrgang);
b) Angewandte Naturwissenschaften (ab 7. Schuljahrgang);
c) Moderne Medienwelten (ab 7. Schuljahrgang);
d) Rechtskunde (ab 9. Schuljahrgang);
e) Kultur und Künste (ab 9. Schuljahrgang).

Hier wird den Schülerinnen und Schülern die Möglichkeit geboten, entsprechend ihren Interessen und Bedürfnissen die im Fachunterricht erworbenen Kenntnisse und Fähigkeiten zu vertiefen und zu erweitern. Der Unterricht in diesen Wahlpflichtkursen wird nach inhaltlichen Vorgaben des Kultusministeriums erteilt. Darüber hinaus erhält die Schule die Möglichkeit, ein eigenes Wahlpflichtangebot entsprechend dem Profil der Schule vorzuhalten. Dafür muß ein Konzept der Schule zur Bestätigung beim Staatlichen Schulamt eingereicht werden.

Gemäß der Stundentafel werden die Wahlpflichtkurse außer in der zweiten Fremdsprache im 7. und 8. Schuljahrgang zweistündig und ab 9. Schuljahrgang einstündig angeboten. Die Belegung eines Wahlpflichtkurses ist in der Regel für zwei Schuljahre verbindlich. Ab 9. Schuljahrgang wird auch den Schülerinnen und Schülern, die die zweite Fremdsprache belegen, eingeräumt, zusätzlich einen einstündigen Wahlpflichtkurs zu wählen. Jede Schülerin oder jeder Schüler entscheidet sich mit Zustimmung der Erziehungsberechtigten für einen Wahlpflichtkurs, der an der Schule angeboten wird. Die Leistungen im Wahlpflichtkurs werden benotet. Sie sind versetzungs- und abschlußrelevant.

Mit der Einrichtung des Lernbereiches „Wirtschaft-Technik, Hauswirtschaft“, der als fächerverbindend-additiver Lernbereich konzipiert ist, erhält die neue Sekundarschule ein profilbestimmendes Unterrichtsangebot, das mit insgesamt zehn Wochenstunden vom 7. bis 10. Schuljahrgang vorgehalten wird. Dadurch sollte es gelingen, noch tiefer und umfänglicher technische, ökonomische und ökologische Bildung zu vermitteln. Darüber hinaus wird durch diesen Lernbereich in Verbindung mit den Schülerbetriebspraktika im 9. und 10. Schuljahrgang sowie einem verbindlichen Projekt im 8. Schuljahrgang „Betriebs- und Arbeitsplatzerkundung, Berufsorientierung, Berufsberatung, Berufsfindung" die Vorbereitung auf die Berufsausbildung und das Berufsleben auf eine neue Stufe gehoben. Neben diesem für alle Sekundarschulen verbindlichen fächerverbindenden Unterricht kann jede Schule in eigener pädagogischer Verantwortung Lernbereiche auf unterschiedlichen Intensitätsstufen einrichten, um durch das fächerübergreifende Lernen neue Arbeits-, Sozial- und Lernformen über die traditionellen Fachgrenzen hinaus zu praktizieren. Folgende Möglichkeiten bieten sich dafür an:

a) Fächerübergreifende Unterrichtssequenzen in Projektform;
b) Gestaltung außerunterrichtlicher Bildungs- und Freizeitangebote mit fächerintegrativen Themen;
c) Fächerintegrative Angebote im Rahmen wahlfreier Kurse;
d) Einrichtung eines Lernbereichs für bestimmte Fächerkombinationen, z.B. Biologie/Sozialkunde.

3.5 Wahlfreie Kurse

Stützkurse und Neigungskurse im Sekundarschulbildungsgang sind Bestandteile der wahlfreien Kurse. Stützkurse dienen dem Ausgleich von Lerndefiziten, dem Heranführen an Lern- und Arbeitsmethoden, dem Trainieren von geistigen und geistig-praktischen Schülertätigkeiten sowie der individuellen Unterstützung. In Neigungskursen besteht die Möglichkeit, die Interessen und Neigungen der Schülerinnen und Schüler zu fördern. Die Schulleiterin oder der Schulleiter entscheidet nach Beratung mit den Lehrkräften über Art, Umfang und Dauer der wahlfreien Kurse. Über die Teilnahme der Schülerinnen und Schüler an Stützkursen berät die Klassenkonferenz.

3.6 Abschlüsse

Gemäß § 5 Abs. 4 des Schulgesetzes des Landes Sachsen-Anhalt werden die Schülerinnen und Schüler, die ab Schuljahr 1999/2000 den 7. Schuljahrgang der Sekundarschule besuchen, mit dem Ziel unterrichtet, mit dem Abschluß des 10. Schuljahrganges einen Mittleren Schulabschluß zu erwerben. Zum Erwerb dieses Abschlusses ist die Teilnahme an einer Abschlußprüfung erforderlich. In der Sekundarschule werden folgende Abschlüsse vergeben:

1. *Berufsbildungsreife*
   Diesen Abschluß erwirbt, wer den 9. Schuljahrgang mit Erfolg absolviert hat.

2. *Sekundarabschluß I – Erweiterte Berufsbildungsreife*
   Diesen Abschluß erwirbt, wer am Ende des 10. Schuljahrganges mindestens ausreichende Leistungen in allen Pflichtfächern nachweist.

3. *Sekundarabschluß I – Fachoberschulreife*
   Die Qualität dieses Abschlusses basiert auf der Fachleistungsdifferenzierung in Mathematik, Englisch, Deutsch und Physik. Diesen Abschluß erwirbt, wer nach Teilnahme an der Abschlußprüfung im 10. Schuljahrgang in mindestens zwei dieser Fächer im höheren Anspruchsniveau (A-Kurs) ausreichende Leistungen erreicht, in den beiden anderen Fächern im niedrigeren Anspruchsniveau (B-Kurs) mindestens befriedigende Leistungen und in den abschlußrelevanten Fächern ohne Fachleistungsdifferenzierung in zwei Fächern mindestens befriedigende sowie ansonsten mindestens ausreichende Leistungen nachweist. Die Berechtigung zum Besuch der gymnasialen Oberstufe erwirbt, wer mindestens drei Fächer der Fachleistungsdifferenzierung mit höherem Anspruchsniveau belegt hat und darin im Durchschnitt befriedigende Leistungen erreicht, in den anderen abschlußrelevanten Fächern ohne Fachleistungsdifferenzierung ebenso im Durchschnitt befriedigende Leistungen sowie ansonsten mindestens gute Leistungen in dem Fach im niedrigeren Anspruchsniveau nachweist. Die Frage eines möglichen Ausgleichs nicht ausreichender Leistungen durch gute und befriedigende Leistungen wird in den entsprechenden Verordnungen geregelt.

Künftig können wie bisher die Schülerinnen und Schüler der Sekundarschule auch nach dem 9. Schuljahrgang die Schule verlassen, um in ein Berufsgrundbildungsjahr, ein Berufsvorbereitungsjahr oder in eine Ausbildung im Rahmen der Berufsausbildung einzutreten. Sie erfüllen damit die zehnjährige Vollzeitschulpflicht.

4. Schule als Lebens- und Erfahrungsraum

Bei der Gestaltung von Schule muß immer wieder geprüft werden, ob sie in ihrer Struktur, in ihren Lehrplänen und vor allem in ihrer täglichen Praxis den Kindern und Jugendlichen gerecht wird. Lebens- und Erziehungswirklichkeiten der Heranwachsenden, die sozial bedingten unterschiedlichen Ausgangsvoraussetzungen und deren Beeinflussung durch die komplexe, von vielen Widersprüchen, starken externen Reizen sowie die oft von angsterzeugenden Anforderungen geprägte Umwelt dürfen nicht aus der Schule ausgeblendet werden. Vielmehr muß die Schule als Lebens- und Erfahrungsraum eingerichtet werden, in die die Kinder und Jugendlichen gern gehen, weil etwas beachtet und gelernt wird, was mit ihrem Leben zu tun hat und ihnen Orientierungen für diese Welt gibt. Schule darf deshalb nicht nur Lern-, sondern sie muß auch Lebens- und Begegnungsort sein, an dem die Schülerinnen und Schüler durch Angebote besonders in der unterrichtsfreien Zeit ihren individuellen Interessen und Neigungen nachgehen können und ihre Freizeit sinnvoll gestalten. Zur Schule als Lebens- und Erfahrungsraum gehört auch, daß sich die Schülerinnen und Schüler zwanglos oder vereinbart mit Mitschülerinnen und Mitschülern aus der eigenen Schule sowie aus anderen Schulen, aber auch mit Lehrerinnen und Lehrern bzw. mit Erwachsenen treffen, um soziale Kontakte knüpfen und pflegen zu können.

Durch das Schulgesetz des Landes Sachsen-Anhalt wird dieser bedeutsamen Aufgabe u. a. Rechnung getragen, indem schulische Angebote außerhalb des Unterrichts und die Einrichtung von Ganztagsschulen ermöglicht werden. Die Sekundarschule in Sachsen-Anhalt soll durch die Gesamtheit der Maßnahmen ihrer Neugestaltung zu einer Schule werden, in der in höherem Maße als bisher die Entwicklung der Fähigkeiten zum lebenslangen Lernen, zum solidarischen Handeln und zur Übernahme von Verantwortung Berücksichtigung finden.

Übersicht: Abschlüsse und Berechtigungen der Sekundarschule

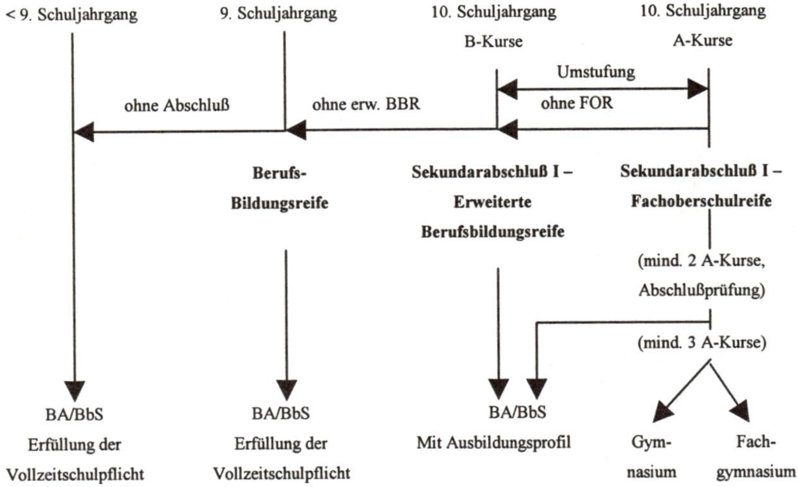

BA: Berufsausbildung; BbS: Berufsbildende Schulen; BBR: Berufsbildungsreife; FOR: Fachoberschulreife

Marita Leonhardt-Runck / Dorit Stenke

Die Mittelschule in Sachsen – eine entwicklungsoffene Schulart[1]

In Sachsen wurde mit dem Schulgesetz vom Juli 1991 ein zweigliedriges allgemeinbildendes Schulsystem eingeführt: Es gibt keine eigenständige Form der Haupt- und Realschule und im Gegensatz zu Thüringen und Sachsen-Anhalt, auf deren Schulgesetze das ebenfalls zutrifft, auch keine Gesamtschule. In Sachsen wurde also die Zweigliedrigkeit am konsequentesten realisiert. Damit stand besonders die neue Schulart Mittelschule unter einem starken Legitimationsdruck. Sowohl von Vertretern des Gesamtschulsystems als auch von Anhängern des dreigliedrigen Schulsystems wurde die Zukunftsfähigkeit dieser Schulart in Frage gestellt und u. a. eine dramatische Zunahme der Übergangsquoten zum Gymnasium vorausgesagt. Darüber hinaus wurde von der einen Seite behauptet, daß dieses Modell die Chancengleichheit einschränke und soziale Integration verhindere, während die andere Seite das Ende einer leistungs- und begabungsgerechten Ausbildung prognostizierte.

Die schulpraktische Umsetzung war eingebettet in tiefgreifende gesellschaftliche Veränderungen, die auf der bildungspolitischen Ebene, ausgehend von einem demokratischen Bildungs- und Erziehungsauftrag, mit einer strukturellen und personellen Neuordnung des Schulwesens, mit neuen Lehrplänen und Stundentafeln sowie einer neuen Schulnetzplanung verbunden war. Eine Möglichkeit, diesen komplexen Prozeß zu begleiten und zu unterstützen, stellten Modellversuche zur Mittelschule dar, die auch im Sinne einer fortschreibenden Bestandsaufnahme für den Prozeß der Einführung, Etablierung und Weiterentwicklung der neuen Schulart Mittelschule genutzt wurden.

Im siebten Jahr des neuen Schulsystems läßt sich feststellen: Die differenzierte Mittelschule hat sich bewährt und wird von Eltern, Schülern und der Wirtschaft gleichermaßen anerkannt. So stieg entgegen mancher Prognosen der Übergang von der Grundschule zur Mittelschule von anfangs 60% auf etwa 70% im Schuljahr 1997/98.

Durch zentrale Abschlußprüfungen (für den qualifizierenden Hauptschulabschluß und den Realschulabschluß) legt die Mittelschule ihre Standards offen und gewährleistet sie die Niveausicherung der Abschlüsse. Das wiederum eröffnet Freiheitsgrade für unterrichtsorganisatorische und methodisch-didaktische Gestaltungsmöglichkeiten an der einzelnen Schule.

---

1 (Eine erste Fassung dieses Textes erschien in PÄDForum 2/1998, S. 112-119).

Die im Schulgesetz ausgewiesene Grundkonzeption der Mittelschule, die vor allem durch die neuen Gestaltungsaufgaben – abschluß- und leistungsbezogene Differenzierung und die Profilausbildung – gekennzeichnet ist, wurde durch die Entwicklung bestätigt, was sich nicht zuletzt auch in den Ergebnissen der Modellversuche widerspiegelt. Das Mittelschulkonzept bietet gute Voraussetzungen, Leistungsfähigkeit und Leistungsbereitschaft der Schüler über ein ausgewogenes Verhältnis von Differenzierung und Integration herauszufordern sowie auf neue gesellschaftliche Veränderungen flexibel zu reagieren.

Die Mittelschule – eine differenzierte Schulart

Vor dem Hintergrund der bildungspolitischen Entscheidung für ein zweigliedriges Schulwesen gilt die Differenzierung bei der Entwicklung der Mittelschule nicht nur als organisatorische Binnenstruktur, sondern auch als pädagogische Leitidee und bestimmt maßgeblich die Gestaltung dieser neuen Schulart, zu der das Schulgesetz die folgende Aussage trifft:

„§ 6 Mittelschule

(1) Die Mittelschule ist eine differenzierte Schulart. Sie vermittelt eine allgemeine und berufsvorbereitende Bildung und schafft Voraussetzungen für eine berufliche Qualifizierung.

(2) Die Mittelschule umfaßt die Klassen 5 bis 10. Die Klassen 5 und 6 haben Orientierungsfunktion.

Ab Klasse 7 beginnt eine auf Abschlüsse und Leistungsentwicklung bezogene Differenzierung.

Die Schüler erwerben mit dem erfolgreichen Besuch der Klasse 9 den Hauptschulabschluß und können durch eine besondere Leistungsfeststellung den qualifizierenden Hauptschulabschluß erwerben. Mit erfolgreichem Besuch der Klasse 10 und bestandener Abschlußprüfung wird der Realschulabschluß, der beruflich orientiert sein kann, erworben.“

Im Schulgesetz ist demnach für alle Mittelschulen verbindlich festgeschrieben:

- Differenzierung beginnt ab Klassenstufe 7;
- Differenzierung bezieht sich auf Abschlüsse und Leistungsentwicklung.

Drei Abschlüsse können durch unterschiedliche Leistungsnachweise der Schüler erworben werden:

- Hauptschulabschluß: erfolgreicher Besuch der Klasse 9;
- Qualifizierender Hauptschulabschluß: erfolgreicher Besuch der Klasse 9 und besondere Leistungsfeststellung;

- Realschulabschluß: erfolgreicher Besuch der Klasse 10 und bestandene Abschlußprüfung.

Die unterrichtspraktische Umsetzung der Differenzierung regelt der § 9 Abs. 2 und 3 der Schulordnung Mittelschulen (SOMI):

„(2) Ab Klasse 7 erfolgt die auf den Hauptschulabschluß oder den Realschulabschluß bezogene äußere Differenzierung in den Fächern Deutsch, Mathematik, erste Fremdsprache, Physik und Chemie. Diese Differenzierung kann in Gruppen oder ganzen Klassen erfolgen. In allen anderen Fächern erfolgt der Pflichtunterricht in der Regel im Klassenverband.
(3) Die Einrichtung von Gruppen oder Klassen richtet sich nach den pädagogischen, personellen, räumlichen und organisatorischen Gegebenheiten an der jeweiligen Schule.

Wesentlich am Schulgesetz ist die grundsätzliche Entscheidung für eine auf Abschlüsse und Leistungsentwicklung bezogene Differenzierung. Der Abschlußsicherung wurde gerade mit Blick auf die Anerkennung der Mittelschule von Beginn an große Aufmerksamkeit geschenkt. Dies spiegelt sich auch in der mehr Fächer umfassenden und früher einsetzenden äußeren Differenzierung wider, als dies in der Kultusministerkonferenz – „Vereinbarung über die Schularten und Bildungsgänge im Sekundarbereich I" – festgelegt ist. So werden in der Mittelschule fünf statt vier Fächer differenziert unterrichtet – neben Deutsch, Mathematik und 1. Fremdsprache auch Chemie und Physik. Außerdem setzt die Differenzierung für alle Fächer früher ein. Deutsch, Mathematik, 1. Fremdsprache und Physik werden ab der Klassenstufe 7 und Chemie ab der Klassenstufe 8 differenziert unterrichtet.

Eine auf die Leistungsentwicklung bezogene Differenzierung, wie sie das Schulgesetz auch fordert, stellt hohe Ansprüche an die Didaktik und Methodik des Unterrichtens, erfordert ein stärkeres Eingehen auf den einzelnen Schüler – Aspekte, die sich in Zeiten eines größeren Strukturwandels erst allmählich entwickeln können.

Mit der Mittelschule wurde die Entscheidung für ein flexibles Differenzierungskonzept getroffen, welches der einzelnen Schule Gestaltungsmöglichkeiten eröffnet. Diese wahrzunehmen ist ein eher langfristiger Prozeß, weil sie eng mit der Entwicklung des pädagogischen Selbstverständnisses der Schulen zusammenhängt. Die Gestaltung der Differenzierung stellt für die tägliche Unterrichtspraxis eine große Herausforderung dar, auch wenn dies zunächst nicht so erwartet wurde.

Auch an den Mittelschulen stand die für die Sekundarstufe I neue Abschlußdifferenzierung im Vordergrund. Abschlußbezogene Klassenbildung war an der überwiegenden Mehrzahl der Schulen die anzutreffende Organisationsform der Differenzierung. Von der Möglichkeit, abschlußbezogene Gruppen in den Differenzierungsfächern einzurichten und alle anderen Fächer im Klassenverband zu unterrichten, wurde nur in 20% der Schulen Gebrauch gemacht. Als ein Grund dafür wurden von den Schulen in erster Linie schulorganisatorische Rahmenbedingungen genannt. Pädagogische Begründungen, wie sie in der Schulordnung vorgesehen sind, wurden in der Schulpraxis für die Gestaltung der Bildungsgänge selten angeführt.

Diese Differenzierungspraxis stellte vor allem Lehrer, die in Klassen unterrichteten, die zum Hauptschulabschluß führen, vor neue pädagogische und methodische Anforderungen. In diesen Klassen waren vor allem in den Anfangsjahren Schüler mit Lernschwierigkeiten und geringer Schul- und Leistungsmotivation überrepräsentiert. So konnte in diesen Klassen mitunter eine faktische Differenzierung des gesamten Fächerkanons beobachtet werden, obwohl das Mittelschulkonzept und die dazugehörigen Lehrpläne das nicht vorsehen und dadurch die in der Mittelschulordnung für die Klassenstufen 7 und 8 vorgesehenen Wechselmöglichkeiten zwischen den Bildungsgängen eingeschränkt werden könnten. Diese Situation führte zu einer erhöhten Fortbildungsnachfrage für differenzierte Unterrichtskonzepte.

Unabhängig vom tatsächlichen Leistungsniveau des Schülers wird der Hauptschulbildungsgang von den Eltern in der Regel weniger akzeptiert – dies entspricht dem allgemeinen Trend der bundesweit geringen Nachfrage nach einem Hauptschulabschluß von Seiten der Eltern. Hier müssen Bildungsberatung und die Erfahrungen in der schulischen Realität den Eltern noch stärker verdeutlichen, daß individuelle Bildungsentscheidungen bei entsprechender Leistungsentwicklung korrigierbar und ausbaufähig sind.

Die Diskussion und Auseinandersetzung zur mittelschulspezifischen Differenzierung war bisher noch sehr auf schul- und unterrichtsorganisatorische Bereiche begrenzt. Eine pädagogisch und didaktisch begründete Auseinandersetzung erfolgte vor allem in Zusammenhang mit Problemkonzentrationen (Überlagerung von Leistungs- und Sozialverhalten) in Klassen mit Schülern, die den Unterricht mit dem Ziel des Hauptschulabschlusses besuchen. So wird dem Prozeß der Leistungsentwicklung als einem der Abschlußsicherung gleichwertigen und für die optimale Förderung eines jeden sehr wesentlichen Differenzierungsbezug künftig mehr Aufmerksamkeit geschenkt werden, sowohl auf methodischer als auch unterrichtsorganisatorischer Ebene.

Konzept und Praxis des Profilunterrichtes

Ein zentraler Aspekt für die Gestaltung der Mittelschule sind die Profile. Für die Einrichtung der Profile an Mittelschulen findet sich im Schulgesetz eine offene Formulierung:

„Schulgesetz § 6 (3).
An der Mittelschule können besondere Profile (z. B. sprachliche, mathematisch-naturwissenschaftliche, musische, technische, sportliche) eingerichtet werden."

Bei dem Begriff „Profil" handelt es sich nicht um einen festen pädagogischen Terminus wie bei dem der „Differenzierung". Es liegt hier vielmehr eine sächsische Eigenbezeichnung für einen Bereich vor, der in den meisten anderen Bundesländern unter dem Begriff Wahlpflichtbereich gefaßt wird.

Mit Einführung der Mittelschule wurden den Schulen zunächst vier Profile zur Einrichtung angeboten, aus der jede Schule mindestens zwei wählen konnte: das technische, das wirtschaftliche, das sozial-hauswirtschaftliche und das sprachliche Profil. Bereits im darauffolgenden Schuljahr kam das musische Profil hinzu, gefolgt vom sportlichen Profil. Die Schulen sahen in den Profilen von Anfang an einen Bereich, in dem sich regionale Besonderheiten und schulspezifische Möglichkeiten schulpraktisch entfalten können. Die Wahlmöglichkeiten für Schüler sind insofern eingeschränkt, als daß Schüler, die den Hauptschulabschluß anstreben, das wirtschaftliche und das sprachliche Profil nicht wählen können.

Im Hinblick auf die Veränderungen auf dem Arbeitsmarkt und die gesellschaftlichen Entwicklungen lassen sich für die Ausgestaltung des Bildungsangebotes an der Mittelschule, vor allem für die Anlage der Profile, folgende Feststellungen treffen:

Eine Vorwegnahme beruflicher Richtungsentscheidungen, wie sie zum Teil in die Profile hineininterpretiert wurde, ist angesichts der wirtschaftlichen Entwicklung wenig sinnvoll. Die scharfe Trennung und einseitige inhaltliche Ausrichtung der Profile in einen technischen, wirtschaftlichen und sozial-hauswirtschaftlichen Bereich entspricht nicht mehr den Entwicklungen auf dem Ausbildungs- und Erwerbsarbeitsmarkt. Die derzeit prognostizierten Entwicklungen der Erwerbsgesellschaft und die Veränderungen der beruflichen Perspektiven gerade auch für die Absolventen der Mittelschule erfordern einen komplexeren Ansatz des Profilunterrichtes. Damit zusammenhängend ist der diesen drei Profilen zugrundeliegende – an Einzelwissenschaften orientierte – Ansatz nicht mehr zeitgemäß, läßt teilweise einen unkritischen Umgang mit Arbeitslehrekonzepten sowie der polytechnischen Bildung erkennen und kann dadurch eine zukunftsbezogene Ausbildung der Mittelschüler nicht mehr gewährleisten. Es ist vielmehr notwendig, daß allen Schülern fundiertes Wissen über wirtschaftliche Zusammenhänge vermittelt wird, alle Schüler Grundkenntnisse im Bereich der sozialen Lebensgestaltung erwerben und sich mit den Anforderungen des zukünftigen Arbeitslebens auseinandersetzen. Auch die Loslösung des musischen Profils von diesen Inhalten wird heute für die Mittelschule insgesamt als wenig günstig angesehen.

Durch die Anzahl der Profile insgesamt und das von Schule zu Schule unterschiedliche Profilangebot wird ein Schulwechsel von Mittelschülern erschwert. Die frühzeitige und vor allem endgültige Fixierung der Schüler auf ein Profilfach (ein Profilwechsel ist derzeit nur in Ausnahmefällen vorgesehen) war bei dem sehr spezialisierten inhaltlichen Zuschnitt der Einzelprofile gerade für die angestrebte vorberufliche Orientierung eher ungünstig. Zudem schließen die Lehrpläne in ihrem Aufbau einen Wechsel des Profilfaches nahezu aus.

Die Profile leisten zwar einen bedeutenden Beitrag zum handlungs- bzw. praxisorientierten Lernen und zur Vermittlung von berufsorientierender Bildung an der Mittelschule. In der inhaltlichen und organisatorischen Umsetzung des Profilbereiches sind allerdings Entwicklungen angelegt, wie eine zu frühe Spezialisierung bei fehlender Vergleichbarkeit der Profile, unzureichende Neigungsorientierung, mangelnde Abstimmung mit den Inhalten der Fächer des Pflichtbereiches sowie eine geringe Förderung von Eigeninitiative und Unternehmensgeist, die auch durch ideenreiche schulpraktische Umsetzungen oder eine Überarbeitung der Lehrpläne nicht vollständig aufhebbar sind.

Ein Beispiel dafür, wie Schulen sich mit dem Profilbereich kritisch auseinandersetzten und dabei zugleich konstruktive Vorschläge erarbeiteten, stellt die Angewandte Informatik dar.

Unterrichtsreform durch die Praxis

Mit Einrichtung der Mittelschule zum Schuljahr 1992/93 wurde das Fach Angewandte Informatik für alle Schüler einstündig ab Klassenstufe 9 – im Rahmen des Profilbereiches – eingeführt. Für die Schüler im wirtschaftlichen Profil setzte das Fach bereits einstündig ab Klassenstufe 7 ein. Schüler mit dem Ziel des Hauptschulabschlusses hatten ein Jahr und diejenigen mit dem Ziel des Realschulabschlusses mindestens zwei Jahre Unterricht in Angewandter Informatik, jeweils im Rahmen des gewählten Profils. Das Fach wurde als Bestandteil der einzelnen Profile eingerichtet, um die Anwendungsorientierung konkret zu unterstützen. Der Unterricht sollte anwendungsorientiert durchgeführt werden, darum wurde über die bestehenden Konzepte der „informationstechnologischen Grundbildung“ hinausgegangen.

Bereits im ersten Mittelschuljahr und parallel zur Einrichtung der Computerkabinette begann die Diskussion über den unterschiedlichen Umfang des Faches in den einzelnen Profilen. Die Modellschulen wiesen bereits nach kurzer Zeit auf die Notwendigkeit hin, den Informatikunterricht in allen Profilen ab der Klassenstufe 7 zu beginnen, u.a. um auch bei den Schülern, die den Hauptschulabschluß anstreben, entsprechende Kompetenzen zu entwickeln. Auch wurde an den Schulen ein auf die Informatik ausgerichtetes Profilwahlverhalten beobachtet: so wurde das wirtschaftliche Profil oftmals aus dem Grund des frühzeitigeren Beginns des Informatikunterrichtes gewählt. Nachdem bereits im Schuljahr 1992/93 von einigen Modellschulen erste Erfahrungen mit einer ab Klassenstufe 7 beginnenden Informatikausbildung gemacht und der vorliegende Lehrplan modifiziert wurde, waren es im Schuljahr 1993/94 bereits doppelt so viele Schulen, die sich an dieser Modifikation der Stundentafel beteiligten. Einigkeit bestand an allen beteiligten Schulen darin, daß es sinnvoll sei, für alle Schüler in der Klassenstufe 7 mit dem Unterricht in Angewandter Informatik zu beginnen.

Im Mai 1996 griff der Kultusminister den Vorschlag der Modellschulen auf und gab ihn mit folgender Begründung zur weiteren Umsetzung frei:

„Wir müssen die Flut von Kommunikationstechnik, die auch um die Kinderzimmer keinen Bogen macht, und die modernen Technologien in der Arbeitswelt berücksichtigen. Heute und künftig werden einfach neue Basisbefähigungen von den Schülern erwartet. Das Fach Angewandte Informatik stufen wir deshalb als grundlegende Qualifikation ein, und es soll aus diesem Grund früher als bisher unterrichtet werden."

Bereits zum Schuljahr 1997/98 konnte der unter Mitwirkung der Modellschulen erarbeitete „Orientierungsrahmen für das Angebot Angewandte Informatik" allen Schulen zur Verfügung gestellt werden. Damit wurde allen Schulen ermöglicht, Angewandte Informatik ab Klassenstufe 7 zu unterrichten. Es wurde ein Weg gefunden, den Mittelschülern unabhängig vom Abschlußziel und der Profilwahl Angewandte Informatik anzubieten, ohne zugleich über einen Lehrplan die weiteren Entwicklungen festzuschreiben.

Die Ziele dieses Faches reichen über den reinen „Werkzeuggebrauch" informationstechnischer Systeme zum Erfassen, Speichern, Verarbeiten und Übertragen von Daten hinaus, indem die Mittelschüler z. B. Verfahren zur Problemlösung kennenlernen, grundlegende Strukturen und Prinzipien von Informatiksystemen untersuchen sowie Möglichkeiten und Grenzen moderner informationsverarbeitender Systeme in Ausbildung, Beruf und Freizeit in Ansätzen erfassen und kritisch reflektieren.

Fast 90% aller Mittelschulen haben je nach materieller und personeller Ausstattung von dem Angebot Gebrauch gemacht und bieten Unterricht in Angewandter Informatik ab Klassenstufe 7 an. Erste Auswirkungen zeigen sich bereits im Profilwahlverhalten der Schüler: die Profile werden stärker nach der inhaltlichen Ausrichtung gewählt und weniger aufgrund des Informatik-Angebotes. Der Orientierungsrahmen bewirkt eine Aufwertung der Mittelschulabschlüsse, da nun für alle Mittelschüler die Möglichkeit besteht, Kompetenzen im Bereich der informationstechnologischen Bildung über ein breites Themenspektrum zu erwerben. Aus der Sicht der Schüler, die den Hauptschulbildungsgang besuchen, ist dabei besonders erfreulich, daß auch für sie der Unterricht in Angewandter Informatik bereits in der Klassenstufe 7 beginnt, was als eine Verbesserung der Chancengerechtigkeit und eine Aufwertung der beiden Hauptschulabschlüsse angesehen wird. Parallel zur Einführung des Orientierungsrahmens konnte außerdem an einer Vielzahl von Schulen die technische Ausrüstung verbessert werden, was langfristig allen Unterrichtsfächern zugute kommen soll.

Der Unterricht in Angewandter Informatik war aber nicht der einzige Bereich, in dem die Schulen Entwicklungsbedarf formulierten. Diskutiert wurde z.B. auf einer Konferenz von Modellschulen auch darüber, wie die Mittelschule auch bei rückläufigen Schülerzahlen pädagogisch und organisatorisch weiterentwickelt werden soll. Die Modellschulen plädierten für einen Neuzuschnitt der Mittelschulprofile. Dabei muß gewährleistet sein, daß die Mittelschule die Besonderheiten der Region – einschließlich der ansässigen Unternehmen – mit einem Profilangebot verknüpfen kann. Dabei soll sich der Unterricht noch stärker an grundlegenden Fähigkeiten, die zu vermitteln und zu erlernen sind, orientieren – beispielsweise: Selbständigkeit, Eigeninitiative, Kreativität und Teamfähigkeit. Diese Erziehungsziele werden von der Wirtschaft favorisiert und stehen auch ganz oben auf der Wunschliste der Eltern.

Gerade für den Profilunterricht lagen vielfältige Erfahrungen nicht nur der Modellschulen vor. Auch an vielen anderen Schulen wurden konkrete Vorschläge zur Weiterentwicklung des Profilunterrichts entwickelt und erprobt, so z.B. ein naturwissenschaftliches Profil. Darüber hinaus wurden Ideen für ein landwirtschaftlich-ökologisches Profil und an den Schulen in kirchlicher Trägerschaft ein sozial-diakonisches Profil entwickelt. Eine Dresdner Mittelschule arbeitet derzeit an der Gestaltung eines künstlerisch-handwerklichen Profils, welches ab dem kommenden Schuljahr beginnen kann.

Aus diesen schulischen Aktivitäten lassen sich zwei Entwicklungen ablesen: Einerseits sind die Schulen bemüht, allen Schülern Basisqualifikationen zu vermitteln, die sich an den Anforderungen der modernen Arbeitswelt orientieren, andererseits sollen den Schülern interessenbezogene Angebote unterbreitet werden, die den regionalen und personellen Möglichkeiten der Schulen entsprechen.

Von besonderer Bedeutung ist in diesem Zusammenhang das Erlernen einer zweiten Fremdsprache. Da dies bisher nur im Rahmen des sprachlichen Profils, also alternativ zu allen anderen Angeboten möglich war, wird gegenwärtig noch nach Konzepten gesucht, wie ein differenziertes Fremdsprachenlernen an vielen Mittelschulen ermöglicht werden kann.

Neben diesen eher inhaltlichen Aspekten wurden an einigen Schulen auch neue methodische Wege eingeschlagen, so wurden z. B. im Rahmen des Modellversuchs „Erziehung zur Eigeninitiative und Unternehmensgeist“ wichtige Erfahrungen mit der Arbeit von Schülerfirmen gewonnen, die ebenfalls in eine Weiterentwicklung des Profilkonzepts münden können.

An vielen Schulen stand die Auseinandersetzung mit dem Profilbereich zunächst im Mittelpunkt. Gerade am Beispiel des Übergangs in den Beruf bzw. die berufliche Ausbildung zeigte sich aber zunehmend die Notwendigkeit, sich mit der Qualitätsverbesserung im Bereich der allgemeinbildenden Fächer, vor allem den Fähigkeiten in Deutsch, Mathematik, Fremdsprachen, aber auch im gesellschafts- und naturwissenschaftlichen Bereich auseinanderzusetzen. Vor dem Hintergrund eines differenzierten Bildungsangebotes gerade in den Kernfächern bedeutet dies, daß die Lehrer stärker auf die Leistungsentwicklung der einzelnen Schüler reagieren, diese differenziert fördern und einen flexiblen Wechsel des Bildungsabschlusses innerhalb der Mittelschule ermöglichen.

Das Selbstverständnis der sächsischen Mittelschule heute

Das Mittelschulkonzept mit seinem klaren Rahmen und seinen flexiblen entwicklungsoffenen Ausgestaltungsmöglichkeiten hat sich als tragfähig erwiesen. Mittlerweile besuchen etwa 70% aller sächsischen Schüler eine Mittelschule, auch für Schüler mit einer Bildungsempfehlung für das Gymnasium erweist sich die Mittelschule als eine attraktive Alternative. Dazu trägt sicher auch die Akzeptanz des beruflichen Gymnasiums als „Oberstufe der Mittelschule" bei.

Die sich entwickelnden Schulkonzepte guter Mittelschulen bauen selbstbewußt auf einem Grundverständnis von Mittelschule auf, das so beschrieben werden könnte:

Die Mittelschule sichert eine fundierte Allgemeinbildung durch einen handlungsorientierten Unterricht und schafft damit die Grundlage für lebenslanges Lernen in einer sich ständig verändernden Gesellschaft. Die Mittelschule als differenzierte Schulart bietet einen flexiblen Rahmen für die individuelle Leistungsförderung und eine spezifische Interessens- und Neigungsentwicklung der Schüler.

Neben den Fächern Deutsch, Mathematik und Englisch als 1. Fremdsprache werden anwendungsbezogene Kenntnisse und Fähigkeiten in den naturwissenschaftlichen Fächern Biologie, Geographie, Physik und Chemie sowie Kompetenzen in den gesellschaftsbezogenen Fächern Geschichte und Gemeinschaftskunde/Rechtserziehung vermittelt. Ab Klassenstufe 7 ermöglicht ein Wahlpflichtbereich den Schülern eine Wahl entsprechend ihrer Neigungen und Interessen. Kompetenzen im Umgang mit dem Computer und den neuen Medien werden unter anderem durch den Unterricht in Angewandter Informatik (1 Stunde ab Klassenstufe 7) erworben. Auch Sport und die künstlerisch-ästhetische Bildung haben an der Mittelschule einen hohen Stellenwert.

Die Mittelschule gewährleistet durch ihr klares Bildungsprofil einerseits Chancengerechtigkeit und ermöglicht andererseits regionale und schulspezifische Gestaltungsmöglichkeiten, an deren Umsetzung Lehrer, Eltern und Schüler gleichermaßen mitwirken können und sollen.

Das *Differenzierungskonzept der Mittelschule*, dessen pädagogische Leitidee in der Förderung der optimalen Leistungsentwicklung jedes einzelnen Schülers besteht, läßt sich in drei Abschnitten beschreiben:

Die Klassenstufen 5 und 6 haben Orientierungsfunktion. Diese bezieht sich sowohl auf den möglichen Wechsel an das Gymnasium als auch auf die differenzierten Bildungsangebote ab der 7. Klasse innerhalb der Mittelschule.

Bedeutsam für die Mittelschüler ist in dieser Zeit nicht nur das Einleben in eine neue Klassen- und Schulsituation, sondern vor allem das Erreichen eines gemeinsamen Lernniveaus, um u.a. den Anforderungen des zunehmenden Fachunterrichtes gewachsen zu sein. Gezielt angebotene Förderkurse unterstützen diesen Prozeß.

Begleitet von einer kontinuierlichen individuellen Bildungsberatung wird am Ende der Klasse 6 entschieden, in welchem Bildungsgang der Schüler sein Leistungsvermögen ab der Klasse 7 am besten entfalten kann. Die Klassenstufen 7 und 8 der Mittelschule haben Differenzierungsfunktion: in den Fächern Deutsch, Mathematik, Englisch, Physik und Chemie gibt es zwei leistungs- und abschlußbezogene Unterrichtsangebote, die in Anspruchshöhe, Umfang der Inhalte sowie der Schwierigkeit der methodischen Erschließung differenziert sind. Ein Wechsel des Bildungsganges ist am Ende jedes Schuljahres möglich.

Auf der Grundlage des bis zum Ende der Klasse 8 deutlich gewordenen Leistungsvermögens der Schüler tritt eine gewisse Spezialisierung in den Klassenstufe 9 und 10 in den Vordergrund: Diese richtet sich auf eine Qualitätssicherung der jeweils angestrebten Abschlüsse. Schüler, die sich auf den Hauptschulabschluß am Ende der Klasse 9 vorbereiten, erhalten eine intensive Förderung grundlegender allgemeinbildender Kompetenzen und werden gleichzeitig in ihrem bevorstehenden Übergang in die berufliche Ausbildung durch Betriebspraktika und Berufsberatung besonders unterstützt.

In den Klassen 9 und 10 des Realschulbildungsganges wird das Wissen und Können der Schüler gezielt erweitert, systematisiert und vernetzt. Dabei nimmt der Grad geforderter Selbständigkeit und Eigenverantwortlichkeit kontinuierlich zu, um wesentliche Voraussetzungen für das Wahrnehmen der vielfältigen weiterführenden Bildungswege zu schaffen, welche sich im Anschluß an den erworbenen Realschulabschluß eröffnen.

Der *Profilbereich ist ein mittelschulspezifisches Handlungsfeld* für einen neuen und zeitgemäßen Zugang des Unterrichtens, der die komplexen Entwicklungen in Gesellschaft und Arbeitswelt berücksichtigt und neue Wege für deren schulische Vermittlung geht. Dabei werden Kenntnisse über wirtschaftliche Zusammenhänge und berufsorientierende Inhalte ebenso berücksichtigt wie Aspekte der sozialen und persönlichen Gestaltung des eigenen Lebens.

Ab der Klassenstufe 7 wählt jeder Schüler aus dem Angebot der Schule ein für ihn geeignetes Profil aus. Berufsorientierung und die Durchführung und Auswertung von Betriebspraktika haben dabei in allen Profilen einen wichtigen Stellenwert, ebenso die Vermittlung wirtschaftlicher Grundkenntnisse.

Arbeitsformen und Unterrichtsmethoden im Profilbereich ermöglichen den Schülern eine aktive Beteiligung an der Gestaltung des Unterrichts, fördern die Fähigkeit zur Selbstorganisation und die Eigeninitiative der Schüler – z. B. Projekte, handlungsorientierter Unterricht und Schülerfirmen. Schulen kooperieren vor allem im Profilbereich mit unterschiedlichen Partnern, z. B. mit der Berufsberatung des Arbeitsamtes, ortsansässigen Betrieben und Unternehmen, Berufsschulzentren in der Umgebung und den regionalen und landesweiten Arbeitskreisen Schule-Wirtschaft. Zusammen mit den Betriebspraktika wird durch den Profilunterricht eine gute Vorbereitung auf den Ausbildungs- und Arbeitsmarkt ohne frühzeitige Fixierung auf eine bestimmte berufliche Laufbahn erreicht.

Jeder Abschluß ermöglicht viele Anschlüsse

An der Mittelschule können drei verschiedene Abschlüsse (Hauptschulabschuß, qualifizierender Hauptschulabschluß, Realschulabschluß) erworben werden, deren Qualität durch Leistungsstandards und zentrale schriftliche Prüfungen für den qualifizierenden Hauptschulabschluß und für den Realschulabschluß sichergestellt wird. Mit diesen drei Abschlüssen können viele verschiedene weitere Ausbildungs- und Bildungswege eingeschlagen werden. Damit eröffnen sich nach dem Abschluß der Mittelschule vielfältige Berufsmöglichkeiten, und es stehen zahlreiche Bildungswege offen. Das Spektrum reicht von der dualen Berufsausbildung über die Fachhochschulreife bis zur allgemeinen Hochschulreife (Abitur). Ob an Berufsschulen, Berufsfachschulen, Fachoberschulen oder am Beruflichen Gymnasium – überall finden Mittelschüler eine Chance, ihren beruflichen Werdegang selbst zu gestalten.

Mittelschule ist mehr als Unterricht!

Mittelschulen unterbreiten den Schülern auch am Nachmittag zahlreiche attraktive Angebote; die folgenden Aktivitäten seien exemplarisch genannt:

- Arbeitsgemeinschaften aus unterschiedlichen Interessensgebieten: Sport-AGs, Musik-AGs und Chor, Künstlerisch-kreative Angebote, Theater- und Kabarett-Gruppen, Umwelt- und Ökologie-AGs und vieles andere mehr;
- Gründung und Mitwirkung an Schülerfirmen;
- Teilnahme der Schüler an Wettbewerben – von „Jugend forscht" über den Bundeswettbewerb Fremdsprachen bis zum „Demokratisch Handeln";
- Angebote in Zusammenarbeit mit ortsansässigen Unternehmen, den Kommunen, Theatern und Museen.

Etwas ausführlicher soll auf das Angebote der Schuljugendarbeit zur Freizeitgestaltung an sächsichen Schulen eingegangen werden:

Ausgehend von den Erfahrungen des BLK-Modellversuchs „Handlungsmöglichkeiten zur Überwindung von Schwierigkeiten benachteiligter Kinder und Jugendlicher in sozialen Brennpunkten“ wurde gemeinsam mit der Deutschen Kinder- und Jugendstiftung im März 1997 ein Programm gestartet, welches Schulen ermöglicht, in Zusammenarbeit mit Schulvereinen oder Trägern der Jugendhilfe ein außerunterrichtliches Angebot an Schulen anzubieten. Dabei können die Interessen der Schüler sowie Traditionen und spezifische regionale Möglichkeiten der Schule berücksichtigt werden. Eine sinnvolle Verknüpfung von Vor- und Nachmittagsprogrammen, die Förderung von Gemeinsinn und Eigeninitiative bei den Schülern, eine Bereicherung des Lehrerprofils als Moderator und Betreuer auch außerhalb des Unterrichtes wird dabei ebenso erreicht wie eine Öffnung der Schule durch die Kooperation mit zahlreichen Partnern, Initiativen und Institutionen in der Region. Die anfängliche Skepsis von Trägern der Jugendhilfe und der Jugendverbände, die eine Konkurrenz durch dieses schulische Angebot befürchteten, ist mittlerweile der Einschätzung gewichen, daß Schuljugendarbeit eine wirksame Form präventiver Schulsozialarbeit ist. 150 Schulen nutzten im ersten Jahr die Chance, gemeinsam mit und für ihre Schüler ein Freizeitangebot an der Schule zu gestalten. Partner der Schulen waren neben Schulfördervereinen und Elterninitiativen freie Träger der Jugendhilfe, Wohlfahrtsverbände, Sportvereine und kommunale Einrichtungen, aber auch Einzelpersonen wie Künstler, Handwerker, Eltern und Großeltern.

Das flexible und entwicklungsoffene Mittelschulkonzept bietet auch weiterhin sehr gute Chancen dafür, daß die Mittelschule auf sich verändernde strukturelle und zugleich inhaltliche Anforderungen konstruktiv reagieren kann und ein für alle Beteiligten transparenter und gestaltbarer Prozeß von Mittelschulentwicklung fortgeführt wird. Dabei wird es in Zukunft darauf ankommen, schulpraktische Entwicklungen so zu begleiten und zu fördern, daß über die Entwicklung der Einzelschulen hinaus Impulse für eine Qualitätsverbesserung des Gesamtsystems ausgelöst werden und somit für alle Schüler ein chancengerechtes Bildungsangebot gesichert werden kann. Eine zunehmende Aufgabe für die Schulaufsicht wird es daher sein, alle an Mittelschulentwicklung Interessierten zu ermutigen, sich aktiv bei der weiteren Ausgestaltung dieser Schulart zu beteiligen und auf den daraus erwachsenden Beratungs- und Steuerungsbedarf qualifiziert zu reagieren. Vor dieser Aufgabe steht aber nicht nur die sächsische Mittelschule. Dies ist vielmehr ein wichtiger Aspekt der Schulentwicklung in allen Bundesländern.

Wolfgang Melzer

Funktion, wissenschaftliche Erträge und bildungspolitische Konsequenzen eines Modellversuchs zur Mittelschule im Freistaat Sachsen

In jedem Modellversuch sind bestimmte Ziele und Entwicklungsaufgaben vom Auftraggeber definiert und in den Projektanträgen – in unserem Falle in einem BLK-Antrag – festgelegt. Mit der Beauftragung einer wissenschaftlichen Einrichtung, den Entwicklungsprozeß von Modellschulen zu evaluieren und zu begleiten, ist neben dem Interesse an der Analyse der Ausgangsbedingungen, der Bewertung pädagogischer Konzepte und ihrer Umsetzung sowie an einer Bewährungskontrolle insgesamt immer auch ein Stück weit die Erwartung auf Legitimation für bildungspolitisches Handeln verknüpft. Häufig werden aber im Gegensatz dazu von wissenschaftlicher Seite Vorschläge für pädagogische Innovationen unterbreitet, die der Bildungsadministration zu weitgehend sind, manchmal passen die Ergebnisse einfach nicht in deren Planungs- und Erwartungshorizont. Daher kommt es bei den beteiligten Einrichtungen nicht selten zu Konflikten der Art, wie sie von Gerhard Schmidtchen beschrieben worden sind; bei ihm liegen Erfahrungen mit einer Auftragsstudie zur Jugendforschung in Ostdeutschland zugrunde:

> „Sozialforschung ist immer von dem politischen Risiko begleitet, daß ihre Ergebnisse unbequem ausfallen. Ihre Aufgabe ist es, die Verhältnisse so darzustellen, wie sie sind. Das kann schon ärgerlich genug sein, aber darüber hinaus werden in der Forschung ja auch Gründe sichtbar, und damit verteilen sich die Verantwortlichkeiten möglicherweise anders, als es politisch genehm ist. Wenn es Konflikte zwischen politisch Handelnden und den Diagnosen der Sozialforschung gibt, so werden sie meistens in Form von Methodendiskussionen ausgetragen. Wenn die Untersuchung nicht paßt, wird sie methodologisch diskreditiert, wenn es nicht schon möglich ist, sie überhaupt vor der Öffentlichkeit verschwinden zu lassen. Politische Systeme sind nicht notwendigerweise Verbände der Wahrheitssuche, sondern der Machterhaltung" (Schmidtchen 1997, S. 8f).

Will man Konflikte wie diese im Interesse der gemeinsamen Sache vermeiden, ist es erforderlich, die Rollen der modellversuchsbeteiligten Institutionen und Personen bereits zu Beginn der Kooperation klar zu definieren und ihre Kompetenzen zu bestimmen. Genauso wichtig scheint mir – nach unseren Erfahrungen –, ein System möglichst gleichberechtigter Kommunikation zu entwickeln, das die beteiligten Schulen, die für die Schulentwicklung verantwortlichen Einrichtungen (z. B. Schulämter, Landesinstitute), die Auftraggeber und die beauftragte wissenschaftliche Einrichtung zu einer kontinuierlichen Planung, Evaluation und Umsetzung der Ergebnisse zusammenbringt. In unserem Modellversuch wurde ein solches Kommunikationsforum erst im Verlaufe des Arbeitsprozesses von den Beteiligten selbst geschaffen; allerdings blieben die Rollen der Mitglieder dieser „Schulentwicklungsgruppe“ bis zuletzt diffus und wurden mehrfach umdefiniert – einschließlich der Funktion dieses Forums. Zur Schaffung einer Definitionsklarheit der komplementären Rollen von wissenschaftlicher Begleitung und administrativen Entscheidungsträgern mag der Hinweis von Hartmut von Hentig nützlich sein: *„Schule radikal denken, aber behutsam machen“*. D. h.: Die Administration muß immer auch akzeptieren, daß radikale Analysen und die Formulierung weitreichender Konzepte durch die Wissenschaftler insofern eine wichtige Funktion besitzen, als dadurch innovative Zielsetzungen für den Schulentwicklungsprozeß unabhängig von konkreten Handlungszwängen formuliert werden. Umgekehrt muß auch die Akzeptanz von Erfordernissen der Bildungspolitik und -administration auf seiten der wissenschaftlichen Begleitung gewährleistet sein. Allerdings ist mir kein Modellversuch bzw. keine ähnlich gelagerte Kooperation bekannt, die in dieser Hinsicht völlig konfliktfrei verlaufen wäre. Das liegt auch daran, daß die gegenwärtige Schulforschung sich nicht mehr wie früher auf die Erstellung von Analysen und Expertisen beschränkt, die dann von der Bildungspolitik zur Kenntnis genommen und umgesetzt werden – oder auch nicht –, sondern den Entwicklungsprozeß von Schule zum Thema macht, diesen evaluiert und in Kooperation mit den Schulen z. T. auch praktisch gestaltet.

Aus meiner Sicht wäre es weiterhin wichtig, jeden einzelnen Modellversuch in den Zusammenhang mit weiteren laufenden Entwicklungsprojekten zu stellen und den Gesamtertrag theoretischer, empirischer und praktischer Evaluation in ein zu schaffendes Regelsystem der Schulentwicklung einzubinden, das in den ostdeutschen Bundesländern zum Teil erst noch geschaffen oder deutlich verbessert werden muß. Vorgeschlagen wird ein Kooperationsmodell, das von den bestehenden institutionellen Aufgabenteilungen ausgeht und sie zu weiteren Einrichtungen der Schulentwicklung in Beziehung setzt. Staatlich-administrative Träger sind in Sachsen das Staatsministerium für Kultus mit seinen nachgeordneten Behörden, dem Sächsischen Staatsinstitut für Bildung und Schulentwicklung – Comenius-Institut – und der Sächsischen Akademie für Lehrerfortbildung (SALF) sowie der Schulaufsicht (Oberschulämter, Schulämter).

Das Modell enthält weiterhin Elemente, die im wissenschaftlichen Diskurs mittlerweile zum selbstverständlichen Instrumentarium der Schulentwicklung gehören, wie Schulberater/Moderatoren, den schulpsychologischen Beratungsdienst, die Unterstützung durch Familien- und Jugendhilfe und sonstige Aspekte der „Community Education“ (Kooperation im Stadtteil bzw. in der Region, mit Betrieben, Kirchen, Polizei etc.) sowie Konsultationsschulen, in denen die Vorschläge der kurzfristig angelegten Entwicklungsprojekte mittelfristig erprobt und weiterentwickelt werden.

Obwohl ein derartiges Rahmenkonzept für unseren Modellversuch nicht existierte, konnten viele konzeptionelle und praktische Veränderungsvorschläge, z. B. für den Profilbereich, die Fachleistungsdifferenzierung, die Neugestaltung der Bildungsgänge, den Fremdsprachen- und Informatikunterricht, erarbeitet und an den Auftraggeber weitergeleitet werden. Einige davon sind bereits im Beitrag von D. Stenke und M. Leonhardt-Runck genannt worden. In Ergänzung dazu sollen im folgenden die Erträge der wissenschaftlichen Begleitung dargestellt werden, d. h. zum einen für die Schulen selbst, zum anderen aber auch für die Entwicklung von Methoden und Instrumentarien der Schulentwicklungsforschung. Im zweiten Abschnitt erfolgt eine Bilanzierung des Versuches, ein Sekundarschulsystem – wie die Mittelschule – zu etablieren, das auf radikale Zweigliedrigkeit setzt und keine weiteren Schulformen (neben Mittelschule und Gymnasium) im allgemeinbildenden Schulsystem vorsieht. Die Gesamtanalyse wird in einem dritten Punkt mit Hinweisen auf bildungspolitische Konsequenzen, die sich aus den empirischen Befunden ergeben, abgerundet.

1. Der Beitrag des Modellversuches zur Theorie und Praxis der Schulentwicklung und Qualitätssicherung in Schulen

Schule befindet sich in einem stetigen Wandel, der sich aus der Anforderungsstruktur einer sich permanent verändernden funktionalen Differenzierung der Gesellschaft, dem Einfluß gesellschaftlicher Interessengruppen und den darauf bezogenen, z. T. auch selbstreferentiellen Entscheidungen und Rahmenvorgaben durch die Bildungspolitik und Schulverwaltung ergibt. Diese Prozesse vollziehen sich im Alltag und verlaufen teilweise unkontrolliert und unkoordiniert, so daß sich im Ergebnis einer über 200jährigen Geschichte des staatlichen Schulsystems in Deutschland eine große Vielfalt und Unübersichtlichkeit der Schulformen und Schullaufbahnen sowie der Inhalte und Methoden des Lehrens und Lernens ergeben hat.

Als Gegentrend zu dieser „Diversifizierung des Bildungssystems" (Melzer/Hurrelmann 1990) gab es von seiten der Bildungsplanung in Westdeutschland immer wieder Versuche, die heterogenen Schulsysteme der Bundesländer zu standardisieren, sei es durch Vorschläge zur Einführung einer die Bundesländer übergreifenden Schulstruktur wie in der Vergangenheit, sei es durch Formulierung und Verabschiedung gemeinsamer Minimalstandards, wie es die gegenwärtige Politik unternimmt (vgl. die Bildungspolitik der Kultusministerkonferenz).

Von den großen Projekten früherer Tage verdienen der Rahmenplan des „Deutschen Ausschusses für das Erziehungs- und Bildungswesen" sowie der Strukturplan des „Deutschen Bildungsrates" eine besondere Erwähnung, da sie die weitreichendsten Versuche einer grundlegenden Modernisierung und Vereinheitlichung des Bildungssystems im Westdeutschland der Nachkriegszeit darstellen. Versuche wie diese sind letztlich am parteipolitisch geführten Streit der A- und B-Länder (SPD- bzw. CDU-geführte Bundesländer) und an fiskalischen Fragen gescheitert – mit der Folge der skizzierten Unübersichtlichkeit. Diese ist durch die Vereinigung Deutschlands und die Transformation der DDR-Einheitsschule in neue differenzierte Schulformen nicht geringer geworden – im Gegenteil: es kommt eine weitere Schulart hinzu, ein teilintegriertes, zumindest kooperatives System – in Sachsen „Mittelschule", in Thüringen „Regelschule" und in Sachsen-Anhalt „Sekundarschule" genannt –, das in diesen Bundesländern flächendeckend eingeführt worden ist.

Die klassischen Steuerungsversuche im Schulsystem werden durch ein staatlich-bürokratisches Schulaufsichts- und Inspektionssystem mit Schulbehörden und Schulaufsichtsbeamten realisiert. Die Schulentwicklung, der Unterricht und die Verkehrsformen der am schulischen Prozeß Beteiligten werden über Gesetze, Erlasse und Verordnungen reglementiert und die Einhaltung und Umsetzung dieser Rahmenvorgaben durch Inspektionen, Lehrerbeurteilungen u. a. kontrolliert (vgl. Terhart 1997). Über die Kultusministerien und deren nachgeordnete Behörden werden – bei einer insgesamt feststellbaren Beharrlichkeit des tradierten Systems – z. T. auch neue Impulse für Innovationen im Schulsystem gegeben, z. B. durch die Modernisierung der Lehrpläne, durch Qualifikationsverbesserungen im Rahmen der Lehrerfort- und -weiterbildung sowie – im begrenzten Umfang – durch die Einrichtung von Modell- und Schulversuchen. Die Wissenschaft tritt allenfalls in diesem letzten Teil (wie in unserem BLK-Modellversuch) und nur als Juniorpartner der Bildungsadministration auf, die Schulen sind häufig nur Adressaten der eingeleiteten Maßnahmen (in unserem Modellversuch hoffentlich nicht).

Ein weiterer praktizierter Ansatz der Schulevaluation sind Input-Output-Analysen, wie sie z. B. von internationalen Organisationen, die für Bildungsprozesse zuständig sind (OECD, WHO), durchgeführt werden. Dieser Ansatz hat vor allem im Bereich der Erhebung von Bildungsstatistiken mit internationalen Vergleichsdaten seine Stärken und ermöglicht eine Formulierung allgemeiner Standards für z. B. Bildungsausgaben, Schüler-Lehrer-Relationen, aber auch im Hinblick auf einige Kriterien zur Qualität der Institution (Leitung der Schule, Lehrerkooperation) sowie pädagogische Kriterien (differenziertes und integriertes Lernen, Leistungsorientierung der Schüler) (vgl. Scheerens 1995). Internationale Vergleichsuntersuchungen mit standardisierten Leistungstests, wie die neulich erschienene TIMSS-Studie (Baumert/ Lehmann u. a. 1997), gehören ebenfalls in diese Kategorie von Evaluation. Als Nachteile des Input-Output-Konzeptes werden angeführt,

- „daß die Indikatoren 'fremdbestimmt' sind und nicht aus dem pädagogischen Selbstverständnis und aus der spezifischen 'Kultur' der einzelnen Bildungseinrichtungen abgeleitet sind,

- daß es quantifizierbare Indikatoren gegenüber qualitativen bevorzugt,
- daß es die Beziehungen zwischen Input und Output letztlich als 'black box' behandelt und wenig Information über Prozesse und Transaktion liefert und
- daß sich im Ländervergleich oft Bildungssysteme von (z. B. asiatischen) Ländern als besonders effektiv erweisen, deren Bedingungen (z. B. schlechte Bezahlung der Lehrer, Verzicht auf Differenzierung, Frontalunterricht) in anderen Ländern keine Akzeptanz finden, so daß sich die Ergebnisse nicht in generalisierbare Empfehlungen überführen lassen" (Flechsig/Kanther 1997, S. 5).

Dennoch scheint es so, daß die für den Bildungssektor verantwortlichen Politiker in einer Leistungsevaluation der Schüler den Königsweg der Qualitätssicherung von Schulen sehen, obwohl der so festgestellte „Output" vollkommen von der sozialen Rekrutierung und den unterschiedlichen Lernvoraussetzungen der Schüler abstrahiert und auch die pädagogischen Prozesse, die zu den Testergebnissen führen, weitgehend ausblendet. Darüber hinaus ist kritisch anzumerken, daß „Output" nicht mit „Outcome" zu verwechseln ist und die Ergebnisse von Schulleistungstests nur einen geringen Prognosewert für die Bewältigung von Aufgaben im Studium und im späteren Beruf besitzen (vgl. zu diesem Problemkreis insgesamt: Timmermann 1996). Schon wenn diese Kritik nur in Teilen zutrifft, wäre es fahrlässig, ausschließlich auf diese Evaluationsmethode zu setzen.

In der schulbezogenen Forschung hat sich in den letzten Jahren ein weiterer Ansatz der Evaluation und Qualitätssicherung etabliert, der mittlerweile auch von der Bildungsadministration einiger Bundesländer aufgegriffen worden ist und sich mit Begriffen wie Organisationsentwicklung, Selbstorganisation und Schulautonomie charakterisieren läßt (vgl. u. a. Rolff 1996). Der Grundsatz besteht darin, daß Schulen die Kriterien und Prozesse ihrer Entwicklung selbst definieren und spezifizieren können – mit dem Ziel, eine eigene Organisationskultur und ein eigenständiges pädagogisches Konzept zu entwickeln und zu optimieren. Dabei werden Experten (z. B. Schulforscher, Bildungssoziologen) und Moderatoren (Begleiter, Berater) mit herangezogen.

Diese Linie wurde in unserem Modellversuch und wird auch in künftigen Projekten im Rahmen eines von der „Forschungsgruppe Schulevaluation" an der TU Dresden entwickelten Konzeptes der Evaluation und Qualitätssicherung von Schulen weiterverfolgt. In Zusammenarbeit mit zehn Modellschulen und auf der Basis einer Repräsentativ-Auswahl allgemeinbildender Sekundarschulen im Freistaat Sachsen wurde mit Hilfe von Schüler- und Lehrerbefragungen ein sog. „Schulqualitätsindex" als Bewertungsmaßstab der Evaluation für das Schulsystem insgesamt, für den Vergleich der Schulformen (Mittelschulen, Gymnasien) und den der Einzelschulen entwickelt. Mit den durchgeführten wissenschaftlichen Arbeiten werden neben theorieproduktiven

Zwecken hauptsächlich handlungsorientierte pädagogische Ziele für die Arbeit mit den einzelnen Schulen verfolgt.

Die Überprüfung theoretischer Modelle zur Schulqualität hat – kurz zusammengefaßt – zu folgenden Ergebnissen geführt (vgl. ausführlich: Melzer/Stenke 1996). Wichtige Aspekte der Schulqualität sind die Lehrerprofessionalität (z. B. Methodenkompetenz, Förder- und Integrationskompetenz), das Schul- und Klassenklima, die bestehenden Partizipationsmöglichkeiten für Schüler (und Eltern) sowie die Schulökologie (räumliche Aneignungsmöglichkeiten, außerunterrichtliche Angebote, Schulleben).

In den Schulen, die auf eine in diesem Sinne positive Schulkultur verweisen können, haben Schüler eine überdurchschnittliche Freude am Lernen, sehen den Sinn des Lernens eher ein, haben bessere Schulnoten und besitzen ein positives Leistungsselbstkonzept. Sie empfinden in geringerem Maße Druck, Belastung und Angst; auch finden sich an solchen Schulen in den Lerngruppen weniger Außenseiter. Schließlich konnte festgestellt werden, daß abweichendes, aggressives und gewaltförmiges Schülerverhalten in dem Maße abnimmt, wie die jeweilige Schule die o. g. Qualitätskriterien erfüllt.

Der Teil des Schulqualitätsindexes, der auf den Schülerbefragungen basiert, umfaßt insgesamt 25 Kriterien, von denen in der Abbildung 1 zwölf ausgewählte Faktorvariablen dargestellt sind. Ebenso wie in der Wissenschaft unterschiedliche Positionen in der Frage der Schulqualität bestehen, ist in den einzelnen Schulen und erst recht in der Schulpolitik durchaus strittig, was unter einer „guten Schule“ konkret zu verstehen ist – daher die Idee eines relativ offenen Instrumentariums, das genügend Gestaltungs- und Interpretationsspielräume für die Akteure dieser inneren Schulreform läßt. Der Schulqualitätsindex ist also als eine Art Checkliste zu verstehen, deren Einzelkriterien für die jeweilige Schule bedeutsam sein *können*; er enthält nebeneinander und ohne vorgenommene Gewichtung: Statusmerkmale der Schüler (z. B. Leistungsstatus), Kontextvariablen (z. B. Schulatmosphäre, räumliche Gestaltung der Schule) oder Skalen zur Schülerbefindlichkeit (z. B. Schulangst). In welcher Weise läßt sich der Index bei der Schulevaluation und Schulentwicklung einsetzen? Erstens ermöglicht er Aussagen über die Qualität des schulischen Gesamtsystems, einen Vergleich der Schulformen sowie zu den Befindlichkeiten und Einstellungen von Schülern, die mit denen der Lehrer verglichen werden können.

Das interessanteste Ergebnis hierzu: Bei den weitaus meisten Kriterien waren keine oder nur geringe Unterschiede zwischen Mittelschulen und Gymnasien zu verzeichnen. Bei einigen Kriterien, nach denen die Mittelschule schlechter abschnitt, z. B. abweichendes Verhalten/Gewalt in der Schule oder Schulabschlußerwartungen, verweisen die Befunde eher auf Sozialisationsprobleme bzw. Prädisposition durch die Familien denn auf Spezifika und Organisationsprobleme der Mittelschule.

Im wesentlichen bestätigen sich die Ergebnisse der auch international geführten Debatten um Schulqualität: die Unterschiede der Einzelschulen fallen deutlicher aus als die Unterschiede zwischen den Schulformen. So waren bei dem Qualitätskriterium „Schulatmosphäre" die beiden jeweils besten Schulen eine Mittelschule und ein Gymnasium. Ebenso waren im mittleren Bereich und am Ende der Rangreihe beide Schulformen vertreten. Es gibt ebensowenig Schulen, die auf der ganzen Linie vorbildlich sind, wie solche, die nur schlechte Ergebnisse verzeichnen. Vielmehr besitzt jede Schule ein spezifisches Qualitätsprofil.

Die Abbildung 1 zeigt die entsprechenden Untersuchungsergebnisse für eine kleinstädtische Mittelschule. Die Werte dieser Schule für das jeweilige Qualitätskriterium sind als schwarzer Balken in das Säulenhistogramm eingezeichnet, so daß sich ein Gesamtbild der pädagogischen Leistungsfähigkeit ergibt. Die Positionierung und Ausdehnung der Säule deutet an, welche Bedeutung und Wichtigkeit diesem Kriterium im Schulsystem insgesamt zukommt und wie stark die Unterschiede zwischen den Schulen sind. Die Abweichung des Wertes für die Einzelschule vom Mittelwert aller Schulen (gedachte Linie in der Mitte der Skala bei 2,5) ermöglicht eine vergleichende Einschätzung der erreichten pädagogischen Leistungen als über- bzw. unterdurchschnittlich.

Abb. 1: Schulqualitätsindex
(am Beispiel einer kleinstädtischen Mittelschule)

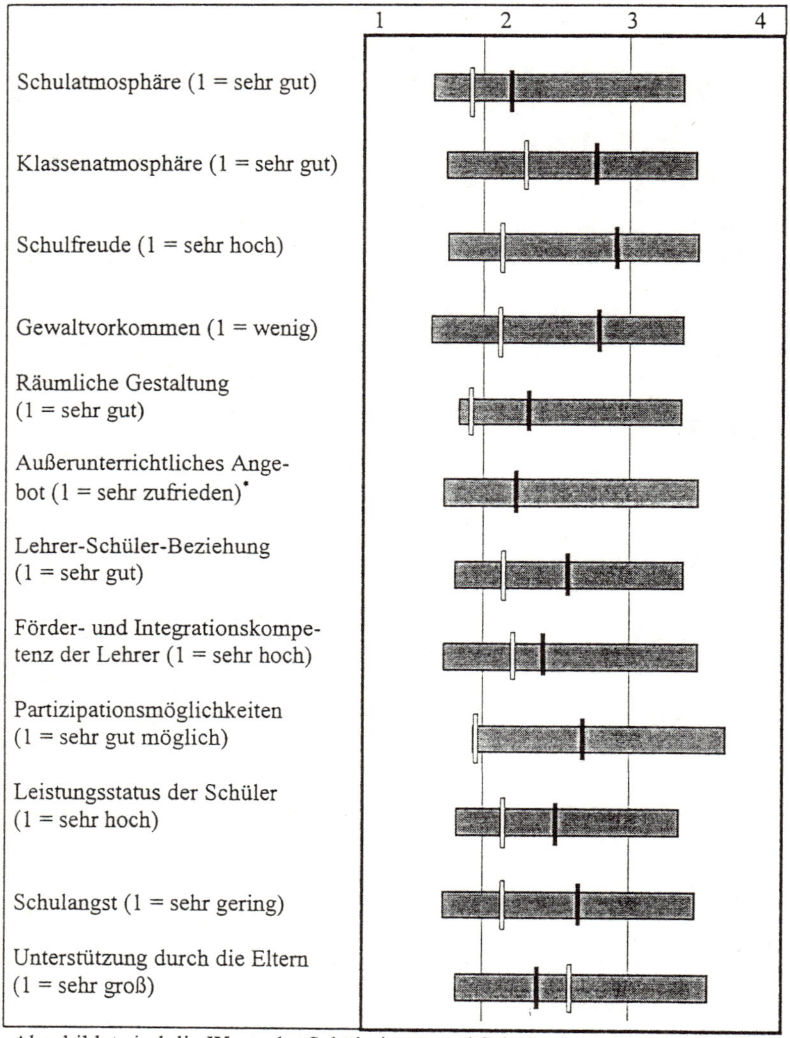

Abgebildet sind die Werte der Schülerinnen und Schüler der Schule im Rahmen der Varianz des einzelnen Faktors innerhalb der gesamten Stichprobe. Der Mittelwert aller untersuchten Schulen liegt bedingt durch die Quartilsbildung der Faktorvariablen bei 2,5.

* Das außerschulische Angebot wurde in der zweiten Befragung anders erhoben, so daß sich nicht derselbe Faktor bilden ließ.

In dem Modellversuch zur Mittelschule wurde dieses Leistungsprofil der Schulleitung und dem Kollegium der betreffenden Schule vorgelegt und konnte als Grundlage für Diskussionen und die Entwicklung von Strategien zur Schulentwicklung dienen. Da ein Vergleich mit den Durchschnitts- oder Extremwerten der Repräsentativbefragung möglich ist, bietet der Qualitätsindex die Chance zu einem pädagogischen „Benchmarking" und verbindet Prozesse interner und externer Evaluation.

Die Schulen sollen/können bei ihrer internen Debatte, die von einer Fachgruppe von Lehrern vorbereitet und angeleitet werden kann, durch Moderatoren und Experten von wissenschaftlichen oder pädagogischen Institutionen beraten werden – so die Idealvorstellung unseres Modells von Schulentwicklung. Dabei spielt auch die schulinterne Lehrerfortbildung und die Einbindung staatlicher Planungsinstanzen mit einem neuen innovativen Selbstverständnis eine Katalysatorrolle (s. o.). In Ostdeutschland wird die Rolle der Fachberater neu diskutiert; es sind auch Fachberater für Schulentwicklung und andere Aufgaben im präventiven und sozialen Bereich vorstellbar und nicht nur Zuständigkeiten für die einzelnen Fächer, wie es bisher der Fall war. Selbst wenn derartige Stellen geschaffen würden, bleibt die Frage der Rekrutierung qualifizierten Personals und der Fortbildung der ausgewählten Pädagogen offen.

Das entwickelte Instrumentarium eignet sich für einen weiteren Verwendungszusammenhang, nämlich die prozeßorientierte Evaluation schulischer Entwicklung. In unserem Modellversuch, der über einen Zeitraum von etwa 3½ Jahren lief, wurden die zehn Modellschulen in ihrem Entwicklungsprozeß begleitet und evaluiert. Diese besaßen – wie jede Mittelschule im Freistaat Sachsen – spezifische Profile (z. B. technisches, wirtschaftliches, musisches, sprachliches Profil), die sie im Rahmen des relativ offen angelegten Versuchsauftrages pädagogisch ausgestalten konnten. Besonderes Augenmerk sollte dabei auf den Unterricht in den Profilfächern, die Differenzierungsthematik, den Fremdsprachenerwerb und den Informatikunterricht gerichtet werden. Mit einer Vorher-Nachher-Befragung wurde dieser Prozeß in seinen Auswirkungen auf die allgemeine Schulqualität kontrolliert. Die Abbildung 1 weist neben dem Profil einer Einzelschule auch deren Entwicklungsfortschritte aus. Die Ergebnisse der Vorher-Befragung sind als schwarzer, die der Nachher-Befragung als weißer Balken eingetragen. Es zeigen sich in diesem Fall durchweg positive Veränderungen. Die untersuchte Schule besitzt eine äußerst engagierte Schulleitung und ein Team von Lehrern, das deutliche Akzente im Bereich der Verbesserung der innerschulischen Kommunikationskultur und des Umgangs mit Andersartigem und Fremdem (interkulturelle Pädagogik) gesetzt hat. Bei der Erstbefragung (schwarze Balken in der Graphik) war auffällig, daß die schulbezogenen Variablen von den Schülern vergleichsweise günstiger bewertet wurden als die klassenbezogenen Variablen.

Den überdurchschnittlich positiven Werten für die Schulatmosphäre standen unter dem Durchschnitt liegende, schlechtere Werte für die Klassenatmosphäre gegenüber. Die Werte jeder einzelnen Klasse, aber auch die durchschnittlichen Werte für die Klassenatmosphäre fielen also gegenüber der Schulatmosphäre weit ab. In Kenntnis des pädagogischen Initiativpotentials an der Schule hatten wir diesen Befund dahingehend interpretiert, daß die von der Schulleitung und der Innovationsgruppe intendierte pädagogische Aufbruchstimmung noch nicht bis zu jedem Lehrer und in jede Klasse vorgedrungen war. Die Schulatmosphäre wird auch in der zweiten Befragung (weiße Balken in der Graphik) noch etwas höher bewertet als die Klassenatmosphäre. Die Werte beider Parameter liegen nun aber im positiven Bereich, und der Indikator für das Klassenklima hat sich relativ stärker verbessert als der für das Schulklima, so daß man annehmen kann, daß das Eintreten für die neue pädagogische Programmatik sich in der Schule weiter durchgesetzt hat.

Schulqualität entwickelt sich, so läßt sich zusammenfassend festhalten, nicht innerhalb der Grenzen von Schulformen, sondern ist eine Prozeßvariable, die ganz wesentlich durch Initiative von Schulleitern und Kollegien von Einzelschulen geprägt ist. Der Erfolg hängt weiter davon ab, ob es gelingt, ein überzeugendes pädagogisches Profil zu entwickeln, mit Schülern, Lehrern und Eltern darüber zu diskutieren und sie einzubinden sowie die Ressourcen des Stadtteils und der Region zu nutzen – zum Vorteil für alle Beteiligten.

2. Bewährungskontrolle des Zwei-Säulen-Modells in Sachsen – Versuch einer Gesamtbilanz[2]

Eine Bewährungskontrolle des Zwei-Säulen-Modells kann anhand klassischer Kriterien der empirischen Bildungsforschung (Durchlässigkeit der Schullaufbahnen, Anschlußmöglichkeiten an weiterführende Bildungsgänge sowie Berufs- und Lebenschancen, die durch die entsprechenden Abschlüsse eröffnet werden) vorgenommen werden. Nimmt man weiterhin den demokratischen Anspruch unserer Gesellschaft ernst, ist und bleibt die Chancengleichheit, die sich durch Bildungsprozesse vermittelt, ein wichtiger Evaluationsgesichtspunkt für die Schule.

Betrachten wir zunächst einmal die Verteilung der Schüler auf die bestehenden Schulformen und Bildungsgänge (vgl. Abb. 2), so wird ersichtlich, daß die Mittelschule mit dem Hauptschul- und Realschulbildungsgang mit fast zwei Dritteln der Schülerschaft die größte Schulform gegenüber dem Gymnasium mit etwa einem Drittel darstellt.

---

2 Ein Auftrag zu einer allgemeinen Bewährungskontrolle des Zwei-Säulen-Modells wurde der Wissenschaftlichen Begleitung des Modellversuches nicht erteilt. Daher stützen sich die folgenden Analysen auf allgemein verfügbare Informationen sowie hauptsächlich auf Daten, die im Rahmen eines DFG-Projektes im Jahre 1996 erhoben worden sind.

Abb. 2: Verteilung der Schüler auf Schulformen und Bildungsgänge* (8. Jahrgang, Angaben in Prozent)

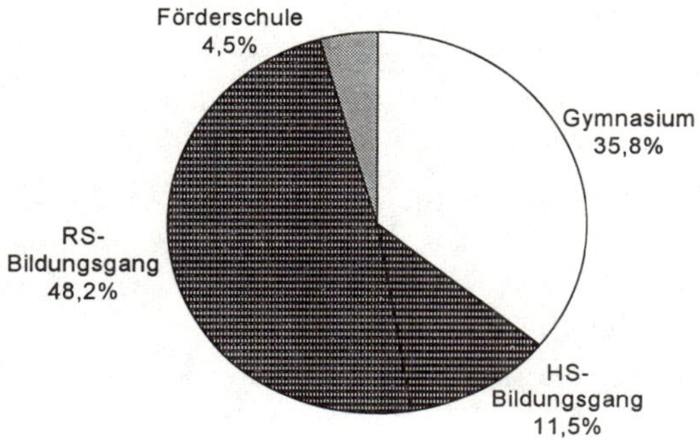

* Quelle: Forschungsgruppe Schulevaluation (1996)

Der Realschulbildungsgang mit einem Anteil von 48,2% an der Gesamtschülerzahl der Jahrgangsstufe 8 ist der meistbesuchte Bildungsgang. Hingegen befinden sich lediglich 11,5% der Schüler im Hauptschulbildungsgang, die als „Endprodukt" eines Selektionsprozesses neben den Förderschülern (4,5%) zu einer strukturell ausgegrenzten und damit negativ etikettierten Gruppe unter den Jugendlichen gehören. Bei den Experten und Pädagogen herrscht Ratlosigkeit, wie in dieser Gruppe eine Schul- und Leistungsmotivation herzustellen ist. Auch die Anhäufung von sozialen Problemen in den entsprechenden Lerngruppen stellt eine hohe Belastung und Herausforderung für Schüler und Lehrer dar, zumal eine spezifische Hauptschulpädagogik aufgrund des Systemwechsels in Ostdeutschland keinerlei Tradition besitzt und den Lehrern entsprechende Förderkompetenzen fehlen.

Unter dem Gesichtspunkt der Durchlässigkeit und Anschlußmöglichkeiten in den Bildungslaufbahnen ist eine Analyse der Übergänge zwischen den einzelnen Schulformen und Bildungsgängen aufschlußreich. Die beiden Schulformen der Sekundarstufe I (Mittelschule, Gymnasium) schließen an eine vierjährige Grundschule an und beginnen mit einer getrennten Beschulung in den Jahrgängen 5 und 6, die eine orientierende Funktion besitzen. In beiden Schulformen sind in dieser Phase der Lehrplan und das Curriculum weitgehend identisch gehalten, so daß ein Wechsel zum Gymnasium – neben dem Regelfall des Übergangs von Klasse 4 der Grundschule mit einer Gymnasialempfehlung – prinzipiell auch noch nach den Klassen 5 und 6 der Mittelschule möglich ist. Die folgende Tabelle zeigt die Anzahl der Schüler, die zu allen möglichen Zeitpunkten zum Gymnasium übergehen.

Tab. 1: Übergangsquoten innerhalb des Zwei-Säulen-Modells (Absolute Werte/Prozentwerte)

	4. KL. GS → 5.KL. Gym.			5. KL. MS → 6. KL. Gym.		
Schuljahre	Schüler Kl. 4 GrS	dav. Übergang an Kl. 5 Gym.		Schüler Kl. 5 MS	dav. Übergang an Kl. 6 Gym.	
94/95	56917*	18421	32,4	36318*	1257	3,5
96/97	56738*	16414	28,9	39955*	1046	2,6
	6. KL. → 7. KL. Gym.			10. KL. MS → 10. KL: Gym.		
	Schüler Kl. 6 MS	dav. Übergang an Kl. 7 Gym..		Schüler Kl. 10 MS*	dav. Übergang an Kl. 10 Gym.	
94/95	37108*	2074	5,6	30340*	393	1,3
96/97	37741*	859	2,3	31963*	91	0,3

Quelle: Statistisches Landesamt des Freistaates Sachsen /Große Anfrage im Sächsischen Landtag zur Entwicklung der Mittelschule, Drucksache 2/5998 vom 29.09.1997
* Schülerzahlen des Vorjahres als statistische Bezugsgröße

Die direkte Übergangsquote von der Grundschule zum Gymnasium beträgt im Schuljahr 1994/95 etwa 32% eines Jahrganges (mit Streuungen von etwa 5-55% in verschiedenen Regionen und Städten). Diese Übergangsquote war in den Jahren nach der Wende zunächst deutlich höher und ist dann auf dieses Niveau abgesunken. Wie die Tabelle ebenfalls zeigt, hat sich dieser Abwärtstrend im Schuljahr 1996/97 fortgesetzt: der Übergang nach der Grundschule liegt mittlerweile deutlich unter 30%. Nach der Klasse 5 wechseln im Schuljahr 1994/95 etwa 3,5% und nach der Klasse 6 noch einmal 5,6% der Mittelschüler zum Gymnasium. Die Quote dieses zweiten Übergangs hat sich im Vergleichszeitraum fast halbiert. Den über 9% Wechslern im Schuljahr 1994/95 stehen im Jahre 1996/97 nur noch 4,9% gegenüber. Der Trend zur Abschottung vom Gymnasium zur Mittelschule hin zeigt sich auch in einem Absinken der Anzahl der Schüler, die mit einem sehr guten Realschulabschluß im Anschluß an die 10. Klasse von der Mittelschule an das Gymnasium wechseln. Die Quote dieses dritten potentiellen Übergangs liegt nur noch bei 0,3% und tendiert in Richtung Null. Es zeigt sich also insgesamt ein Abnahme der Durchlässigkeit der Bildungsgänge und eine Erhöhung der Übergangsschwelle zum Gymnasium. Die Selbstreferenz der beiden Schulformen der Sekundarstufe I, deren Lehrer in der Praxis kaum miteinander zu tun haben, scheint tendenziell zu einer Abschottung und – vor dem Hintergrund der schulischen Selektion – zu einer Abstiegsmobilität im Schulsystem zu führen. Leidtragende dieser Entwicklung sind im allgemeinbildenden Schulsystem vor allem die Hauptschüler.

Die Legitimation dieser Selektion basiert auf einer sich objektiv verstehenden Notengebung, auf deren Fragwürdigkeit und Subjektivität von wissenschaftlicher Seite hinreichend hingewiesen worden ist (vgl. u.a. Ingenkamp 1989[8]). Daß in dieser Hinsicht in Ostdeutschland eine besondere Situation besteht, belegen unsere Untersuchungsdaten (vgl. Abb. 3). Wir haben in einer Repräsentativbefragung an sächsischen Schulen im Jahre 1996 auch die Noten der Schülerinnen und Schüler in den Hauptfächern erhoben und nach Bildungsgängen getrennt ausgewertet.

Abb. 3: Benotung von Schülerleistungen in den Hauptfächern (nach Bildungsgängen, Angaben in Prozent)

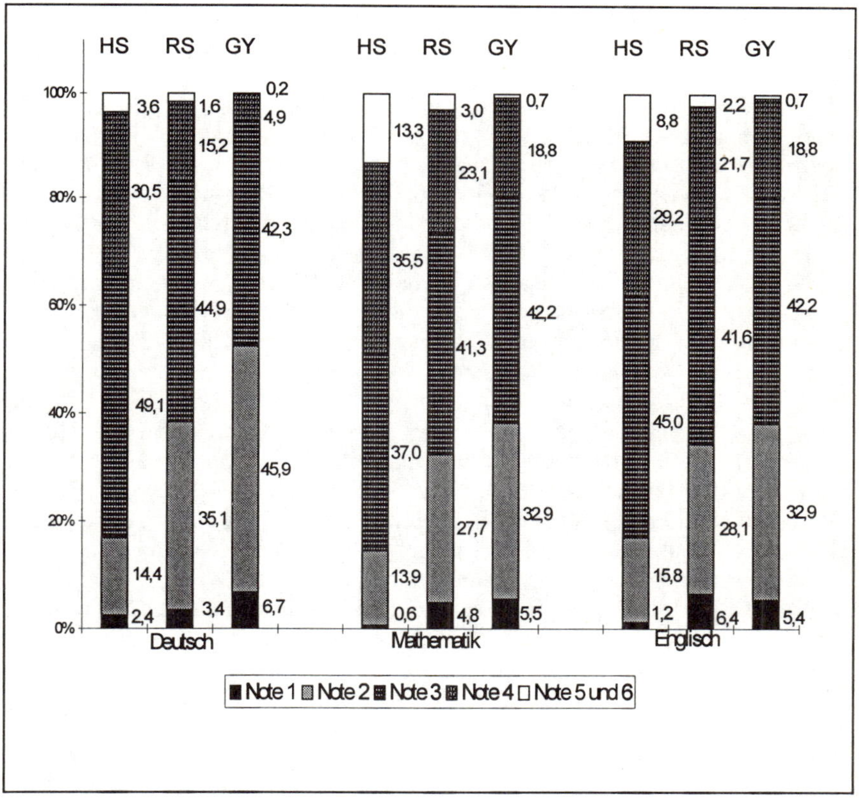

Quelle: Forschungsgruppe Schulevaluation (1996)

Die Ergebnisse zeigen, daß sich die gesellschaftliche Wertschätzung der Bildungsgänge in der Notengebung widerspiegelt, d. h., die Gymnasiasten haben die besten, die Hauptschüler die schlechtesten Noten, die Realschüler liegen im mittleren Notenspektrum. Sitzenbleiberquoten und schlechte Noten sind in der Mittelschule und insbesondere im Hauptschulbildungsgang signifikant häufiger anzutreffen. Es ist also für die Schüler leichter, sich auf einer höheren Schule zu bewähren als in der Mittelschule. Die Schüler, die auf einen

Hauptschulabschluß zustreben, sind doppelt betroffen: Nicht nur, daß sie die Schule mit dem niedrigsten Abschluß verlassen, sie haben zudem auf dem Zeugnis auch noch die schlechtesten Noten. Diese Diskrepanz zwischen Teilintegration und in letzter Konsequenz getrennt konzipierten Bildungsgängen, die zu unterschiedlichen Abschlüssen führen, zeigt sich bei den Lehrern in einer Unsicherheit in den jeweiligen Beurteilungsstandards. Sie haben noch keine spezifischen Maßstäbe für eine gerechte Beurteilung von Realschülern bzw. Hauptschülern entwickelt, sondern orientieren sich vermutlich an alten Maßstäben, die für eine nichtdifferenzierte Schulform Gültigkeit besaßen und dort auch angemessen waren.

Für die Hauptschüler hat dies alles zur Konsequenz, daß sie sich mit einem Zeugnis, das gesellschaftlich ohnehin niedrig bewertet wird und auf dem außerdem noch die relativ schlechtesten Noten verzeichnet sind, um eine Lehrstelle bewerben müssen – keine guten Voraussetzungen für eine erfolgreiche Bewerbung bei den allenthalben bestehenden schlechten Berufsperspektiven von Hauptschülern und den Verdrängungsprozessen, denen sie durch Realschüler und Abiturienten bei der Lehrstellensuche ausgesetzt sind.

Die beschriebenen Entwicklungen führen in ihrer Gesamtheit dazu, daß das Image der Mittelschule und insbesondere des Hauptschulbildungsgangs nicht sehr gut ist. In einer Repräsentativbefragung wurden Eltern und Lehrer nach der Qualität verschiedener Schulformen gefragt (vgl. IFS-Umfrage 1996). In Ostdeutschland geben 70% der *Eltern* dem Gymnasium gute Noten (1 und 2), der differenzierten Mittelschule nur 53% und der Hauptschule lediglich 32% (mit rückläufiger Tendenz – 1991: 49%, 1993: 35%). Die alten DDR-Schulformen (POS, EOS) rangieren mit über 70% in der Sympathieskala weit vor der Mittel- bzw. Hauptschule und noch etwas vor den Gymnasien. Insgesamt plädieren die Eltern in ihrer Mehrheit für eine Beibehaltung der vor der Wende gültigen Bildungsstrukturen (wohnortnahe POS, EOS oder Lehre, Berufsausbildung mit Abitur) – bei gleichzeitiger Abkehr von der „partei-ideologisch beeinflußten Pädagogik“ (vgl. hierzu und im folgenden IFS-Umfrage 1996). Für dieses Modell sprechen sich 57% der Repräsentativstichprobe (Gesamtbevölkerung) und 58% der Schülereltern aus, für das tatsächlich nach der Wende eingeführte Schulmodell aber nur 21% beider Befragungsgruppen. Auch hier zeigt sich wieder die hohe Akzeptanz des alten Systems (ca. ein Viertel der Befragten), die aus einer grundsätzlich positiven Einstellung gegenüber Integration und Förderung resultiert. Dies wird auch an der Antwort zu folgendem Item deutlich: *„Statt die Kinder nach der Grundschule in verschiedene Schularten einzuteilen, sollte man sie besser weiter gemeinsam unterrichten.“* Dieses Plädoyer für eine integrative Beschulung wird in Ostdeutschland von zwei Dritteln der Befragten unterstützt, in der Westumfrage aber nur von gut einem Drittel.

Die Lehrer sind bei der Beurteilung der Schulformen, die nach demselben Schema verläuft (Noten von 1 bis 6), noch kritischer als die Eltern. Es besteht zwar dieselbe Rangreihe der Schulformen, die Prozentwerte in der Kategorie „1 und 2“ sind aber durchschnittlich niedriger: Von den Sekundarschullehrern sind es nur 27%, die der Hauptschule gute Noten geben, noch etwas schlechter schneidet die differenzierte Mittelschule (26%) gegenüber den Gymnasien (50%) und den Realschulen (46%) ab (vgl. IFS-Umfrage 1996, S. 51). Insgesamt besitzen also die Hauptschule und auch die differenzierte Mittelschule mit dem Hauptschulbildungsgang eine nur geringe Akzeptanz in der Bevölkerung, bei den Schülereltern und bei den Lehrern.

Auch wenn man den Maßstab der Chancengleichheit an den Hauptschulbildungsgang und das differenzierte Bildungssystem insgesamt anlegt, sind die Ergebnisse nicht zufriedenstellend. Man müßte erwarten, daß der Schulerfolg – anders als in einer ständisch strukturierten Gesellschaftsform – sich nicht an der sozialen Herkunft orientiert, sondern das Schulsystem dazu beiträgt, die durch die schichtspezifische Sozialisation in den Familien geschaffenen Lerndefizite zu kompensieren.

Die Einlösung dieses Anspruchs gelingt dem differenzierten Schulmodell nicht. Unsere Daten belegen dies in einer Deutlichkeit, die wir vorher nicht vermutet hatten. Zunächst lassen sich eindeutige empirische Zusammenhänge zwischen dem Bildungsniveau der Eltern und dem ihrer Kinder nachweisen: 73,1% der Schüler des Hauptschulbildungsganges kommen aus Elternhäusern, deren Eltern lediglich den Abschluß der 10. Klasse POS erworben haben, bei den Realschülern sind es 69,4% und bei den Gymnasiasten etwa 50%. Umgekehrt beträgt der Anteil der Eltern mit Abitur bei den Gymnasiasten 45%, bei den Realschülern 22% und bei den Hauptschülern nur 11,3%. Insgesamt sind diese Ergebnisse als Tendenz zu einer Reproduktion von Bildungsschichten zu interpretieren.

Weiterhin haben wir mit einem umfassenderen Schichtmodell (Beruf, Status, Ausbildungsniveau) die soziale Herkunft der Schüler untersucht und mit den Bildungsaspirationen (erwarteter bzw. angestrebter Schulabschluß) sowie dem tatsächlichen Schulbesuch (Realschulbildungsgang, Hauptschulbildungsgang, Gymnasium) verglichen. Die folgende Abbildung 4 zeigt diesen Zusammenhang.

Die Grafik zeigt bei den Daten der Untersuchung von 1996 einen eindeutigen, sehr signifikanten Zusammenhang von sozialer Schichtzugehörigkeit, Bildungsaspiration und Schulerfolg, den man auf die einfache Formel bringen kann: Je höher die Schichtzugehörigkeit und der soziale Status, desto höher die Bildungspartizipation – je niedriger das Ursprungsmilieu in einem Schichtmodell anzusiedeln ist, um so geringer sind die Bildungschancen. Einerseits bestehen direkte Schichteinflüsse auf die besuchte Schulform, die ein für die sozialwissenschaftliche Forschung bemerkenswertes Niveau erreichen, anderseits werden diese Effekte durch die Höhe der Bildungserwartungen verstärkt bzw. abgefangen. In einer 1991 durchgeführten Ost-West-Untersuchung (vgl. Melzer 1992, Melzer/Schubarth 1995 S. 68ff) wurde dieser Zusammenhang ebenfalls überprüft; diese Vergleichsdaten sind in die aktuelle Datenübersicht in Klammern eingefügt.

Abb. 4: Schulform, Bildungsaspiration und soziale Herkunft (bivariate Zusammenhänge)

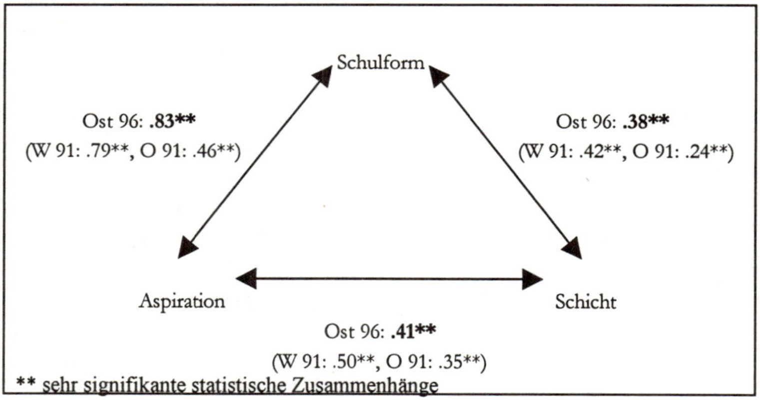

Auf den ersten Blick wird bereits deutlich, daß die gegenwärtigen Zusammenhänge von Sozialschichtzugehörigkeit und Schulerfolg in Ostdeutschland in etwa denen in Westdeutschland entsprechen, wie sie in der 91er Studie ermittelt worden sind. Der Vergleich für Ostdeutschland zeigt, daß die Einführung eines differenzierten Schulsystems im Freistaat Sachsen mit einer teilintegrierten Mittelschule nicht dazu geführt hat, die Chancengleichheit für die Schüler zu verbessern – im Gegenteil. Die direkten Schichteinflüsse auf die Bildungspartizipation sind deutlich gewachsen, der Zusammenhang von sozialer Herkunft und Bildungsaspiration ist ebenfalls gestiegen. Der auffälligste Befund ist die Verdoppelung des Zusammenhangs von Aspiration und Schulform von .46** im Jahre 1991 auf .83** im Jahre 1996. Da es sich bei bivariaten Zusammenhängen zwischen mehreren einzelnen Variablen nicht zwangsläufig um Kausalketten handelt, die nur in eine Richtung interpretiert werden können, bietet sich hier noch eine zusätzliche Deutung dieses Befundes an.

Die unterschiedlichen Bildungsansprüche und Images der Schulformen wirken sich bei den Beteiligten in der Weise aus, daß ihnen nach erfolgter Kanalisierung in einen Bildungsgang der Sekundarstufe nur noch das Bildungsniveau erreichbar erscheint, mit dem dieser Bildungsgang abschließt.

Dies korrespondiert mit den festgestellten Tendenzen der Abschottung der Bildungsgänge voneinander, so daß für die Bildungsbereitschaft eine Bremswirkung besteht, die kontraproduktiv ist für eine Motivation zum lebenslangen Lernen in einem im Prinzip offenen und diversifizierten Gefüge von Bildung, Ausbildung und Weiterbildung.

Durch die Einführung der Mittelschule mag man das institutionelle Problem der Hauptschule als Restschule gelöst haben, nicht aber das der Hauptschüler als einer marginalisierten und stigmatisierten Restgruppe mit stark unterdurchschnittlichen Berufs- und Lebenschancen.

3. Bildungspolitische Konsequenzen

Obwohl diese bildungssoziologische Analyse (Punkt 2) viele Kritikpunkte enthält und insgesamt eine Diskrepanz zwischen dem Anspruch eines teilintegrierten Schulsystems und der Schulwirklichkeit sichtbar werden läßt, ist damit noch kein abschließendes Urteil zur Bewährung oder Nicht-Bewährung des Zwei-Säulen-Modells gefällt – allerdings verweisen diese Befunde darauf, in welche Richtung bildungspolitisch gegengesteuert werden müßte. Ein diesen Untersuchungen gleichwertiger Teil unserer Forschungen, nämlich die zur Schulqualität und Schulentwicklung (vgl. Punkt 1), würde derart pauschalisierende Bewertungen auch verbieten. Vielmehr muß – so die Quintessenz unserer Studien – der Gedanke der Einzelschulentwicklung unter Berücksichtigung der Unterschiede der Jahrgänge und Klassen sowie der unterschiedlichen lokalen und regionalen Bedingungen als Grundlage der Bildungspolitik stärker als bisher zur Geltung kommen und sich in einer entsprechenden Schulnetzplanung niederschlagen. In einer Region an der Peripherie in der bis zu 85% der Schüler von der Grundschule zu einer gut erreichbaren Mittelschule und nur 5% zu einem entfernter gelegenen Gymnasium übergehen, wäre vielleicht eine kleine Gesamtschule die richtige und auch eine ökonomisch angemessene Lösung, während in urbanen Räumen eine Pluralität der Schulformen mit zusätzlich unterschiedlichen Profilen und pädagogischen Konzepten ein sinnvolles sowie von Eltern und Schülern akzeptiertes und nachgefragtes Bildungsangebot darstellen könnte.

Bei der Formulierung bildungspolitischer Postulate muß daran erinnert werden, daß für die sächsische Mittelschule seit ihrer Gründung das Prinzip der Entwicklungsoffenheit gegolten hat und weiterhin gilt. Dieser Leitlinie folgen eine Reihe von Aktivitäten der Bildungsadministration, wie die Ausarbeitung von Plänen einer behutsamen Umgestaltung, z. B. im Profilbereich (ab Klasse 7) oder das Fach Informatik und den Fremdsprachenunterricht betreffend. Die „Selbstwirksamkeit“ der Schulen soll erhöht, ihre pädagogische Qualität verbessert werden. Für Brennpunktschulen werden besondere Konzepte vorbereitet, in anderen Schulen die Einrichtung von Freizeitmöglichkeiten („Schulclubs“) gefördert. Über eine Verbesserung der Anschlußmöglichkeiten für Mittelschulabsolventen muß allerdings noch nachgedacht werden – sie muß bildungspolitisch gewollt sein.

Solche und weitere bereits formulierte Entwicklungsaufgaben und Kurskorrekturen in Rechnung gestellt, überzeugt – bei aller vorgebrachten Kritik – die Grundkonzeption, da sie einen historischen Schulkompromiß darstellt, zu dem die Altländer nicht fähig waren. Wenn von dort heute mit ähnlichen Lösungen geliebäugelt wird, hat das nichts mit einem „Modellcharakter“ der sächsischen Mittelschule zu tun, sondern in erster Linie mit einem bundesweit feststellbaren Niedergang der Hauptschule (vgl. Holtappels/Rösner 1996, S. 27 ff.) und den gestiegenen Bildungserwartungen der Eltern, die sie in dieser Schulform – trotz vorgenommener Modifizierungen – nicht befriedigt sehen. Ein teilintegriertes System würde derartige Verschiebungen im Aspirationsniveau und in Folge davon zwischen den Bildungslaufbahnen besser auffangen können, wäre damit in der Organisationsstruktur und im Lehrereinsatz flexibler und könnte für ein differenziertes Lehrangebot günstigere Voraussetzungen bieten. Für seine Einführung spricht zudem, daß die „große Alternative“ zur Dreigliedrigkeit, die Gesamtschule, die in der Vergangenheit die bildungspolitische Landschaft und auch die Eltern in zwei unversöhnliche Lager gespalten hatte, selbst bei einem Teil ihrer früheren Befürworter in Mißkredit geraten ist.

In der bundesrepublikanischen Bildungspolitik zeigt sich insgesamt eine pragmatische Tendenz, die z. B. im Saarland zu einem Einvernehmen von SPD und CDU bei der Zusammenführung von Haupt- und Realschule geführt hat; entsprechende Entwicklungstendenzen unterhalb von Gesetzesänderungen durch eine Nachfragepolitik zeigen sich z. B. in Hamburg und Mecklenburg-Vorpommern; Schulversuche bzw. Modellversuche gibt es zu diesem Bereich in Niedersachsen und in Rheinland-Pfalz. An einer Neugestaltung der Sekundarstufe I mit dem Ziel, die ehemaligen Bildungsgänge, die zum Hauptschul- bzw. Realschulabschluß führen, zu verändern, arbeiten fast alle Bundesländer. Diese und andere institutionelle Wandlungsprozesse sind in diesem Band ausführlich und im Detail dargestellt.

Dennoch wird sich – so meine Prognose – unter Einbeziehung dieser Teillösungen langfristig eine plurale Bildungsstruktur etablieren, die noch stärker als heute an der Nachfrage der Eltern und Schüler orientiert ist. Sofern das staatliche Schulwesen diesem Bedarf nicht nachkommt, werden sich verstärkt private Anbieter auf dem Bildungsmarkt etablieren. Wenn gleichzeitig die Schulforschung den Beleg dafür erbringt, daß die Qualität der Ausbildung nicht zwingend an der Schulform festzumachen ist, bedeutet dies eine nunmehr auch wissenschaftliche Bekräftigung der faktisch bereits erfolgten Diversifikationstendenz.

Für die Sekundarschule stellt sich dann nicht primär die große Systemfrage, sondern die einer „inneren“ Profilbildung, z. B. ob sie eher „berufsorientierende“ oder „akademische“ Bildungsgänge in ihrem Angebot führen möchte. Sofern mit der Berufsorientierung keine Abwertung des Bildungsabschlusses verbunden ist und weiterführende Bildungsgänge der Sekundarstufe II auf verschiedenen Wegen erreichbar sind – die Gesetzgeber könnten dies garantieren – könnten Einrichtungen wie „Mittelschule“, „Regelschule“ oder „Sekundarschule“ an Attraktivität gewinnen. Denn sie sprechen neben den heutigen Haupt- und Realschülern auch den stetig anwachsenden Teil der

Abiturienten an, der nach dem Abschluß nicht mit einem wissenschaftlichen Studium, sondern mit einer Berufsausbildung beginnen will.

Literatur

Baumert, J./Lehmann, R. u. a.: TIMSS – Mathematisch-naturwissenschaftlicher Unterricht im internationalen Vergleich. Deskriptive Befunde. Opladen 1997

Flechsig, K.-H./Kanther, M.: Management, Organisationsentwicklung und Qualitätssicherung in Bildungseinrichtungen. Arbeitspapier. Göttingen 1997

Holtappels, H. G./Rösner, E.: Schulsystem und Bildungsreform in Westdeutschland. In: Melzer/Sandfuchs 1996, S. 22-46

Ingenkamp, K. (Hrsg.): Die Fragwürdigkeit der Zensurengebung. Texte und Untersuchungsberichte. Weinheim und Basel 1989[8]

Melzer, W.: Jugend und Politik in Deutschland. Opladen 1982

Melzer, W./Hurrelmann, K.: Individualisierungspotentiale und Widersprüche in der schulischen Sozialisation Jugendlicher. In: Heitmeyer, W./Olk, T. (Hrsg.): Individualisierung von Jugend. Weinheim und München 1990, S. 35-79

Melzer, W./Stenke, D.: Schulentwicklung und Schulforschung in den ostdeutschen Bundesländern. In: Rolff, H.-G. u.a. (Hrsg.): Jahrbuch der Schulentwicklung, Bd. 9. Weinheim und München 1996, S. 307-336

Melzer, W./Schubarth, W.: Das Rechtsextremismussyndrom bei Schülerinnen und Schülern in Ost- und Westdeutschland. In: Schubarth, W./Melzer, W.: Schule, Gewalt und Rechtsextremismus. Opladen 1995[2], S. 51-71

Rolff, H.-G.: Autonomie von Schule – Dezentrale Schulentwicklung und zentrale Steuerung. In: Melzer, W./Sandfuchs, U.: Schulreform in der Mitte der 90er Jahre. Opladen 1996, S. 209-227

Scheerens, J.: Internationally Comparable Indicators of Educational Programmes and Processes. In: OECD: Measuring the Quality of Schools. Paris 1995 (zitiert nach Flechsig/Kanther 1997)

Schmidtchen, G.: Wie weit ist der Weg nach Deutschland? Sozialpsychologie der Jugend in der postsozialistischen Welt. Opladen 1997

Terhart, E.: Gute Lehrer – Schlechte Lehrer. In: Schwarz, B./Prange, K. (Hrsg.): Schlechte Lehrer/innen. Weinheim und Basel 1977, S. 34-85

Timmermann, D.: Qualitätsmanagement an Schulen. In: Wirtschaft und Erziehung H. 10/1996, S. 327-333

Berichte und Analysen über Einzelschulen

Lothar Sack

Die Fritz-Karsen-Schule – eine Gesamtschule mit Grundstufe und gymnasialer Oberstufe in Berlin-Neukölln

Kurzcharakterisierung

Die Fritz-Karsen-Schule (FKS) wird heute als Gesamtschule mit Grundstufe und gymnasialer Oberstufe geführt, d.h. sie umfasst alle 14 Jahrgänge der allgemeinbildenden Schule von der Vorklasse bis zum Abitur.

Sie ging 1948 aus der 37./38. Volksschule in Berlin-Britz, einem Ortsteil des Bezirks Neukölln im damaligen amerikanischen Sektor der Stadt als Einheitsschule hervor, entsprechend dem Berliner Schulgesetz von 1948. Die Schule bestand in dieser Form ca. 25 Jahre lang, obwohl im übrigen Berlin (West) ab 1951 ein ganz anderes Schulsystem eingeführt wurde.

Anfang der 70er Jahre paßte sie ihre Schulstruktur den in Berlin (West) neugegründeten Gesamtschulen in moderater Form an. Dabei behielt sie eine Reihe von Besonderheiten. Dies führte unter anderem dazu, daß die Fritz-Karsen-Schule bei der Vereinbarung der Kultusministerkonferenz zur gegenseitigen Anerkennung der Schulabschlüsse der Sekundarstufe I 1982 von der damals vereinbarten Standardstruktur ausgenommen wurde als eine von insgesamt sechs Gesamtschulen in der Bundesrepublik. Dieser Sonderstatus gilt bis heute.

Nach der Teilnahme am Projekt „Stabilisierung und Weiterentwicklung von Gesamtschulen durch Lehrerkooperation" 1988 bis 1991 erfolgte Anfang der 90er Jahre ein weiterer deutlicher Reformschritt: Das Modell „6 aus 5" wurde eingeführt. Dies bedeutet eine Stärkung des Klassenverbandes als stabile soziale Gruppe sowie die Adaption wesentlicher Elemente, die auch dem Team-Kleingruppen-Modell zugrunde liegen. 1998 besteht die Schule in ähnlicher Form 50 Jahre und ist damit die derzeit älteste staatliche Gesamtschule in Deutschland.

Entstehungszusammenhang

Die Neugestaltung des gesellschaftlichen Lebens in Deutschland auf demokratischer Grundlage nach Naziherrschaft und Zweitem Weltkrieg war Ziel vieler Maßnahmen im Nachkriegsdeutschland. So initiierte die Alliierte Kommandatura 1947 ein „Schulreform-Gesetz für Groß-Berlin". Es wurde nach

Beschluß der Berliner Stadtverordnetenversammlung 1948 in Kraft gesetzt. Dieses Schulgesetz sah die Einführung einer Einheitsschule für alle Schüler vor.

„Das Berliner Schulgesetz ist nach langem geistigen Ringen aller fortschrittlichen Kräfte unserer Heimat Wirklichkeit geworden.... Dieses Einheitsschulgesetz ist eine revolutionäre Tat. Die Durchführung des Gesetzes ist Voraussetzung für die geistige und weltanschauliche Erneuerung unseres Volkes.... Alle Kinder und Jugendlichen besuchen eine Schule, die Einheitsschule. Kein Nebeneinander der verschiedenen Schularten als Ausdruck der verschiedenen Volksschichten.... Die Erziehung unserer Jugend in der Einheitsschule ist die Voraussetzung für die Neugestaltung des deutschen Gemeinschaftslebens und für die Verständigung mit anderen Völkern. Ein Jahrhundert lang hat die fortschrittliche Lehrerschaft um die Einheitsschule gekämpft, Berlin stand stets im schulpolitischen Kampf in vorderster Linie. Es liegt bei den Lehrern, Eltern und Schülern Berlins, die Idee der Einheitsschule in die Tat umzusetzen" (aus der Präambel des Schulgesetzes für Groß-Berlin 1948).

Acht Schuljahre war für alle Schüler gemeinsamer Unterricht vorgesehen. An diese Schuljahre sollte sich für die Schüler, die in eine Berufsausbildung eintraten (praktischer Zweig), ein 9. Schuljahr für die Berufsfindung und eine dreijährige Berufsschulphase anschließen; für die Schüler, die das Abitur anstrebten, war ein vierjähriger gymnasialer Zweig ab Klasse 9 vorgesehen (wissenschaftlicher Zweig). Dabei war die organisatorische Zusammenfassung der allgemeinbildenden und beruflichen Bildungsgänge in einer Schule in § 20 des Schulgesetzes vorgeschrieben:

„Die Klassen der beiden Zweige der 12jährigen Einheitsschule (9. bis 12. Schuljahr) sind grundsätzlich in ein- und demselben Gebäude unterzubringen und vom gleichen Lehrpersonal gemeinsam zu unterrichten, sofern die Fächer sich zum gemeinsamen Unterricht eignen."

Die beabsichtigte Struktur der Berliner Schule wurde insbesondere auch von den westlichen Alliierten als Abkehr vom ständisch orientierten gegliederten Schulsystem der Vorkriegszeit und damit als Beitrag zur demokratischen Umgestaltung der deutschen Lebensverhältnisse angesehen. Diese Absichten standen im Gegensatz zur Entwicklung in Westdeutschland, wo sich die aus der Vorkriegszeit bekannte Schulstruktur mit 4jähriger Grundschule und anschließendem gegliederten Oberschulbereich wieder etabliert hatte, übrigens durchaus von den Alliierten kritisch gesehen.

Im Rahmen der Umsetzung des 1948er Gesetzes wurde der aus der pädagogischen Reformszene der Weimarer Zeit bekannte Fritz Hoffmann mit der Berufung zum Schulleiter beauftragt, die 37./38. Schule im Neuköllner Ortsteil Britz (damals im amerikanischen Sektor) als Reform-Einheitsschule aufzubauen.

Bei den Wahlen zum Abgeordnetenhaus 1950 – die Blockade des Westteils der Stadt war vorüber, die Stadt gespalten – verlor die SPD einen erheblichen Stimmenanteil. Im Wahlkampf hatte die Entwicklung des Schulwesens einen großen Raum eingenommen. Im Kontext mit der in Gang gesetzten Integration der Westsektoren Berlins in die sich etablierende Bundesrepublik wurde auch das Schulgesetz novelliert. Die Einheitsschule wurde abgeschafft zugunsten der sog. „Berliner Schule“, einer 6jährigen Grundschule (quasi als Kompromiß) und den drei anschließenden Oberschulzweigen. Die Zweige hießen praktischer, technischer und wissenschaftlicher Zweig, sie entsprachen den heutigen Schularten Hauptschule, Realschule und Gymnasium. Eine inhaltliche, organisatorische oder auch nur räumliche Zusammenfassung dieser Schulzweige war nicht vorgesehen. Ebenso wurde die ursprüngliche Integration von allgemeiner und beruflicher Bildung in den Klassenstufen 9 bzw. 10 bis 12 aufgegeben.

Einige Schulen in Berlin (West) wollten diese Änderung nicht mitvollziehen und lieber Einheitsschule bleiben, so auch die 37./38. Schule in Britz. Nach einigen Auseinandersetzungen mit der damaligen Schuladministration blieb die Schule auf Antrag der Eltern und Lehrer Einheitsschule – letztlich die einzige in Berlin (West) – und wurde nun als „Schule besonderer pädagogischer Prägung“ geführt. Sollte die 37./38. Schule ursprünglich als Modell und Prototyp für die Gestaltung des gesamten Berliner Schulwesens dienen, also auf längere Sicht ihre Sonderrolle verlieren, mußte sie sich nun auf eine Rolle als Solitair in einer sonst völlig verschiedenen Schullandschaft einstellen. Leicht gemacht wurde ihr dies nicht überall: So wie vorher am Schulgesetz von 1948 schieden sich jetzt die Geister an dieser Schule; wurde sie einerseits als Hoffnungsträger für eine demokratische Schule gesehen, war sie andererseits Diffamierungen als „Einheizschule“ ausgesetzt und wurde der zu großen Nähe zur DDR-Pädagogik bezichtigt. Rückblickend erklärt sich die Schärfe mancher politischen Auseinandersetzung nur durch das polarisierende Blockdenken des „Kalten Krieges“, das auf beiden Seiten auch im pädagogischen Bereich die Elemente der jeweils anderen Position verdächtig machte, und dies unabhängig von den jeweiligen historischen Wurzeln.

Der berufsbildungsorientierte Teil der Einheitsschule (Klassen 10 bis 12 des ursprünglichen praktischen Zweiges) wurde nun an der „Britzer Einheitsschule“ nicht mehr aufgebaut, wohl aber der vollständige wissenschaftliche Zweig. Das erste Abitur fand 1957 statt. Es überraschte durch ein von der Schuladministration offenbar nicht erwartetes hohes Niveau.

Den Namen Fritz Karsens (1885-1951) erhielt die Schule 1956. Viele Elemente des zu seiner Zeit revolutionären Schulprogramms des „entschiedenen Schulreformers“ Fritz Karsen sind mittlerweile pädagogischer Standard (Arbeitspläne der Klassen, Schülerreferate, Sitzanordnung im Kreis, Arbeitsleitung durch einen Wortführer unter Beratung des Lehrers, Stundenprotokolle, keine Schulstrafen, Charakteristiken und Schüler-Jahresberichte statt Zeugnissen, Jahresausstellung der Schule, Studienfahrten mit Facharbeiten, Schultheater); nach wie vor gehören seine Grundideen zu den Orientierungspunkten für die Arbeit an der nach ihm benannten Schule. Auch sein persönliches Schicksal – er war einer der ersten, die von den Nazis 1933 aus ihrem

Amt gejagt und zu Asylsuchenden wurden – fordert auf zur Erziehung zu Demokratie, Toleranz und Solidarität.

In den folgenden Jahren wurde die Fritz-Karsen-Schule in verschiedener Weise weiterentwickelt und ausgebaut: Ein zehntes Vollzeitschuljahr für den praktischen Zweig wurde erprobt und eingeführt, ein Bildungsgang in Klasse 9 und 10, der zu einem mittleren Abschluß führte (nach heutiger Terminologie der Realschulabschluß) wurde eingerichtet. Nicht alle Vorhaben gelangen, so wurde die Einrichtung eines deutschkundlich-musischen Zuges des wissenschaftlichen Zweiges nicht akzeptiert, so blieb ein interessantes Projekt zur Neugestaltung der Oberstufe (Klasse 11 bis 13) unrealisiert. Als Fritz Hoffmann 1964 in den Ruhestand trat, war der äußere Aufbau der Schule weitgehend abgeschlossen.

In den 60er Jahren erstarkte im Rahmen der damaligen bildungspolischen Aufbruchphase wieder der Gedanke eines integrativen Schulsystems. In der damals entworfenen Gesamtschule wurde die Idee der Schule für alle Kinder und Jugendlichen wieder aufgegriffen und zeitgemäß adaptiert. Zahlreiche Schulgründungen erfolgten. Die Fritz-Karsen-Schule war nicht offiziell an den Neuentwicklungen beteiligt – sie galt mitunter immer noch als etwas „anrüchig“ –; interessanterweise wurde aber die bekannteste und zunächst profilierteste der Neugründungen, die Walter-Gropius-Schule, in der Nachbarschaft der Fritz-Karsen-Schule mit einem sehr ähnlichen organisatorischen Aufbau eingerichtet, nämlich von der Vorklasse bis zum Abitur, also einschließlich Grundstufe und gymnasialer Oberstufe.

Etwa in die gleiche Zeit fiel eine Umstrukturierung des Lehrerkollegiums; viele Lehrer der ersten Generation erreichten den Ruhestand, viele junge Lehrer kamen hinzu – auch eine neue Schulleitung: Werner Hinkel (1967-1970 stellv. Schulleiter, 1970-1992 Schulleiter). Die jungen, neuen Lehrer verstanden sich zum größten Teil als der 68er Generation zugehörig, eine Polarisierung im Kollegium drohte, die Schule erlebte turbulente Zeiten. Berufsverbotsfälle und politisch motivierte Disziplinierungen von Lehrern kamen vor. Die Schülerschaft, insbesondere der Oberstufe, stand in der politischen Auseinandersetzung den Lehrern nicht nach.

Äußere und innere Bewegung brachten die Fritz-Karsen-Schule dann 1973 dazu, sich in moderater Form den neuen Gesamtschulen anzupassen, allerdings unter Beibehaltung von Prinzipien aus der „Einheitsschule“. War sie – mit modernerer Terminologie – bisher eine Mischung aus Integrierter Gesamtschule ohne äußere Fachleistungsdifferenzierung (Klassen 7 und 8) und additiver Gesamtschule mit gemeinsamem Kursbereich (Klassen 9 und 10), wurde sie nunmehr integrierte Gesamtschule von Klasse 7 bis 10. Allerdings wurde die äußere Leistungsdifferenzierung nur für die Fächer Englisch und Mathematik in zwei Niveaustufen eingeführt. Der bisherige umfangreiche Kursbereich in den Klassenstufen 7 und 8 entfiel (leider).

Diese Schulstruktur wurde einer umfangreichen Überprüfung durch die Schulaufsicht unterzogen. Mehrere Jahre mußte in allen Fächern, in denen im

Gegensatz zu den anderen Gesamtschulen auf die äußere Fachleistungsdifferenzierung verzichtet wurde, der gesamte Unterricht dokumentiert werden. Schließlich erhielt die Fritz-Karsen-Schule die offizielle Anerkennung ihrer abweichenden Organisationsform. Die Abweichung von der Regelform fand dann auch ihren Niederschlag auf der Ebene der Kultusministerkonferenz: Die FKS wurde in den Kreis von insgesamt sechs Gesamtschulen in der Bundesrepublik aufgenommen, deren Abschlüsse auch weiterhin in allen Bundesländern anerkannt werden, obwohl sie in ihrer Struktur von der KMK-Vereinbarung 1982 abwichen. Diesen Sonderstatus behielt die Schule auch bei der erneuten KMK-Vereinbarung 1993.

War die Mittelstufe (Klassen 7-10) in der Vergangenheit 5-zügig organisiert, kam im Verlauf der 80er Jahre auf die FKS das Ansinnen zu, mehr Schüler aufzunehmen. Ein zeitweiliger Schülerrückgang in der Grundstufe machte dies auch möglich. In der Mittelstufe wurden nun sechs parallele Klassen eingerichtet. Es ergaben sich hierdurch erheblich verbesserte Organisationsmöglichkeiten, allerdings blieb die Mittelstufe auch nach wieder ansteigenden Zahlen der Schulanfänger in der neuen Größe erhalten. Etliche Jahre war die FKS mit weit über 1400 Schülern die größte allgemeinbildende Schule in Berlin (West). Waren schon vorher die Räume knapp, führte diese Situation in ein organisatorisches und pädagogisches Desaster: Zeitweilig hatten 10 (von 24 Klassen) der Mittelstufe keinen eigenen Klassenraum. Für die Größe der Schule fehlten ihr über 30% der Räume. An eine Abschaffung der seit einiger Zeit zur Linderung der Raumnot benutzten Filiale für 6 Klassen war nicht zu denken. Entgegen der früheren Tradition begannen Kinder nach Beendigung der 6. Klasse zum Gymnasium abzuwandern. Der Verlust des pädagogischen Profils drohte.

In dieser Situation kam die Teilnahme der Schule am Projekt „Stabilisierung und Weiterentwicklung von Gesamtschulen durch Lehrerkooperation“ (1988-1991) gerade zur rechten Zeit. In diesem Projekt stellten sich Gesamtschulen aus drei Bundesländern gegenseitig vor und versuchten dabei, Möglichkeiten der eigenen Weiterentwicklung zu finden. Das Ergebnis für die Fritz-Karsen-Schule war zweifach: Erstens die Notwendigkeit, Schülerzahlen und Raumkapazitäten in ein vertretbares Verhältnis zu bringen und zweitens eine innere Reform zur Stärkung der integrativen Idee durch stärkere Betonung der Klasse als stabilem Sozialverband.

Obwohl in der Vergangenheit immer wieder gefordert und auch zugesagt, war eine der Konzeption der Schule entsprechende bauliche Erweiterung und Umgestaltung nicht absehbar; als Lösung blieb eine Reduzierung der Schülerzahlen insbesondere in der Mittelstufe (aber auch in der Grundstufe). Dies barg durchaus ein Risiko: U.U. reichte das Potential der Übergänger in die gymnasiale Oberstufe nicht aus, diese lebensfähig zu halten; diese Befürchtung hat sich nicht bestätigt. Die Schülerzahl wurde um ca. 30 pro Jahrgang in der Mittelstufe reduziert; es wurden nur noch so viele Schüler über die aus der eigenen Grundstufe hinaus zum Jahrgang 7 aufgenommen, daß die Schülerzahl fünf normalgroßen Klassen entsprach. Die Schülerzahl ging insgesamt zurück auf 1150 bis 1200.

Die der Gesamtschule zugestandenen Teilungsstunden wurden zur Frequenzsenkung in den Klassen benutzt: Aus den fünf „normalfrequenten" Klassen entstanden so 6 Klassen mit verminderter Frequenz (1991: 22 Schüler pro Klasse, 1998: 24 pro Klasse). Ein Mehrbedarf an Räumen entstand so nicht, da keine Teilungsräume mehr benötigt wurden. Nach geringfügigen baulichen Veränderungen (u.a. Verlagerung von Fachräumen) hatte jede Klasse wieder einen eigenen Klassenraum. Dieses Organisationsmodell (es hieß „6 aus 5") wurde um einige Aspekte (Jahrgangsbetonung durch räumliche Unterbringung der Klassen, jahrgangsbezogene Lehrerverteilung, Kontinuität im Lehrereinsatz) angereichert. Nach diesem Organisationsmodell wird dieses Jahr (1998) der siebte Jahrgang zum achten Mal eingerichtet. Es hat deutlich zu einer Verbesserung des pädagogischen Klimas und auch zu einer wahrnehmbaren Beruhigung im Schulhaus beigetragen.

Ziele, Aufbau und Organisation

Fritz Hoffman schrieb 1947 in seiner Denkschrift „Die Schule als gesellschaftsbildende Kraft" auch für heutige Zeiten erstaunlich aktuell:

„IV. Die Gegenwartsaufgabe der Erziehung: Die gegenwärtige schulpädagogische Aufgabe liegt darin, der Jugend in einer Art positiver Isolierung von den Verzerrungen unseres Erwachsenendaseins einen Halt zu schaffen. Dabei geht es um ungetrübte, reine Kindlichkeit in Lust und Leid, Abneigung und Neigung, ums Heimathaben im selbstvergessenen Spiel, ums Feuer- und Flammesein für irgend ein Fach oder eine gültige Leistung im Lieblingsfach, ums Arbeitenwollen im schönsten Sinne, um die seltsam tiefen Fesselungen und Spannungen in den ersten Begegnungen mit der Kunst. Es geht um das erquickende Erlebnis für Eltern und Erzieher: die ihrer selbst eher unbewußte, kindlich reife Leistung. Es geht um Bescheidenheit und kräftiges Können, ums Reifen in ungebrochener Kindlichkeit, ums Heimathaben in sich selbst, dem ersten und entscheidenden Halt in einer Welt, die auf Jahrzehnte hinaus im stürmischen Entwicklungsfluß bleiben wird, ums Heimathaben in ihrer Jugendgemeinschaft, dem wunderbaren Medium ihrer geistigen Entwicklung, kurz: um ein Jugendleben als den Kraftquell für das ganze spätere Dasein. So überraschend naiv das auch klingen mag, so sind wir doch nicht etwa von der Sache abgekommen, vielmehr befinden wir uns im Kern des heutigen Erziehungsproblems. Wir müssen in der Tat von vorn anfangen – wie ganz Europa auf so vielen Lebensgebieten. Zur Frage steht: wie kann der sinnvolle Neubau einer demokratisch eingestellten menschlichen Gesellschaft gestaltet werden? Es liegt auf der Hand, daß dazu ein hohes Maß an Leistungen im beruflichen, sozialen politischen und kulturellen Mitschaffen gefordert ist. Diese könnten indessen kaum erbracht werden, wenn nicht der voll entfaltete Mensch hinter ihnen stünde. Die Voraussetzungen dafür müßten sich schaffen lassen, wenn es gelänge, ein jugendeigenes Leben zu entfalten, dieses freilich nicht abseitig, etwa als trügerisches Märchendasein, das im Anprall der Wirklichkeit zerstört würde und für die jungen Menschen gefährliche psychische Schäden zeitigte. Nein, wir wollen eine Schule bauen, die von den

Kindern als „ihre“ Schule bejaht wird, in der sie sich selbst hingegeben sind, sich selbst genügen, sich selbst erfüllen. Sie soll ihnen, wie Pestalozzi es verlangt, die „Befriedigung ihres Wesens in ihrem Innern“ und den Verlassenen wieder innere Heimat und Raum für ihr Leben geben. Diese Zielstellung fordert die Abkehr von der bloßen Lernschule. Diese stellt ihrem Wesen nach eine Gängelei dar, sozusagen eine Folge von Vorübungen für das künftige Leben, von Erwachsenen bestimmt und dosiert und abgestellt auf nachträgliche Sinnerfüllung. Ein krasses Beispiel dafür ist jene „Ochsentour“ in der Form einer examensüberschatteten, lebensfremden Paukerei – ohne eigentlichen Tiefgang, ohne individuelle Nuancen. Jugendliche Lebensphasen bleiben dabei unerfüllt, Wirklichkeits- und Gemeinschaftssinn werden nicht geübt, natürliches Selbstbewußtsein unzulänglich entfaltet.“

Der für die erste Phase des Bestehens der Schule konstitutive, bereits skizzierte Schulaufbau (für alle Schüler gemeinsame Klassen bis zum 8. Schuljahr, danach ein additiv gegliedertes System mit integrativen Elementen) bot einen geeigneten Rahmen für diese Absichten. Allerdings muss noch auf zwei Aspekte der frühen Fritz-Karsen-Schule näher eingegangen werden:

– der Kursbereich im 7. und 8. Schuljahr
– die (freiwilligen) Arbeitsgemeinschaften.

Der Kursbereich des 7. und 8. Jahrgangs umfaßte 10 von insgesamt 32 Wochenstunden, also etwa ein Drittel der Unterrichtszeit; er diente der Differenzierung und zwar sowohl der Leistungs- als auch der Interessendifferenzierung. Neben Französisch als zweiter Fremdsprache waren hier fast alle Fächer des Klassenunterrichts, daneben noch Werken und Nadelarbeit vertreten. Diese Kurse dienten zum einen als Additum der Vertiefung des Klassenunterrichts, waren in der Regel auf einem insgesamt recht hohen Niveau angelegt und sorgten so für eine intellektuelle Herausforderung und Erprobung. Für Schüler, die in den „Hauptfächern“ Deutsch, Englisch oder Mathematik nur ausreichende oder schlechtere Leistungen erreichten, wurden in diesem Kurssystem zum anderen kleine Förderkurse mit einem hohen Wiederholungs- und Übungsanteil eingerichtet. Der Besuch dieser Kurse war für die betreffenden Schüler obligatorisch. Die Förderkurse wurden nicht benotet. Selbst für Schüler, die an drei Förderkursen teilnahmen, blieben noch Wahlmöglichkeiten.

Dieses Kurssystem bot eine sehr flexible Möglichkeit, sowohl auf unterschiedliches Leistungsvermögen als auch unterschiedliche Schullaufbahn- und Fachinteressen einzugehen und so den im Klassenverband erteilten Unterricht zu entlasten. Er wurde bei der Umgestaltung zu Beginn der 70er Jahre in seinem Wert offenbar unterschätzt und nicht in dieser Form weitergeführt.

Von Anfang an nahm die Schülerbeteiligung außerhalb des Pflichtunterrichts in ganz unterschiedlicher Form einen wichtigen Platz in der Schule ein. Die traditionsreichen großen Theateraufführungen wurden hier vorbereitet, praktische Arbeit war in Chemie und Werken ohne Zeitnot möglich. Neben diesen Arbeitsgemeinschaften übernahmen viele Schüler verantwortungsvolle Aufgaben: Sie organisierten die Buchausleihe, betrieben die Druckerei, arbeiteten im Fotolabor. Es gab so einen fließenden Übergang zwischen reinem Lernen und verantwortlichem Tun. Mit dem Wandel zur Gesamtschule neueren Typs wurde ein großer Teil dieser Tätigkeitsbereiche von dafür Angestellten in der Regel auf professionellem Niveau übernommen. Hierdurch wurden aber die Schüler aus den Tätigkeiten (und aus den Räumen) vertrieben. Zur Zeit (1998) wird dieser Aspekt in der Schule angesichts der Nichtwiederbesetzung freiwerdender Stellen für technische Angestellte als Tugend wiederentdeckt.

Die FKS in ihrer heutigen Struktur

Heute (1998) hat die Fritz-Karsen-Schule folgenden Aufbau: Die Grundstufe (Vorklasse bis Klasse 6) wird in drei parallelen Klassen geführt mit ca. 450 Schülern. Diese gehen nahezu geschlossen in die Mittelstufe (Klassen 7 bis 10) über. Für den 7. Jahrgang werden neu hinzukommende Schüler anderer Grundschulen aufgenommen, so daß der gesamte Jahrgang 144 Schüler (in 6 Klassen) umfaßt. Die gesamte Mittelstufe hat ca. 580 Schüler. Am Ende der 10. Klasse werden je nach erreichter Leistung die Abschlüsse

- erweiterter Hauptschulabschluß,
- Realschulabschluß und
- die Berechtigung zum Besuch der gymnasialen Oberstufe

vergeben. Die Oberstufe ist, je nach Übergangsquote 2- bis 3-zügig. Sie umfaßt zur Zeit ca. 180 Schüler.

Pädagogisches und fachliches Profil

Eine der Grundlagen der pädagogischen Arbeit an der FKS sind seit jeher Kontinuität der Beziehungen und „bruchlose Erziehung“, das heißt z.B. Lehrerwechsel möglichst behutsam durchzuführen. So werden beim Schuljahresbeginn planmäßig maximal die Hälfte des Unterrichts mit neuen Lehrern besetzt; in der Regel ist ein neuer Klassenlehrer bereits vorher als Fachlehrer der Klasse bekannt. Auf diese Weise ist auch der Übergang von der Grund- zur Mittelstufe nur mit geringen Lehrerwechseln verbunden. Bei zunehmendem Fachunterricht ab Klasse 5/6, spätestens ab der Klassenstufe 7 übernehmen, wenn möglich, eine Lehrerin und ein Lehrer die Klassenleitung. Wir legen Wert auf den Klassenverband als kontinuierliche, stabile Bezugsgruppe. Wo immer es möglich und sinnvoll ist, wird im Klassenverband unterrichtet. Niveaukurse (äußere Leistungsdifferenzierung) werden in den Fächern Englisch und Mathematik ab der Mitte des 7. Schuljahres eingerichtet.

Die für Teilungsunterricht zur Verfügung stehenden Lehrerstunden werden in der Mittelstufe für geringere Klassenfrequenzen eingesetzt (etwa 24 Schüler pro Klasse). Dies erleichtert die Aufgabe, unterschiedlichen Lernmöglichkeiten der Schüler durch binnendifferenzierende und individualisierende Maßnahmen gerecht zu werden. Der Pflichtunterricht findet, bis auf geringe Ausnahmen, vormittags statt. Der Samstag ist unterrichtsfrei.

Inhaltliche Schwerpunkte der Fritz-Karsen-Schule sind u.a. musische Erziehung, informationstechnische Bildung und Umweltbildung. Mehrere z.T. sehr traditionsreiche Theaterarbeitsgemeinschaften führen regelmäßig ihre Produktionen einem breiten Publikum vor. Es gibt das Wahlpflichtfach Darstellendes Spiel. Musik wird in mehreren Arbeitsgemeinschaften und dem Chor gepflegt. Ein schulübergreifender Leistungskurs Musik wird an unserer Oberstufe geführt. Keramikwerkstatt und Fotolabor werden häufig genutzt.

Seit 1968 beschäftigen sich Schüler und Lehrer mit Computern. Es gibt den informationstechnischen Grundkurs im 8. Jahrgang, Informatik als Wahlpflichtfach in Jahrgang 9/10 sowie als drittes oder viertes Abiturprüfungsfach in der Oberstufe. In jüngster Zeit finden verstärkt Aktivitäten im Bereich der E-Mail (electronic mail) statt mit großem Zuspruch durch die Schüler. Die FKS ist Projektschule im Rahmen der Initiative „Schulen ans Netz". Die FKS war an mehreren Modellversuchen zur schulischen Umweltbildung beteiligt. Dabei ist einerseits das Schulgelände gestaltet worden (Schulgarten, Teich, Staudengarten etc.), andererseits sind beispielhaft Unterrichtseinheiten erstellt und erprobt worden.

Fremdsprachen und Wahlpflichtbereich

Das Fremdsprachenprogramm umfaßt

- ab Kl. 5 Englisch (Pflichtunterricht),
- ab Kl. 7 Französisch (bis zum Abitur),
  Russisch (bis Klasse 11),
- ab Kl. 9 Latein (Latinum bei Unterricht bis in den 13.
- Jahrgang), Spanisch (nur Kl. 9 und 10),
- ab Kl. 11 Französisch (bis zum Abitur).

Die für das Abitur verpflichtende 2. Fremdsprache kann auch in Klasse 11 begonnen werden. Alternativ zur zweiten Fremdsprache kann im Wahlpflichtbereich des 7. und 8. Jahrgangs Kunst, Arbeitslehre oder Biologie gewählt werden.

Im 9. und 10. Schuljahr gibt es zwei Wahlpflichtfächer. Außer den Fremdsprachen stehen zur Wahl: Literatur, Darstellendes Spiel, Kunst, Musik, Arbeitslehre (mit verschiedenen Schwerpunkten), Mathematik, Physik, Chemie, Biologie und Informatik.

Arbeitsgemeinschaften / Schularbeitszirkel

Zahlreiche Arbeitsgemeinschaften für alle Altersgruppen von Chor, Astronomie und Gartengestaltung über Hockey, Jazztanz und Radsport bis zum Schach finden nachmittags statt. Daneben gibt es für die Erledigung der Hausaufgaben tägliche Schularbeitszirkel, die von Schülern unserer Oberstufe geleitet werden. Ein Teil der Arbeitsgemeinschaften wird in Kooperation mit dem Schülerzentrum Neukölln-Gropiusstadt durchgeführt. Wo dies pädagogisch sinnvoll ist, finden die Arbeitsgemeinschaften in altersgemischten Gruppen aller Schulstufen statt.

Schulleben

Projekttage, Schülerfahrten in unterschiedlichen Jahrgängen, Exkursionen, Sportfeste, Sommerfest, Musikaufführungen und Theaterabende bilden zusammen ein vielfältiges Schulleben. Die selbstverwaltete Cafeteria, von einem eigens dafür gegründeten Verein betrieben, in der Eltern, Schüler und Lehrer zusammenarbeiten, sorgt für das leibliche Wohl beim Pausenverkauf und bei Veranstaltungen. Seit 1958 besteht der Verein Freunde der Fritz-Karsen-Schule, der Förderverein der Schule. Jeder an der Schule Interessierte kann Mitglied werden.

Die Lage der Schule

Der Ortsteil Britz spielt im Bezirk Neukölln insofern ein Sonderrolle, als er sozial als recht stabil gelten kann. Hier sind weder die Probleme der multikulturellen Bevölkerung im Norden des Bezirks übermächtig, noch die der weiter südlich gelegenen Großsiedlung der Gropiusstadt.

Die Schule befand sich zunächst noch in der Britzer Chausseestr. 1949, noch mitten im Aufbau der Schule, zog die 37./38. Schule in das Schulgebäude in der Onkel-Bräsig-Str., wo sich die Fritz-Karsen-Schule auch heute noch befindet. Im Umkreis von etwa 500 m um die Schule befinden sich viele andere Schulen: Gymnasium, Realschule, Hauptschule, mehrere Sonderschulen und weitere Bildungseinrichtungen.

Das Schulhaus liegt auf einem recht großzügigen Gelände, eingebettet in einen Grünzug, Fennpfuhl und Akazienwäldchen im Norden, Britzer Gutspark im Süden. Westlich der Schule liegt der alte Dorfkern von Britz mit Teich, Kirche und ehemaliger Dorfschule, die derzeit als unsere Filiale die 3. und 4. Klassen beherbergt. Im Osten grenzt das Schulgelände unmittelbar an die von Bruno Taut in den zwanziger Jahren gebaute Siedlung (u.a. Hufeisensiedlung). Die Siedlung wurde als Beispiel für angemessene Wohnverhältnisse als Gegensatz zu den Mietkasernen im Norden des Bezirks gebaut und war in diesem Sinne als Arbeitersiedlung gedacht. In der Zwischenzeit hat diese Siedlung einen sozialen Aufstieg erlebt und ist gekennzeichnet durch relativ geringe Bevölkerungsfluktuation.

Für den Ortsteil Britz spielt die FKS eine besondere Rolle. Zum einen ist die Grundstufe, wie andere Berliner Grundschulen auch, an einen Einschulungsbereich gebunden, d.h. sie ist Pflichtgrundschule für die in unmittelbarer Nähe Wohnenden. Dies ist auch aus der Entstehung der Schule zu verstehen. In den letzten Jahren gehen die 6. Klassen wieder fast vollständig in die Mittelstufe über. Pro Klasse sind im Schnitt 1 bis 2 Abgänge zu verzeichnen, davon wechseln nicht alle in ein Gymnasium. Dieses Verhalten von Eltern und Schülern zeigt, daß eine integrative Schule auch bei relativ starker Konkurrenz in unmittelbarer Umgebung durchaus von ihrer Umgebung akzeptiert wird. Sicher spielt hierbei auch eine Rolle, daß aus vielen Familien die Kinder in der zweiten und dritten Generation die Fritz-Karsen-Schule besuchen.

Neben dem engeren „Kietz“ war und ist die Schule aber auch stets interessant für Menschen, die weiter entfernt wohnen und für die das inhaltliche Angebot der Schule attraktiv ist.

Evaluation

Heute kann die Fritz-Karsen-Schule als etablierte Schule gelten, die dem Anspruch des Grundgedankens der Gesamtschule, nämlich Schule für alle Kinder und Jugendlichen zu sein, also eine etwa bevölkerungsrepräsentative Zusammensetzung der Schülerschaft zu erreichen, recht nahe kommt.

Die Anmeldezahlen für die Schule zeugen von ihrer Akzeptanz. Es können bei weitem nicht alle Kinder, die angemeldet werden, aufgenommen werden. Dies gilt für die Lernanfänger im ersten Schuljahr, aber erst recht für die Schulanmeldungen für den 7. Jahrgang. Auf die ca. 70 zu vergebenden Plätze haben sich in den letzten Jahren stets mehr als 200 Schüler beworben.

Zusammen mit den Schülern, die aus den eigenen 6. Klassen in die Mittelstufe übergehen, erreicht die Schülerschaft in letzter Zeit etwa folgende Zusammensetzung:

- ca. 25-33% gymnasialempfohlene Schüler,
- ca. 33-40% realschulempfohlene Schüler und
- ca. 33% hauptschulempfohlene Schüler.

In der Regel erreichen zwischen 35 und 45% der Schüler die Berechtigung, die gymnasiale Oberstufe zu besuchen; ca. 40-50% erreichen einen Realschulabschluß, ca. 15% einen Hauptschulabschluß. Die Abiturergebnisse liegen mit ihren langjährigen Werten stets im Berliner Durchschnittswert.

Trotz dieses Ergebnisses, mit dem die Schule insgesamt recht zufrieden ist, geht aber das Bemühen um die gemeinsame Gestaltung und Entwicklung der Schule weiter. Die nächsten Bemühungen gelten der weiteren Verbesserung der Raumstruktur und der Verstärkung der Kontinuität der pädagogischen Prinzipien über die Schulstufen hinweg, der stärkeren Vereinheitlichung des pädagogischen Handelns der Lehrer und einer stärkeren verantwortlichen Beteiligung der Schüler am täglichen Funktionieren der Schule.

Ergänzende Informationen zu Fritz Karsen, dem Namensgeber der Schule

KARSEN, Fritz, Pädagoge, geb. 11. 11. 1885 in Breslau, gestorben 25. 8. 1951 in Guayaquil (Ecuador).

Vater Gustav Krakauer (1851-1910), Dr. phil., Prof., Oberlehrer an der Oberrealschule in Breslau, Kaufm.-S.; Mutter Klara Bernstein; Heirat Magdeburg 1917 Erna Heidermann (1895-1956), Tochter eines leitenden Beamten der Stadtverwaltung Hannover; Tochter Sonja Karsen (geb. 1919), Prof. für Spanisch. Nach Studium in Breslau (Promotion zum Dr. phil. 1908) und Staatsexamen für das höhere Lehramt (1909/10) in Deutsch, Englisch, Französisch, Philosophie und Turnen wurde Karsen Oberlehrer an der Oberrealschule in Liegnitz (1911/12) und an der Luise-Henriette-Schule in Berlin-Tempelhof. Als Mitglied der „Arbeitsgemeinschaft sozialdemokratischer Lehrer" beteiligte er sich an der Vorarbeit für den „Bund entschiedener Schulreformer", den er u.a. mit Paul Oestreich, Franz Hilker, Siegfried Kawerau 1919 gegründet hat. Er vertrat die Einheitsschule (vom Kindergarten bis zur Hochschule) auf der Berliner Reichsschulkonferenz (1920). Als Oberstudiendirektor an der staatl. Bildungsanstalt in Berlin-Lichterfelde, der ehemaligen Hauptkadettenanstalt, scheiterte er mit einem Reformversuch 1920 an der Renitenz der Internatsschüler. 1920/21 ging Karsen als Wissenschaftlicher Hilfsarbeiter an das Preußische Kultusministerium.

Durch die Annahme eines Rufs als Leiter einer Schule geriet Karsen in Gegensatz zu Oestreich und verließ den Bund. Die von jenem ideell begriffene „Lebens- und Produktionsschule" genügte Karsen nicht, er forderte den praktischen Versuch. Eine Grundlage dafür bot ihm die (Hamburgische) Form der „Lebensgemeinschaftsschule" des Berliner Stadtschulrats Wilhelm Paulsen. Karsen prägte den Begriff einer „Schule der werdenden Gesellschaft", die auf den Ergebnissen der Arbeiter-, Frauen- und Jugendbewegung aufbauen könne. Diese (autonome) Schule wurde durch Koedukation und voll durchgeführten Arbeitsunterricht mitbestimmt. Durch Besuche bei Landerziehungsheimen, der Waldorfschule, bei Berthold Otto, Oscar Seinig, Adolf Jensen (Erlebnisschule), Hugo Gaudig hatte Karsen vergleichen gelernt. Seine „neue Schule" verstand sich nicht als Stoffvermittlungsanstalt, ihre Bildungsinhalte richteten sich nach den notwendigen Aufgaben im Leben der „werdenen Gesellschaft".

Die Verwirklichung wurde durch Karsens Ernennung zum Oberstudiendirektor am Kaiser-Friedrich-Realgymnasium (seit 1930 Karl-Marx-Schule) in Berlin-Neukölln (Okt. 1921-Febr. 1933) angebahnt. Karsen, unterstützt vom Neuköllner Stadtrat Kurt Löwenstein, richtete eine Versuchsschule ein, die neue Wege ging in ihrem Aufbau (Fachklassen, Gabelung der Oberstufe, Schülermitverwaltung, Blockstunden) wie in der Arbeitsweise mit folgenden Merkmalen: Arbeitspläne der Klassen, Schülerreferate, Sitzanordnung im Kreis, Arbeitsleitung durch einen Wortführer unter Beratung des Lehrers, Stundenprotokolle, keine Schulstrafen, Charakteristiken und Schüler-Jahresberichte statt Zeugnissen, Jahresausstellung der Schule, Studienfahrten mit Facharbeiten, Schultheater. Es entstand das Gefüge einer durchrationalisierten „sozialen Arbeitsschule", ein System der

„kollektiven Arbeit". Die bestehende Schule wurde systematisch erweitert: 1922 durch Angliederung von Aufbauklassen, 1923 den ersten Arbeiterabiturientenkursus, 1927 Integration der Deutschen Oberschule, Zusammenschluß mit einer Volksschule, 1928 den Plan einer „Gesamtschule", 1929 ein pädagogisches Versuchsseminar für Referendare.

1929-30 war Karsen Lehrbeauftragter für praktische Pädagogik (Univ. Frankfurt), 1931-33 beauftragter Dozent für das ausländische Schulwesen (Univ. Berlin). Er hatte Studienreisen u.a. nach England, Sowjetrußland und in die USA (Project Methode) unternommen. Am 21. 2. 1933 wurde er von allen seinen Ämtern entbunden und emigirierte kurz danach in die Schweiz. Von dort ging Karsen nach Frankreich, wo er die „Ecole nouvelle de Boulogne" in Paris für Auslandskinder einrichtete (1934-36).

Von der kolumbianischen Regierung wurde er als Bildungs- und Erziehungsberater nach Bogotá berufen; er betätigte sich in der Planung der Universitätsstadt und der Neuordnung der Lehrerbildung. Aus Gesundheitsgründen gab er sein Amt auf und wanderte in die USA ein (Mai 1938; Staatsbürger 1944).

Er wirkte an mehreren Colleges als Instructor (lecturer) in Education. 1946-48 wurde er als leitender Beamter im Bereich Hochschule und Lehrerbildung bei der US-Militärregierung (Berlin) eingesetzt. 1948/49 lehrte er als Assistant Professor für Deutsch am New York City College, 1949-51 als Associate Professor für Erziehungswissenschaft am Brooklyn College New York. Bei der Durchführung eines UNESCO-Auftrages zur Reorganisation des Universitätswesens in Ecuador (März-Aug. 1951) ereilte ihn der Tod. Alfred Ehrentreich (aus „Neue Deutsche Biographie 11/1977")

Literatur

Blümel, Fritz: Schule besonderer pädagogischer Prägung. Aus der Praxis der Fritz-Karsen-Schule, in: Berliner Stimme Nr. 12/14 vom 21. März 1964

Dörger, Ursula: Projekt Lehrerkooperation. Eine pädagogische Konzeption zur Weiterentwicklung von Gesamtschulen. Veröffentlichungen der Max-Träger-Stiftung. 1992: Juventa, Weinheim und München

Dörger, Ursula u.a. (Hrsg.): Projekt Lehrerkooperation 1988-1991. Berichte der Projektgruppen. Materialband

Füssl, Karl-Heinz; Kubina, Christian: Berliner Schule zwischen Restauration und Innovation, Frankfurt/M.-Bern: Verlag Peter Lang, 1983 (Studien zur Bildungsreform, Bd. 9)

Hoffmann, Fritz: Die Schule als gesellschaftsbildende Kraft, (unveröffentlichtes Manuskript) Berlin: 1947

Hoffmann, Fritz u.a.: Feiergestaltung im Dienste der Schulerneuerung, in: Pädagische Blätter Nr. 1/2 - 1950

Hoffmann, Fritz: Schulaufführungen in der Fritz-Karsen-Schule, in: Pädagogische Blätter Heft 13/14 - 1956

Hoffmann, Fritz: Das System der Einheitsschule, in: Opvoeding en Onderwijs, Utrecht: 1956

Hoffmann, Fritz: Durch die Einheitsschule zum Abitur. Ein Schulversuch an der Fritz-Karsen-Schule, in: Berliner Lehrerzeitung Nr. 21/1957, Nr. 22/1957

Hoffmann, Fritz: Die Fritz-Karsen-Schule in Berlin-Neukölln. Bericht über einen Schulversuch, in: Die Deutsche Schule Heft 2/1960

Karsen, Fritz: Die Schule der werdenden Gesellschaft, Berlin: 1921

Karsen, Sonja Petra: Bericht über den Vater. Berliner Schuljahre 3. 1993: Overall Verlag, Berlin

Klein, Eberhard: Unterricht auf der Grundlage selbsttätigen Werkens und Wirkens, in: Die Deutsche Schule Heft 9/1961

Klewitz, Marion: Berliner Einheitsschule, Berlin: Colloquium Verlag, 1971

Lietzow, Marion: Die institutionelle Entwicklung der Fritz-Karsen-Schule in Berlin-Neukölln, wissenschaftliche Hausarbeit im Rahmen der Ersten Staatsprüfung für das Amt des Lehrers, Berlin: Pädagogische Hochschule, 1979

Lösche, Peter: Autonome Persönlichkeit und werdende Gesellschaft. Gedanken zum 100. Geburtstag Fritz Karsens. 1986: Verein der Freunde der Fritz-Karsen-Schule, Berlin

Mitzka, Herbert: Der wissenschaftliche Zweig an der Fritz-Karsen-Schule in Berlin-Neukölln, Ein Beitrag zur Geschichte der Einheitsschule, 3. Aufl.,Einhausen: Selbstverlag, 1987

Otto, Hans-Gerd: Das Bild im dramatischen Spiel, in: Pädagogische Blätter Heft 13/14 1956

Radde, Gerd: Fritz Karsen – Ein Berliner Schulreformer der Weimarer Zeit. Historische und Pädagogische Studien Bd. 4. 1973: Colloquium Verlag, Berlin

Radde, Gerd: Die Fritz-Karsen-Schule als Einheitsschule in: Zielkonflikte um das Berliner Schulwesen zwischen 1948 und 1962 (Werkstattbericht) hrsg. von B. Schmoldt, K.-H. Füssl, Chr. Kubina und G. Radde, Berlin: Freie Universität Berlin, 1983

Radde, Gerd: Zum Kern- und Kursunterricht auf der differenzierten Mittelstufe an der Fritz-Karsen-Schule zu Berlin (West) in: Keim, Wolfgang (Hrsg.): Kursunterricht, Begründungen – Modelle – Erfahrungen, Darmstadt:1986

Radde, Gerd: Zur Geschichte der Fritz-Karsen-Schule. Die Britzer Einheitsschule in der Ära Fritz-Hoffmanns. 1988: Verein der Freunde der Fritz-Karsen-Schule, Berlin

Sienknecht, Helmut: Der Einheitsschulgedanke, Weinheim 1968

Verein der Freunde der Fritz-Karsen-Schule (Hrsg.): Schulreformer Fritz Hoffmann. Gründer und Gestalter der Einheitsschule. Enthüllung der Gedenktafel an der Fritz-Karsen-Schule am 23. September 1988. 1989: Verein der Freunde der Fritz-Karsen-Schule, Berlin

Verein der Freunde der Fritz-Karsen-Schule (Hrsg.): Werner Hinkel, Ein Vierteljahrhundert für die Fritz-Karsen-Schule – Abschiedsfeier am 28. August 1992, Berlin: Verein der Freunde der Fritz-Karsen-Schule, 1993

Anschrift der Schule:

Fritz-Karsen-Schule, Onkel-Bräsig-Str. 76/78, D-12359 Berlin (Britz), Tel. (030) 609001-0, Fax (030) 6066651

Armin Lohmann

Pädagogische Ansprüche an eine Schulentwicklung: „Wir nehmen unsere Schüler ernst!"

Am Südhang des Knüllgebirges thront über einem kleinen Städtchen die Steinwaldschule. Wer über leichte Anhöhen nach Neukirchen kommt, erblickt sie recht schnell. Der fremde Besucher[1] entdeckt nicht nur den weit über die Mitte des Stadtkerns sichtbar herausragenden Kirchturm, sondern auch die vor dem Steinwald gelegene Integrierte Gesamtschule mit ihren vielen Einzelgebäuden. Dieses ist die Steinwaldschule. Hier gehen knapp 800 Schülerinnen in die Klassen 5–10. Sie werden von mehr als 50 Lehrerinnen und Lehrern betreut. Bei der Steinwaldschule handelt es sich um eine Halbtagsschule, die an zwei Tagen einen Mittagstisch anbietet, um Schülerinnen und Schüler die Teilnahme am Nachmittagsunterricht in der Fußballschule, in der Hausaufgabenhilfe oder bei den Projektarbeiten in verschiedenen Labors und Werkstätten sowie außerschulischen Lernorten oder in der Musical-AG unkompliziert zu erleichtern. Diese Schule stellt sich traditionsgemäß – wie es seit dem Mittelalter an diesem Schulstandort Neukirchen üblich ist – folgendem heimischen Sprichwort:

> „Du bist nur so frei, wie Du bereit bist, für Dein Handeln und Denken die Verantwortung zu übernehmen."

1. Schulentwicklung reagiert antizyklisch zu wirtschaftlichen und sozialen Krisen

Die Steinwaldschule ist eine typische Schule im ländlichen Raum von Schwalm und Knüll in Nordhessen. Sie wurde 1972 als Integrierte Gesamtschule eingerichtet. Sie *fühlt sich zuständig* für die ihr anvertraute Jugend der Großgemeinden Oberaula, Ottrau, Neukirchen, Schrecksbach und Schwarzenborn.

---

1 Aus Gründen der Gleichberechtigung werden männliche und weibliche Schreibformen im Text locker abgewechselt.

Hervorgegangen ist sie Mitte der 60er Jahre aus einer Mittelpunktschule. Schaut man in ihre Schulgeschichte weit zurück, dann setzt sie traditionell das Bildungsangebot der alten Stadtschule Neukirchens fort. Diese wurde von Stadtvätern bereits im Zuge der Reformation gegründet. Verschafft man sich einen pädagogischen Einblick in die Geschichte des Schulstandortes Neukirchen von 1500 bis heute, dann fällt auf, daß die *Stadtentwicklung* und die *Schulgeschichte* dieses Kleinstädtchens eng miteinander verbunden waren. Oft wird die Schulentwicklung *antizyklisch* in sozialen und wirtschaftlichen Krisenzeiten gestaltet. Insgesamt war die äußere Schulreform von fast 500 Jahren in Neukirchen sehr beweglich. Die innere Reform als Ausdruck von Unterricht veränderte sich dagegen nur im Schneckentempo. Der Schulunterricht erlebte immer nur dann eine erfrischende Veränderung, wenn die Administration wie Kirche, Kurfürstentum oder (seit dem 20. Jahrhundert) auch der Staat sich in der Sicherheit wogen, „jetzt haben wir die Struktur verändert, zwangsläufig muß auch die Schule funktionieren."[2]

Auf diese Weise entstanden Ruhephasen, in denen sich ganz selbständig Schulreformen entwickelten. Sie waren manchmal der allgemeinen Schulentwicklung voraus oder fanden unabhängig von dieser eigenwillige Wege. So entsteht ein klarer Eindruck: Die Schulentwicklung ist vom Spätmittelalter bis in das 20. Jahrhundert zwar ortsgebundene Kirchengeschichte, sie ist insgesamt – bis in die heutige Zeit – von *fürsorglicher Weitsicht* geprägt. Bei näherer Betrachtung der schulischen Entwicklung von knapp 500 Jahren Schulgeschichte in Neukirchen[3] werden aus der Reformentwicklung die unterschiedlichsten Ergebnisse sichtbar. Die folgende Übersicht belegt eindrucksvoll den Wandel des städtischen Schulwesens in Neukirchen:

Um 1500 bis 1528 die erste Lateinschule, (1521 urkundlich nachgewiesen[4]).
1540 unmittelbar nach Abspaltung von der katholischen Kirche wurde zu Beginn der Reformation die Stadtschule eingerichtet.
1629 während des Dreißigjährigen Krieges wurde zum Schutze vor plündernden Landsknechthorden eine Mädchenschule gegründet.
1700 Öffnung der Stadtschule durch eine freiwilliges Schulbesuchsangebot für alle städtischen Kinder.
1726 allgemeine Schulpflicht und Zahlung von Schulgeld.
1836 Gründung einer „israelitischen Schule" (jüdische Gemeindeschule).
1848 Einrichtung einer Handwerkerschule als Vorläufer einer Berufsfachschule.

---

2 Vgl. Evangelische Kirchengemeinde Neukirchen, 500 Jahre Nikolaikirche – Neukirchen 1497-1997, Schwalmstadt 1997, Armin Lohmann, Kirche und Schule: Der Wandel der Schule im Kirchspiel Neukirchen, S. 370 ff.; in diesem Zusammenhang weist der Verfasser darauf hin, daß die Rohrstockpädagogik in Neukirchen noch bis in die 50er Jahre kein unbekanntes Mittel zur Züchtigung war. Im Zusammenhang der Schulentwicklung (als soziale Fürsorge) wird auf diesen antipädagogischen Aspekt nicht näher eingegangen.

3 Vgl. Kirchenarchiv Neukirchen; Armin Lohmann, Schulreform im Kirchspiel Neukirchen, eine Aufarbeitung der Schulgeschichte Neukirchens seit dem Spätmittelalter, Neukirchen 1996.

4 Vgl. 500 Jahre Nikolaikirche, Lohmann a.a.O. S 378.

1856 Fertigstellung eines wegweisenden Schulbaus „Im Franken“, der als Vorbild zum Schulneubau im Umkreis von Marburg und Kassel gilt.
1862 Einrichtung von berufsvorbereitenden Klassen für Wirtschaft und Handwerker; diese gelten als Vorläufer der Berufsschule im nahegelegenen Ziegenhain.
1871 Einführung des staatlichen Schulwesens mit kirchlicher Schulaufsicht.
1890 Einrichtung einer gewerblichen Fortbildungsklasse.
1907 wird eine höhere Bildungseinrichtung für Mädchen und Jungen gegründet. Diese private Familienschule kann aus Kostengründen nicht gehalten werden. 1912 wird diese private Bildungseinrichtung geschlossen. Die hier gesammelten differenzierten Unterrichtserfahrungen werden in die Stadtschule „Im Franken“ übernommen.
1915 werden die ersten Frauen als Lehrerinnen eingestellt. Der Unterricht wird aufgrund von Lehrermangel von einer Zeitstunde auf eine 45-Minuten-Stunde umgestellt. In einer Klasse werden durchschnittlich 60 Kinder unterrichtet.
1920 Einrichtung der staatlichen Volksschule, endgültige Übernahme der staatlichen Schulaufsicht. Zum gleichen Zeitpunkt wurde über die Aufhebung des Schulgeldes verfügt.
1933 Schließung der seit 1836 bestehenden jüdischen Schule im Zuge der nationalsozialistischen Kultur- und Bildungspolitik gegen jüdische Gemeinden; Einführung des Volksschulwesens in Neukirchen; Verbot von Religionsunterricht.
1943 heimlicher Konfirmandenunterricht trotz Religionsverbot; aufgrund eines Luftangriffes auf Kassel am 22. 10. 1943 Auslagerung von Schulklassen des Wilhelmsgymnasium nach Schwarzenborn und 1945 Umsiedlung nach Neukirchen.
1946 Entnazifizierung des städtischen Schulwesens.
1946/47 Gründung eines kirchlichen Privatgymnasiums der Evangelischen Landeskirche in 6 km entfernter Nachbarschaft Neukirchens.
1957 Gründung eines gemeinnützigen Fördervereins zur Unterstützung des städtischen Schulwesens.
1963 Einführung des Pfarrer-Lehrertages.
1964 Schulerweiterung durch den Neubau einer Mittelpunktschule am Hasselberg oberhalb Neukirchens, der Steinwaldschule.
1965 Einrichtung einer der ersten Förderstufen Nordhessens.
1972 wird das Schulwesen in Neukirchen im Zuge einer Gebietsreform neu organisiert. Es entstehen in der Kernstadt eine eigenständig organisierte Grundschule, die Astrid-Lindgren-Schule, sowie die integrierte Gesamtschule, die Steinwaldschule.
1987 entschließt sich die Steinwaldschule, als eine der wenigen Schulen in der Bundesrepublik, zur Teamschule mit dem selbst entwickelten *Team-Stammgruppen-Modell* (TSM), das daraufhin viele Nachahmer in Deutschland findet.
1990 öffnet sich die Steinwaldschule ihrem Umfeld und entwickelt vielseitige Kontakte ins In- und Ausland. Die Schule ist seitdem Veranstaltungsort vieler kultureller Begegnungen. In einem ausrangierten Schienenbus, der von Schülerinnen in zweijähriger Arbeit umgestaltet wird, eröffnet die Schülervertretung einen Schülertreff sowie einen in Eigenregie betriebenen Kiosk für den Pausenverkauf.
1991 wird die Steinwaldschule als Gesamtschule mit besonderer pädagogischer Prägung anerkannt.
1995 wird sie zur Versuchsschule des Landes Hessen und ermöglicht mit Hilfe eines selbst entwickelten Schulprogramms, den eigenen pädagogischen Handlungsspielraum eigenständig zu bestimmen und weiterzuentwickeln. Inzwischen hat die Steinwaldschule über 4000 Besucher und Hospitanten, die sie in schulischen Fragen berät und betreut.

1997 veröffentlicht die Steinwaldschule im AOL-Verlag die Methoden ihrer Organisationsentwicklung, ihres Entwicklungsprozesses sowie ihr Schulkonzept in dem Buch[5]: *„Identität und Schulprogramm – Die Steinwaldschule auf dem Weg zum selbständigen und sozialen Lernen.“*

Kurz: diese Schule war immer eine der ersten, ging es darum, eigene Schulentwicklungen voranzutreiben und auf diese Weise das Bildungsangebot der Region von Schwalm und Knüll zu beleben und zu optimieren.

2. Andere Augen braucht die Schule

Betrachtet man die Schulentwicklung seit Mitte der 80er Jahren, dann ging es der Steinwaldschule eigentlich nur darum, alle Lehrerinnen und Lehrer dafür zu gewinnen, gemeinsam auf die Reise zu gehen, um die Schule, den eigenen Beruf und die Beziehung zu den anvertrauten Jugendlichen *neu zu entdecken* und *neu gestalten zu lernen*[6]. Von entscheidendem Wert war hierbei, eine *ideenreiche Evaluation*, d.h. einen regelmäßigen, kritischen Blick nach innen auf die schulische Arbeit zu richten. So wird in der Steinwaldschule die Teamarbeit mit dem Ziel eingeführt, die Arbeitszusammenhänge besser zu überblicken, zu koordinieren und zu gestalten. Insgesamt soll die Arbeit für LehrerInnen gestärkt werden. Diese Entscheidung hat in der Schulentwicklung Neukirchens seit 1987 zur Folge, daß die Teampraxis und gemeinsame pädagogische Absprachen regelmäßig reflektiert werden. Diese neue Vorgehensweise führt durch regelmäßige kritische Bestandsaufnahmen und programmatische Festlegungen für weitere Entwicklungsschritte zu einem transparenten Prozeß von selbst gesteuerter Veränderung. Grundelemente dieses kritischen Reflektionsprozesses sind:

- einen kritischen Blick für eine Innensicht zu entwickeln,
- sich über den eigenen pädagogischen Auftrag von Zeit zu Zeit neu zu besinnen,
- die Außenwirkung der Steinwaldschule widerspruchsfreier zu gestalten,
- eine inneren Konsens zwischen Schüler-, Eltern- und Lehrerschaft mit Hilfe von Corporate Identity in Gang zu setzen.

---

5 Vgl. Identität und Schulprogramm – Die Steinwaldschule auf dem Weg zum selbständigen und sozialen Lernen, Armin Lohmann, Manfred Hajek, Peter Döbrich, Lichtenau – München, 1997; Peter Döbrich vom Deutschen Institut für Internationale Pädagogische Forschung (DIPF) ist seit 1991 der wissenschaftlicher Begleiter der Steinwaldschule.

6 Vgl. Peter Daschner, Hans-Günter Rolff, Tom Stryck u. a., Schulautonomie – Chancen und Grenzen, Weinheim 1995, hier: Armin Lohmann, Viele Schritte bis zur Autonomie, S. 83.

3. Die Suche nach einer pädagogischen Handlungseinheit

Inzwischen ist in der Steinwaldschule ein Wandel vollzogen, der durch die Köpfe aller Beteiligten hindurch gegangen ist! Ausdruck hierfür ist nicht nur

- das TSM in Form eigenständig „kleiner Schulen in der Schule“,
- regelmäßige Bilanztage zur Reflexion und Weiterentwicklung der Teamarbeit,
- auf Altersgruppen abgestimmte Curricula in Form von Jahres- und Kulturprogrammen für die einzelnen Jahrgänge,
- eine neue Schulkultur mit feststehenden Ritualen,
- Übertragung von Verantwortung bei der Gestaltung der eigenen Räumlichkeiten im Jahrgangsbereich,
- projekt- und produktorientiertes Lernen zur Entwicklung des Selbständigen Lernens,
- Integrations- und Förderprogramme für die neu hinzugezogenen Aus- und Umsiedler
- vielseitige Pflege internationaler Kontakte und Austauschprogramme mit Betriebspraktika im In- und Ausland
- Lernen an außerschulischen Lernorten (wie Schulwald, Schulgarten, Waldlehrpfad, Öko-Camp, Projekte und Arbeitsgemeinschaften in außerschulischen Werkstätten und Einrichtungen)
- Systemische schulinterne Lehrerfortbildung zur Weiterentwicklung der pädagogischen Arbeit und zur Methodensicherheit im Unterrichtsalltag
- Aufbau einer Mediathek als Lernwerkstatt mit eigenem Zugang zum Internet
- Einbindung in Netzwerke, von denen die Steinwaldschule lernt; z.B. die Kooperation mit den hessischen Versuchsschulen oder die Einbindung in das Internationale Netzwerk Innovativer Schulen (INIS) der Bertelsmann-Stiftung.

Vor allem sind es die gemeinsam verabschiedeten *Leitgedanken* und die darauf basierende *Schulordnung*, die den Wandel zum Ausdruck bringen. Es war für die Schulgemeinde kein leichter Verständigungsprozeß, gewohnte Routine auf pädagogische und professionelle Selbstverständlichkeiten neu abzustimmen. Besonders für Lehrerinnen und Lehrer ging es in dieser Auseinandersetzung darum, ihr persönliches Verhalten erneut zu reflektieren und dort, wo es durch Selbsteinsicht notwendig erscheint, zu überdenken. Für Eltern war es wichtig, ihre tradierte Einstellung zur Schule als Anstalt der Wissensvermittlung zu verändern. Und für die Schülerinnen und Schüler kam es darauf an, zu begreifen, daß geforderte Freiheiten auch mit Verantwortungsübernahme im Schulalltag verbunden sind. Der Bewußtseinsprozeß, der hier vollzogen wurde, war für das Lehrerkollegium grundlegend: Es mußte (auch nach fast neunjähriger Teamarbeit!) erneut begreifen, daß Kinder nicht als Objekte eigener pädagogischen Anstrengungen, sondern als Gesprächspartner, Mitglieder der Schulgemeinde anzusehen sind, egal ob dieses für die Jugendlichen manches Mal schwierig oder uneinsichtig ist.

„Bei all ihren Unterschieden (Lebensalter, Vorerfahrungen, familiärer Rechtsstellung) sind sie an der Steinwaldschule gleichwertige, ernst zunehmende, zu achtende Menschen, denen man Herausforderung genauso schuldet wie Geduld. Wir wissen, daß die Steinwaldschule für unsere Kinder und Jugendlichen und nicht umgekehrt für die Schule da ist.“[7]

Diese einfache Feststellung bedeutet, daß alle Arbeitsformen, Lernziele, alle Zeit- und Organisationsregeln, alle Vorschriften und Verabredungen eine *dienende Funktion* an der Steinwaldschule haben müssen. Diesen Anspruch in seiner Konsequenz ernstzunehmen, ist für erfahrene Pädagogen eine außerordentliche Herausforderung. Deshalb war es eine große Aufgabe, sich gemeinsam auf ein Unterrichtsverständnis im schulischen Alltag zu verständigen. Die Akzeptanz für diesen Grundgedanken war besonders wichtig, schließlich ist sie die Voraussetzung für einen konsensfähigen Bildungsprozeß. Bei der Entwicklung eines solchen Erziehungskonsenses gilt es, die wesentlichen Orientierungen aus der Schul- und Arbeitskultur sichtbar und formulierbar zu machen und sie mit den gewünschten SOLL-Werten der Schule zu verbinden. Während dieser innerschulischen Auseinandersetzung erfolgt das konzeptionelle Vorgehen geradlinig. Erneut werden erkennbare Defizite innerhalb der Jahrgangsteams direkt angesprochen, so daß die auftretende Kluft zwischen theoretischem Anspruch (SOLL) und Alltagspraxis (IST) diskutiert werden kann. Eine vorher nicht geahnte Grundsatzdebatte über Toleranz und Geduld kristallisiert sich an folgendem Beispiel heraus:

„Auch wenn es manchmal für Lehrerinnen und Lehrer schwierig erscheint, müssen gerade die Erwachsenen ihre Schülerinnen und Schüler ernst nehmen und Kritik sowie Wünsche auch dann zulassen, wenn sich Jugendliche im Ton vergreifen oder über das Ziel hinausschießen“.[8]

Eine ernsthafte Diskussion über diese These berührt grundlegend das Selbstverständnis des einzelnen und eines Teams. Das gesamte Verhalten, die Kommunikation und das Design (Erscheinungsbild nach innen und außen) werden in die Diskussion einbezogen. Auf diese Weise werden „Synergieeffekte freigesetzt, die den Erfolg einer *Corporate Identity* begründen.“[9] Die Bedeutsamkeit kommunikativer Aspekte sowie zwischenmenschlicher Beziehungen wird betont. Die Konzeptgruppe, die diesen inneren Diskussionsprozeß steuert und federführend begleitet, formuliert die Anforderungen an Schülerinnen und Lehrer bei der Begründung der „Leitgedanken“ folgendermaßen:

---

7 Vgl. Lohmann, Hajek, Döbrich, Identität und Schulprogramm, a.a.O.. Aussprache über die Leitgedanken auf der pädagogischen Konferenz im Juli 1996 in der Steinwaldschule.

8 Vgl. ebenda.

9 Vgl. Armin Lohmann, Gerhard Regenthal, Schulprogramme mit CI, Deutscher Sparkassenverlag Stuttgart, vgl. Kapitel 4.3 Der Erziehungskonsens – Entwicklung von Leitzielen und Leitgedanken, Veröffentlichung für August 1998 geplant.

„Für uns Lehrer/innen bedeutet das, unsere Schüler erst dann kritisieren zu können, wenn es ihr abweichendes Verhalten oder ihre unzureichende Leistungsbereitschaft erfordern. Darum reicht es für uns nicht aus, unsere Schülerinnen und Schüler nur zu befähigen, die nächste Arbeit zu bestehen, die für ihre Berufs- oder Schullaufbahn wichtig sein könnte. Für uns gilt für den täglichen Umgang mit Kindern und Jugendlichen genau das Gleiche wie der Umgang unter uns Erwachsenen: Takt, Ernst-Nehmen, Kritisieren und Kritik zu zulassen, Herausfordern, Respektieren und Toleranz.“ [10]

Ganz im Sinne einer eigenen Schulphilosophie entwickeln sich die „Leitgedanken“ zur Grundlage eines gemeinsamen Handlungsverständnisses. Das Ergebnis sind vier Kernaussagen, an denen sich das Kollegium in seiner zukünftigen Arbeit orientiert:

Wir verstehen uns als eine offene Schule, als eine Stätte der Begegnung.

- Wir fühlen uns als Schule unserer Region.
- Wir arbeiten mit Gemeinden, Betrieben und Vereinen zusammen.
- Wir pflegen Kontakte und Partnerschaften mit Schulen im In- und Ausland.
- Unsere Schule schafft damit Voraussetzungen für ein gesellschaftlich bezogenes und lebensnahes Lernen und Arbeiten.

Wir fördern soziales Lernen.

- Wir pflegen pädagogische Formen in unserer Arbeit, die den sozialen und verantwortungsbewußten Umgang mit- und untereinander ermöglichen.
- Wir unterstützen und bestärken die Schülerinnen und Schüler in ihrer Entwicklung zu selbstbewußten, toleranten, kontaktfreudigen und weltoffenen Menschen.
- Wir erziehen zu einem fairen, gewaltfreien und kritischen Umgang miteinander.
- Wir engagieren uns für unsere Umwelt.

Wir schaffen Raum für Kreativität und selbständiges Lernen.

- Wir entwickeln offene Unterrichtsformen wie selbständiges, eigenverantwortliches sowie fächerübergreifendes und projektorientiertes Lernen und Arbeiten: Schaffung von Freiräumen zur Erlangung von Einsichten und Erkenntnissen, Herstellung neuer Zusammenhänge, Entfaltung von Talenten, Fähigkeiten und Phantasie, Entwicklung von Teamfähigkeit.

10 Vgl. ebenda.

Wir bieten allen Schülerinnen und Schülern die bestmögliche Schulbildung und Abschlußqualifikation.

- Wir bieten durch ein vielfältiges, differenziertes schulisches Angebot allen Schülerinnen und Schülern eine fachlich fundierte Ausbildung.
- Wir berücksichtigen ihre individuellen Lernvoraussetzungen.
- Wir verstehen Schule nicht nur als Ort der Vermittlung von Wissen. Es geht uns genauso um Bildung der Sinne, der Gefühle, um Geschicklichkeit, Ausdrucksfähigkeit und Handlungsfähigkeit.

3.1 Wir haben begriffen: Zusammenhänge zählen mehr als Einzellösungen oder Bildung und Erziehung sind doch eine Einheit![11]

Mehr als zwei Jahre hat die Grundsatzdiskussion an der Steinwaldschule gedauert. Mein Resümee über diese Entwicklung lautet: Für mich als Pädagogen und Schulleiter war es der schwierigste Schritt in meinem beruflichen Leben, sich mit Lehrern der eigenen Schule auf diese vier Grundgedanken zu verständigen. Gerade Lehrerinnen und Lehrer neigen dazu, einen philologischen Streit über Ausdrucksformen, treffende Adjektive und die ethischen Erziehungswerte usw. zu führen, aber den Blick für das Wesentliche, nämlich eine *Handlungseinheit als Schule* herstellen zu sollen, in der Hitze der Auseinandersetzung zu verlieren. So war die Verabschiedung der Leitgedanken mit einer nicht zu unterschätzenden Ambivalenz verbunden. Einerseits hat der pädagogische Diskurs eine erzieherische Verständigung auf breiter Basis ermöglicht und stellt insofern eine Bereicherung dar. Andererseits gibt es aber auch ein sich neu entwickelndes Reflexionsbewußtsein, nämlich Evaluation nicht nur auf die Schule als Ganzes, sondern auch auf den eigenen Alltagsunterricht zu beziehen. Inzwischen arbeiten wir schon zwei Jahre mit den neuen Leitgedanken und einer Schulordnung, die die Gemeinschaft und das Zusammenleben in der Schule stärkt. Betrachtet man diesen Entwicklungsprozeß genauer, wird deutlich, daß diese Auseinandersetzung unsere Schulkultur verändert hat: Mit Hilfe der Leitgedanken erreichen wir in der Beziehung zwischen Erwachsenen und Jugendlichen ein höheres Maß an Beständigkeit und Verläßlichkeit.

Es ist nicht die Verschriftlichung der Leitgedanken, sondern die Auseinandersetzung darüber, die einen Grundkonsens geschaffen hat, der wichtige Prioritäten für uns setzt: Wir reden darüber und wissen, daß jedes einzelne

11 Hermann Giesecke hat dafür plädiert, daß die Schule ausschließlich für die Bildung und die Erziehungsberechtigten für die Erziehung zuständig sind. Diese Frage hat sich für uns völlig anders und mit einem neuen Verständnis für unsere Schülerinnen und Schüler geklärt. Vgl. Hermann Giesecke, Wozu ist die Schule da? Die neue Rolle von Lehrern und Eltern, Stuttgart, 1996

Kind, jeder einzelne Jugendliche eine Einmaligkeit und eine Besonderheit ist und bejahen seine Individualität. Deshalb denken wir über unsere Schule zugleich anspruchsvoll und bescheiden. Das bedeutet, daß wir uns nicht mit irgendwelchen Lösungen zufrieden geben, bei der die Leistungsbeurteilung auf einer Scheinobjektivität von Ziffernzeugnissen beharrt, sondern uns die Mühe machen, Rückmeldungen über Lernerfolge, Scheitern, Herausforderungen und Leistbares zu geben. Wir hüten uns vor einer Buchhaltermentalität im Beurteilen, weil wir glauben, daß sie eher zu Anpassung und einer kritiklosen Unterordnung führt. Wir wollen dagegen, daß unsere Schülerinnen und Schüler zu kritischen, ehrlichen, verantwortungsvollen und mündigen Menschen ausgebildet und herangezogen werden. Deshalb entmündigen wir unsere Schülerinnen und Schüler nicht, sondern übertragen ihnen Pflichten, Herausforderungen und auch Verantwortung im Schulleben der Steinwaldschule. Wir streben, auch wenn es manchmal sehr schwer fällt, immer wieder Lösungen in Konfliktfällen an, wo man früher ungeduldig die Interaktion abgebrochen und kurzentschlossen entschieden hätte. Erst wenn wir alle Hilfsmöglichkeiten, alle gangbaren Wege ausgeschöpft haben, treten wir mit einer geschlossenen Konsequenz auf. Das ist zwar für uns anstrengend, es fordert viel Geduld, aber es erleichtert uns auch das Bemühen, unsere Schülerinnen und Schüler ernst zu nehmen. In einer Arbeitsplatzuntersuchung des DIPF ist dieser Aspekt durch eine anonyme Befragung im Kollegium untersucht worden. Die Ergebnisse sprechen für sich, wenn über 90% mit ihrem Beruf zufrieden sind und 86,2% in unserer Schule eine Übereinstimmung zwischen angestrebten Erziehungszielen und Wirklichkeit spüren.[12] In dieser Untersuchung kommt auch zum Ausdruck, daß die Steinwaldschule ein Ort sein soll, an dem man Verläßlichkeit erfährt und an dem es keine vorgefaßte Meinung gibt. Für uns ist es uns wichtiger, fachfremden Unterricht zu stärken, wenn Lehrerinnen mit ihren Schülern auf diese Weise gemeinsam Lernherausforderungen annehmen. Wir legen mehr Priorität darauf, das Selbständige Lernen zu erlernen, als nur reines Fachwissens zu vermitteln.

Sicherlich, an der Steinwaldschule gibt es zwischen den Jugendlichen und ihren Lehrerinnen und Lehrern Konflikte, aber man spürt auch den neuen Geist, daß hier Kinder und Jugendliche wohlwollend ernst genommen werden, auch wenn sie in ihrer Kritik an Erwachsenen möglicherweise ungeschickt argumentieren. Teamarbeit, Öffnung der Schule, ständige Reflexion und Evaluation, die Einbindung in *Netzwerke als Lerngemeinschaften,* die Pflege von internationalen Partnerschaften sowie Ritualen, die den Schulalltag und das Schulleben stärken, haben diese Schule zu einem *Lebensraum* sowohl für unsere Schülerinnen und Schüler als auch die Lehrer gemacht. Auf diese Weise werden unsere Schüler immer stärker befähigt, zu sozial verant-

12 Vgl. APU – Arbeitsplatzuntersuchung an der Steinwaldschule vom 8. Januar 1998, Deutsches Institut für Internationale Pädagogische Forschung / Frankfurt/M. – DIPF (Peter Döbrich).

wortlichen, kritischen, fairen und mündigen Menschen heranzuwachsen. Auch wenn es noch nicht durchgehend klappt, zählen an der Steinwaldschule Zusammenhänge mehr als „irgendwelche“ Einzellösungen, Leerformeln oder Vorgaben von außen. Wir haben uns mit regelmäßiger Rechenschaftslegung und der Entwicklung eines Schulprogramms daran gewöhnt, gemeinsam nach Lösungen zu suchen, wenn Konflikte und Streit aufbrechen.

Wir lernen immer wieder aufs Neue, Wichtiges von Unwichtigem zu unterscheiden. Hierzu gehört besonders: unseren Schülerinnen und Schülern Angst zu nehmen und sie zu bestärken, aus eigener Kraft herauszufinden, was für den Einzelnen wichtig ist, wo er sich verantwortungsvoll einbringen kann, wo er helfen und wo er sich nützlich machen kann.

Genau aus diesem Grunde haben wir uns für einen Leitspruch entschieden, der den Pädagogen ihre Überheblichkeit nimmt. Am unteren Rande unseres Briefpapiers sowie unter unseren Leitgedanken dokumentieren wir diese Einstellung. Im Eingangsbereich der Steinwaldschule steht für jeden Besucher deshalb zu lesen:

„Man kann einen Menschen nichts lehren, sondern ihm nur helfen, es in sich selbst zu entdecken.“ Galileo Galilei

Myrle Dziak-Mahler

Ein Kölner „Dauermodell" – oder: Der permanente Versuch, fächerintegriert zu denken und zu handeln

Seit der Gründung der Willy-Brandt-Gesamtschule in Köln-Höhenhaus vor nunmehr 23 Jahren wird das Ziel verfolgt, eine konsequente Umsetzung der Ansprüche an die Gesamtschule zu realisieren. Die Organisationsform von Schule und Unterricht soll die strukturellen Voraussetzungen schaffen, um Chancengleichheit, individuelle Förderung und soziale Integration zu gewährleisten. Im Gründungsbeschluß von 1975 heißt es, daß man von der Gesamtschule ein größeres Maß an Verwirklichung von Chancengleichheit, Integration von verhaltensauffälligen Schülern, fächerübergreifendem Unterricht, Teamarbeit und die kritische Reflektion von Leistungsanforderung und Leistungsbemessung, Lehrerrolle und Lehrerverhalten als an der bisherigen Regelschule erwartet.

Diese pädagogischen Zielsetzungen sollen ihren Einfluß auch im Hinblick auf die Unterrichtsform haben: Konsequentes Umsetzen heißt, neue Wege in der Organisationsform von Unterricht zu gehen. Das aus der Peter-Petersen-Pädagogik bekannte Prinzip des Kernunterrichts soll an der weiterführenden Schulform Gesamtschule praktiziert werden. Damit setzt die Schule eine Tradition der sich ehemals am Ort befindlichen Peter-Petersen-Schule fort, die nur noch in der Primarstufe besteht und die für die Gesamtschule Höhenhaus als Zubringerschule fungiert.

In der folgenden Darstellung wird der Versuch unternommen, den Begriff *Kernunterricht* zu füllen. Um das zu leisten, wird in den sich anschließenden Abschnitten eine Definition des Kernunterrichts gegeben, die Einbettung des Kernunterrichts in das pädagogische Sonderkonzept der Gesamtschule Höhenhaus beleuchtet sowie die schulrechtlichen Rahmenbedingungen und die theoretischen Grundlagen erörtert.

Danach wird in einem kurzen Abriß die Reflektion und Revision des Sonderkonzeptes dargestellt. Den Abschluß bildet ein Abschnitt, in dem aufzuzeigen versucht wird, inwieweit das Höhenhauser Modell mit den neuen Richtlinien für die Sekundarstufe I an Gesamtschulen in Nordrhein-Westfalen korreliert.

1. Kernunterricht – Versuch einer Definition

Kernunterricht ist der organisatorische Oberbegriff für ca. 7-10 Stunden pro Woche, die in der Hand eines Lehrers bzw. einer Lehrerin liegen. Die Fächer des Kernunterrichts sind Deutsch, Gesellschaftslehre (Geschichte, Politik und Geographie), Wirtschaftslehre und – nur in den Klassen 5 und 6 – Biologie. Durch diese Veränderung der Stundentafel entsteht ein neues Fach: das Fach Kernunterricht.

Der Kernunterricht ist die institutionalisierte Form von fächerverbindendem Unterricht. Mit dem Kernunterricht ist die strukturelle und organisatorische Voraussetzung geschaffen, fächerübergreifend und projektorientiert zu lehren und zu lernen. Die Zahl der Wochenstunden, die der Kernlehrer bzw. die Kernlehrerin unterrichtet, hängt von der Jahrgangsstufe ab. In der Jahrgangsstufe 9 sind es z.B. 7 Wochenstunden. Begründet wurde die Einführung des Kernunterrichts in den Gründungsbeschlüssen von 1975:

> „Um soziales Lernen zu ermöglichen und Schüler zu befähigen, kreativer, komplexer und kritischer denken zu lernen, ist es notwendig, die Atomisierung des Lernens, d.h. den Trend zur Zerlegung der Lernprozesse in kleinste Teile durch Zergliederung des Unterrichts in kurze Lehrgänge und Kurse, durch den häufigen Wechsel von Unterrichtsfächern, Fachlehrern und Fachräumen etc. aufzufangen. Wenn von Gesamtschulen die Erfüllung des Anspruchs erwartet wird, daß Schüler sich Inhalte aneignen, die in einem engen Bezug zu ihrer gesellschaftlichen Existenz stehen, ist es notwendig, auch die Fächer in einem umfassenderen Bezug zueinander zu bringen, um den Schülern ein komplexes Verständnis der Probleme zu ermöglichen.“

Diese solchermaßen begründete Unterrichtsorganisation soll gewährleisten, daß die Schülerinnen und Schüler Lehrstoffe als Ganzheiten erfahren. Die Aufteilung der sich anzueignenden Welt in Wissensgebiete (Fächer) entfällt, und an die Stelle der Aufteilung (und damit Zerteilung) des zu Lernenden rückt das Verbindende.

Die anfängliche Vorstellung, es könne durchgängig in fächerübergreifenden Projekten unterrichtet werden, erwies sich in der Praxis als nicht durchführbar. Mittlerweile haben sich verschiedene Unterrichtsformen im Kernunterricht herauskristallisiert und bewährt: Es gibt ein Nebeneinander von fächerübergereifendem Unterricht, Projektunterricht, Kurzlehrgängen sowie epochalen Facheinheiten.

Dennoch: Als Gegenbewegung zur „Atomisierung des Lernens“ ist mit dem Kernunterricht der Anspruch verbunden, Lernprozesse ganzheitlich anzulegen. Ganzheitlich heißt in diesem Kontext, daß die didaktischen Leitfragen des Unterrichts problemorientiert, nicht (vorrangig) fachorientiert entwickelt werden und daß die Umsetzung im Unterricht die Schülerinnen und Schüler aktiv im Sinne der Schüler- und Handlungsorientierung einbeziehen. Im Entwurf der neuen Richtlinien für die Sekundarstufe 1 der Gesamtschulen Nordrhein-Westfalen heißt es dazu:

„Gegenstand dieser (fächerübergreifenden, d. Verf.) Vorhaben sollen Schlüsselprobleme unserer Lebenswelt und Fragen sein, die die Kinder und Jugendlichen innerhalb und außerhalb der Schule besonders beschäftigen. (...) Lernen beschränkt sich (...) nicht auf Einüben und Einprägen, sondern soll auf Einsicht, Sinnstiftung, Verstehen und Entwicklung von Handlungsbereitschaft und Handlungsfähigkeit angelegt sein. Bei gemeinsamen und individuellen Vorhaben soll die Präsentation von Arbeitsverfahren und Arbeitsergebnisse kontinuierlich Element des Unterrichts sein. Lernen in diesem Sinne muß künstlerische Ausdrucksformen und affektive Zugänge zur Wirklichkeit einbeziehen und sie im Interesse einer ganzheitlichen Erfüllung des Bildungs- und Erziehungsauftrags der Gesamtschule mit den rationalen Denk- und Arbeitsmöglichkeiten verbinden."

Der Kernunterricht institutionalisiert als fächerverbindender Unterricht diesen methodisch-didaktischen Anspruch: Er ist seinem Wesen nach projektartiges Lernen. Dem projektartigen Lernen kommt im Kernunterricht der Gesamtschule Höhenhaus eine konstituierende Rolle zu, da das Fach prinzipiell darauf ausgerichtet ist, Charakteristika der Projektpädagogik zu Leitkategorien des Unterrichts werden zu lassen.

2. Kernunterricht – Zentrum des pädagogischen Sonderkonzepts der Willy-Brandt-Gesamtschule

Jede Definition von Kernunterricht, die nicht den pädagogischen und unterrichtsorganisatorischen Kontext einbezieht, wird den Implikationen des Faches nicht gerecht. Kernunterricht ist mehr als nur die organisatorische Zusammenlegung klassischer Fakulten: Das pädagogische Sonderkonzept der Gesamtschule Höhenhaus ist der Versuch, einen ganzheitlichen Ansatz von Leben und Lernen, von Erziehung und Unterricht zu realisieren.

Wichtiger Bestandteil ist die Konstanz der pädagogischen Betreuung der Stammgruppe[1] durch den Kernlehrer bzw. die Kernlehrerin, die die Funktion des Stammgruppenlehrers bzw. der Stammgruppenlehrerin[2] hat. Der Stammgruppenlehrer bzw. die Stammgruppenlehrerin ist neben den 7-10 Wochenstunden Kernunterricht i.d.R. auch in den sog. „Arbeitsstunden"[3] die betreu-

1 Der Begriff „Stammgruppe" bezeichnet die Lerngruppe, die herkömmerlicherweise „Klasse" genannt wird. Erläutert wird dieser Begriff im Kontext der Ausführungen über die Petersen-Pädagogik im Abschnitt „Theoretische Grundlagen".

2 Die Bezeichnung „Stammgruppenlehrerin" ergibt sich entsprechend.

3 Arbeitsstunden sind Unterrichtsstunden, in denen die Schülerinnen und Schüler ihre Wochenarbeitspläne erfüllen. Das Ganztagskonzept der Gesamtschule Höhenhaus schließt ein, daß die Schülerinnen und Schüler keine Hausaufgaben im herkömmlichen Sinn bekommen. Stattdessen bekommen sie Aufgaben, die sie im Laufe der Woche selbstorganisiert und verantwortlich erledigen müssen: die Wochenarbeit. Raum und Zeit dafür ist in den Arbeitsstunden. Darüber hinaus dienen die Arbeitsstunden der Übung (des Trainings) und dem Förderunterricht.

ende Lehrkraft und soll von der 5. bis zur 10. Klasse Klassenlehrer(in) sein. Das Klassenlehrer(innen)-Prinzip der ehemaligen Volksschule wurde damit in die Gesamtschule übernommen. Die konsequente Ausprägung ist die reine Stammklasse mit der alle Fächer (auch „fachfremd") unterrichtenden Stammgruppenlehrer(in). In Widerspruch dazu gerät der Anspruch nach „fachgerechtem" Unterricht, der von fachlich qualifizierten Lehrkräften erteilt wird. Die Auflösung dieses Widerspruchs besteht in einer Verbindung von Kern- und Kursunterricht; neben dem Kernunterricht findet der Fächerunterricht statt:

- Kernunterricht: Deutsch, Gesellschaftslehre (Geschichte, Geographie, Politik), Wirtschaftslehre, Biologie[4],
- Fächerunterricht (auch Kursunterricht genannt): Englisch, Mathematik, Musik, Kunst, Sport, Chemie, Physik, Technik, Religion.

Dem Kernunterricht angegliedert sind Kunst und Musik, d.h., daß bei Lehrbefähigung des Kernlehrers bzw. der Kernlehrerin diese Fächer bzw. eines der beiden Fächer von diesem unterrichtet werden. Darüber hinaus wird Kunst oder Musik auch dann fachfremd unterrichtet, wenn entsprechende unterrichtliche Vorhaben im Kernunterricht dies nötig machen oder wenn dem Stammgruppenlehrer ein Mehr an erzieherischer Präsenz gesichert weden soll.[5] Daneben gibt es noch die Wahlpflichtfächer[6] und Wahlkurse[7] (oder: Arbeitsgemeinschaften). Die Fachleistungsdifferenzierung[8] wird in den Fächern Englisch ab Jahrgangsstufe 7 und Mathematik ab Jahrgangsstufe 9 realisiert. In beiden Fächern gibt es einen Grundkurs (G-Kurs) und einen Erweiterungskurs (E-Kurs).

Der pädagogische Leitgedanke nach Kontinuität in der Betreuung bezieht sich nicht allein auf den Kernlehrer als Klassenlehrer, sondern auch auf die Fachlehrer der anderen Fächer. Um eine größtmögliche „personale Stabilität" zu erzielen, werden pädagogische Einheiten gebildet: Die Stammgruppen einer Jahrgangsstufe bilden eine Einheit, für die ein Lehrerteam verantwort-

---

4 In den Jahrgangsstufen 5 und 6 ist Biologie – wie bereits weiter oben angeführt – Teil des Kernunterrichts.

5 An dieser Stelle sei erwähnt, daß bis 1982 Kunst und Musik „Kernfächer" waren. Ein Veto der Schulaufsicht gegen diese Konstruktion führte zu der heute gültigen und angewendeten Regelung. Die Schulaufsicht legte auch ihr Veto gegen das „Kernfach" Religion ein (vgl. Abschnitt „Rechtliche Rahmenbedingungen").

6 Das erste Wahlpflichtfach wird in Jahrgangsstufe 7 gewählt (z.B. die zweite Fremdsprache, Naturwissenschaften o.a.), das zweite Wahlpflichtfach in Jahrgangsstufe 9 (z.B. zweite/dritte Fremdsprache, Informatik, Hauswirtschaft und Ernährungslehre o.a.). Das Wahlpflichtfach I ist Hauptfach, das Wahlpflichtfach II Nebenfach.

7 Die Wahl und Teilnahme an einer dreistündigen AG im Nachmittagsunterricht ist bis Jahrgangsstufe 8 verbindlich, ab Jahrgangsstufe 9 können die Schülerinnen und Schüler freiwillig an einer AG teilnehmen.

8 Vgl. hierzu ausführlicher den folgenden Abschnitt „Die rechtlichen Rahmenbedingungen".

lich ist.[9] Das Team setzt sich aus den Klassenlehrern und den Fachlehrern zusammen, die die Kinder und Jugendlichen vorwiegend unterrichten. Anspruch ist, eine möglichst große Unterrichtsstundenzahl aus dem Team heraus abzudecken, um für die Schüler eine überschaubare Gruppe von Lehrenden – und damit Bezugspersonen – zu haben. Darüber hinaus ist ein Fachlehrer, der in der jeweiligen Stammgruppe unterrichtet, ein Co-Klassenlehrer. Der „Co“ ist neben dem Stammgruppenlehrer Ansprechpartner für die Schüler und übernimmt Klassenleitungsaufgaben gemeinsam mit dem Stammgruppenlehrer.

Eine didaktische und zwei soziale Leitideen sind mit dem Kernkonzept der Gesamtschule Höhenhaus verbunden:

- Kernunterricht als institutionalisierter fächerverbindender Unterricht ausgewählter Fächer,
- Kernunterricht als zentrale Einrichtung zur Herstellung personaler Kontinuität der Bezugspersonen,
- Kernunterricht als Kulminationspunkt des sozialen Umgangs der Lerngruppe miteinander.

Zum dritten hier angeführten Punkt gehört auch die Einführung eines regelmäßig stattfinden Kreisgesprächs in der Klasse: Die ersten zwei bis drei Jahre wöchentlich, später bei Bedarf. Desweiteren ist die Stammgruppe in Kleingruppen (4 bis 6 Schüler) unterteilt, die sich als Tischgemeinschaften konstitutieren und möglichst leistungsheterogen zusammengesetzt sind. Diese Tischgruppen sollen idealtypischerweise in regelmäßigem Turnus wechseln.[10]

Die drei aufgeführten Motive des Kernkonzeptes rechtfertigen den unabdingbar mit dem Kernunterricht verbundenen fachfremden Unterricht, da es in der Praxis nicht möglich ist, als Kernlehrer nur Pädagogen zu finden, die in der notwendigen Fächerkombination ausgebildet worden sind. Angestrebt wird, daß mindestens zwei der im Kern vereinigten Fächer Studienfächer der Lehrkräfte sind.[11] Begleitet wird der fachfremde Unterricht nicht zuletzt durch

---

9 In den Anfangsjahren war die jetzt 6-zügige als 12-zügige Schule angelegt. In einem solch großen Schulsystem war es noch wichtiger als heute, überschaubare Einheiten für die Schülerinnen und Schüler zu schaffen. Es bildeten immer vier Stammgruppen ein Team. Die in den 70er Jahren diskutierten Vorteile eines möglichst großen Schulsystems (weiteres Angebot für die Schülerinnen und Schüler, bessere Ausstattung usw.) zeigten sich nicht in der Praxis; so verkleinerte man sukzessive die Schule auf die jetzige praktikable Größe. Die großen Systeme waren in den 70er Jahren nicht nur in der Schulpolitik Leitbild sozialdemokratischer Modernisierungsbestrebungen; derselbe Grundgedanke verbirgt sich z.B. hinter dem Bau von Trabantensiedlungen. Auf diesen Punkt komme ich im Abschnitt „Die theoretischen Grundlagen“ noch einmal zurück.

10 Inzwischen ist das (häufig so genannte) Team-Kleingruppen-Modell (TKM) feststehender Begriff in den in den letzten Jahren neu gegründeten Gesamtschulen des Landes Nordrhein-Westfalen.

11 Vor den Problemen des fachfremden Unterrichts steht nicht nur die Gesamtschule Höhenhaus, da alle Gesamtschulen des Landes Nordrhein-Westfalen in der Sekundarstufe I das Fach Gesellschaftslehre haben, in dem Geschichte, Politik und Geographie miteinander

gemeinsame Vor- und Nachbereitung im Team und durch die Fachkonferenzen.

Der Ansatz des fächerübergreifenden und projektorientierten Unterrichts erschöpft sich nicht im Kernunterricht; darüber hinaus finden Unterrichtsreihen statt, an denen andere Fächer beteiligt sind. Im Rahmen der Diskussion und Beschlußfassung des Stoff-Verteilungs-Planes im Jahrgangsteam wird neben Themen und Projekten für die einzelnen Fächer auch Fächerübergreifendes festgelegt. Die Entscheidungskompetenzen müssen bei einem solchen Verfahren bei den Teams liegen, und weitergehende Absprachen (z.B. über ein Spiralcurriculum im Fach Deutsch) in den jahrgangsübergreifenden Konferenzen. Die Schule verfügt aus diesem Grund über keinen institutseigenen Lehrplan; die Entscheidung über die Inhalte, Methoden und Ziele liegen – im Rahmen der Richtlinien – beim Team und bei den Fachkonferenzen. Neben den gängigen Fachkonferenzen projektiert die Fachkonferenz „Kernunterricht" die jahrgangsübergreifenden Zielplanungen; in den Jahrgängen werden auf dieser Basis integrierte Kerncurricula entwickelt.

Dieses, hier in aller notwendigen Kürze erläuterte pädagogische Konzept der Gesamtschule Höhenhaus weicht in einigen Punkten vom Grundmodell Gesamtschule in Nordrhein-Westfalen ab. In welchem schulrechtlichen Kontext sich diese Abweichungen vollziehen, wird im nächsten Abschnitt dargestellt.

3. Rechtliche Rahmenbedingungen

Um den Zusammenhang zwischen Grundmodell und Sonderkonzept deutlich zu machen, wird zuerst der rechtliche Rahmen dargestellt, in dem sich die Schulform Gesamtschule bewegt, um anschließend die für die Durchführung des besonderen pädagogischen Ansatzes notwendigen Ausnahmeregelungen abzuleiten.

Im Schulgesetz wird jeweils das gesamte Schulwesen eines Bundeslandes unter einen Erziehungs- und Unterrichtsauftrag gestellt, dem die im weiteren aufgeführte Gliederung der Schule bzw. der Schulen zugeordnet ist. Die Aussagen zu Aufbau und Gliederung des Schulwesens stehen in den Landesgesetzen im direkten Zusammenhang mit der dort beschriebenen Aufgabe von Schule. In Nordrhein-Westfalen werden die Maßgaben für die Gliederung und Ausgestaltung der Schulen im Schulordnungsgesetz vorgestellt.[12] Die weitere gesetzliche Ausführung erfolgt im Schulverwaltungsgesetz (SchVG)

---

verbunden sind.

12 Vgl. hierzu Ursula Dörger, Projekt Lehrerkooperation, Eine pädagogische Konzeption zur Weiterentwicklung von Gesamtschulen, Weinheim/München 1992.

von 1985.[13] Der § 4 des SchVG zählt die Gesamtschule zunächst neben den anderen Schulen der Sekundarstufe I und II auf:

„§ 4 Aufbau und Gliederung des Schulwesens
(4) Die Sekundarstufe I umfaßt die Hauptschule und die Realschule sowie das Gymnasium und die Gesamtschule bis Klasse 10."

In § 4e wird die Gesamtschule gesondert erläutert. Die traditionellen Schulformen sind nicht ausdrücklich beschrieben.

„§ 4e Gesamtschule
(1) Die Gesamtschule ermöglicht in einem differenzierten Unterrichtssystem Bildungsgänge, die ohne Zuordnung zu den unterschiedlichen Schulformen zu allen Abschlüssen der Sekundarstufe 1 führen.
(2) Der Unterricht der Klassen 5 und 6 wird in der Regel im Klassenverband, der Unterricht in den Klassen 7 bis 10 wird im Klassenverband und in einer mit der Jahrgangsstufen zunehmenden Anzahl von Fächern in Kursen erteilt, die nach Leistung und Neigung der Schüler gebildet werden.
(3) Die Sekundarstufe II der Gesamtschule wird in der Regel als gymnasiale Oberstufe geführt.
(4) Die Gesamtschule wird als Ganztagsschule geführt ,wenn die personellen, sächlichen und schulorganisatorischen Voraussetzungen dafür vorliegen. Die Entscheidung trifft die oberste Schulaufsichtsbehörde in Einvernehmen mit dem Schulträger."

Weitere Hinweise auf den Auftrag der Gesamtschule finden sich in der „Verordnung über die Abschlüsse und die Versetzung in der Sekundarstufe I" (AVO-S I) vom 19.07.1984.[14]

„Für die Sekundarstufe I der Gesamtschule erhält die AVO-S I nicht nur die Versetzungs- und Abschlußbestimmungen, sondern auch die grundlegenden Bedingungen der Fachleistungsdifferenzierung, wie sie in der Kultusministerkonferenz am 27./28.05.1982 vereinbart worden sind (vg. RdErl. d. Kultusministers v. 02.08.1982 betr. gegenseitige Anerkennung von Abschlüssen an Gesamtschulen – BASS 13 – 72 Nr. 7) (BASS 13-21 Nr. 1.0)."

In § 21 der AVO- S I wird festgelegt, daß eigens in der Vereinbarung der Kultusministerkonferenz aufgeführte Gesamtschulen mit Zulassung des Kultusministers von den unter § 15 festgelegten Formen der Fachleistungsdifferenzierung abweichen.

Die Fachleistungsdifferenzierungsbestimmungen besagen, daß ab der Jahrgangsstufe 7 in den Fächern Deutsch, Mathematik und Englisch äußerlich differenziert werden muß. D.h., daß in den genannten drei Fächern der Unterricht je nach Leistung der Schüler in zwei leistungsdifferenten Kursen

13 1984 ist die Gesamtschule in Nordrhein-Westfalen zur Regelschule erklärt worden, nachdem das Land zuvor die 10-jährige Schulpflicht beschlossen hatte, um die Voraussetzung dafür zu schaffen, daß alle Schulpflichtigen den Sekundarabschluß I erreichen können.

14 Für die Gesamtschule gelten: § 15 Einsetzen der Fachleistungsdifferenzierung, §§ 16-18 Besondere Versetzungs- und Abschlußbestimmungen, § 19 Leistungsbewertung nach Notenstufen, § 20 Zeugnisse.

(Fachleistungskurse) abgehalten werden muß: in einem Grundkurs (G-Kurs) und einem Erweiterungskurs (E-Kurs).

Der Gesamtschule Höhenhaus sind mit Erlaß des Kultusministers vom 14.08.1978 Ausnahmen von diesen geltenden Differenzierungsbestimmungen eingeräumt worden: Sie ist eine von drei unter § 21 der AVO – S I aufgeführten Gesamtschulen Nordrhein-Westfalens, für die die Ausnahmebestimmungen gelten:[15] Danach kann im Fach Mathematik bis zum Ende der 8. Klasse auf die Bildung von Fachleistungskursen verzichtet werden. In Englisch findet ab Jahrgangsstufe 7 und in Mathematik dann ab Jahrgangsstufe 9 die äußere Fachleistungsdifferenzierung statt, in Deutsch unterbleibt sie völlig.

Die Unterrichtsform Kernunterricht macht eine noch weitergehende Abweichung vom Grundmodell Gesamtschule in Nordrhein-Westfalen notwendig. Im Fach Deutsch kann nicht ab Ende der Klasse 8 differenziert werden, soll der Kernunterricht bis einschließlich Klasse 10 gelten. Die Gesamtschule Höhenschule stellte den Antrag auf Erhalt des pädagogischen Konzeptes und Anerkennung der schulischen Abschlüsse. Nach eingehender Prüfung des Konzeptes durch Vertreter des Regierungspräsidenten Köln und des Kultusministers des Landes Nordrhein-Westfalen wurde dem Antrag stattgegeben. In dem Bericht des Regierungschulrates Berghausen an den Kultusminister vom 29.04.1982 heißt es:

> „Die Abweichung vom Grundmodell Gesamtschule in Nordhein-Westfalen liegt für die Gesamtschule Höhenhaus vorrangig in der Durchführung des Kernunterrichts auf allen Jahrgangsstufen im Sekundarbereich (...) Der Unterricht in einer Stammgruppe (Klasse) ist so organisiert, daß die Fächer Deutsch, Gesellschaftslehre (Geschichte, Politik, Erdkunde), Wirtschaftslehre und Biologie (für die Klassen 5 und 6) von nur einem Lehrer unterrichtet werden, der entweder die Lehrbefähigung für Deutsch und/oder eines der gesellschaftswissenschaftlichen Fächer bzw. Wirtschaftslehre besitzt. Dem Kernunterricht angegliedert sind Kunst und Musik, sofern der Kernlehrer die Lehrbefähigung für diese Fächer hat."

Und war bis dato auch der Religionsunterricht innerhalb des Kerrnunterrichts unterrichtet worden, so wurde dieser wegen des erwarteten kirchlichen Widerstandes wieder ausgegliedert: „Er (der Religionsunterricht, d. Verf.) darf nach meiner Anweisung nur noch von fachlich ausgebildeten und kirchlich bevollmächtigten Religionslehrern gegeben werden." Und weiter heißt es bezüglich der Differenzierungsbestimmungen für das Fach Deutsch, daß „aufgrund der Besonderheit des Kernunterrichts (...) das Fach Deutsch jedoch bis Ende der 10. Klasse weiterhin im Klassenverband unterrichtet wird."

---

15 Erlaß vom 14.08.1978 – II B 5.37-11 Nr. 2423/78. Die zweite Gesamtschule in Köln, für die Ausnahmen geltend gemacht wurden, ist die IGS Holweide, Köln-Holweide. Die dritte Schule ist die „Bielefelder Laborschule". In der ganzen BRD gibt es laut KMK-Beschlußlage (bisher) fünf Schulen mit Sonderstatus.

Zusammenfassend läßt sich festhalten, daß das pädagogische Sonderkonzept der Gesamtschule Höhenhaus im schulrechtlichen Rahmen Ausnahmebestimmungen notwendig macht, die sich wie folgt zusammenfassen lassen:

1. Die Gesamtschule Höhenhaus ist eine der unter § 21 der AVO-S I aufgeführten Gesamtschulen in Nordrhein-Westfalen, für die Sondererlasse genehmigt wurden.
2. Die Sonderregelungen für die Gesamtschule Höhenhaus beziehen sich auf den Kernunterricht: Das Fach Deutsch unterliegt nicht den Fachdifferenzierungsbestimmungen nach § 15 AVO-S I, sondern wird bis einschließlich Klasse 10 im Klassenverband unterrichtet.
3. Die Sonderregelungen betreffen darüber hinaus die Differenzierungsbestimmungen für das Fach Mathematik: Mathematik unterliegt erst nach Ende der Klasse 8 der Differenzierungspflicht, nicht – wie in dem schon genannten Paragraphen vorgeschrieben – ab Jahrgangsstufe 7. (Das Fach Englisch hingegen wird ab Jahrgangsstufe 7 differenziert).

4. Theoretische Grundlagen

In diesem Abschnitt sollen die zwei theoretischen Stränge entwickelt werden, auf deren Grundlage das pädagogische Sonderkonzept der Willy-Brandt-Gesamtschule entwickelt wurde (und weiter entwickelt wird): Da ist zum einen die Peter-Petersen-Pädagogik und zum anderen der Anspruch der Mitglieder des Gründungsausschusses der Schule,

> „bei dem Entwurf des pädagogischen Grundkonzeptes (...) von der Zielsetzung (auszugehen), den ursprünglichen Anspruch von Gesamtschulen konsequent in Unterrichtsorganisation und Unterrichtsdurchführung durchzusetzen.“

Es würde nun hier zu weit führen, sowohl die Debatte um die Gesamtschule in extenso nachzuvollziehen als auch die Auseinandersetzung mit dem Werk Peter Petersens und der (kritischen) Rezeption seiner Pädagogik zu führen; aber dennoch sollen in der nötigen Kürze die Gedanken expliziert werden, die originär in den Kontext gehören und für das Verständnis des Faches Kernunterricht unabdingbar sind.

In der über zwanzigjährigen Geschichte der Gesamtschule Höhenhaus haben die beiden o.g. Bereiche immer wieder zu Diskussionen im Kollegium und in den Mitwirkungsgremien geführt. In der „Gründerzeit“ waren eine Reihe Kolleginnen und Kollegen in der „Vorläufer Peter-Petersen-Schule“ tätig und brachten naturgemäß ihre pädagogischen Vorstellungen und Erfahrungen ein; des weiteren gab es Kollegen und Kolleginnen, die in die – in den siebziger Jahren hitzig geführten – Debatten um die Einführung der Gesamtschule als Alternative zum dreigliedrigen Schulsystem in der Sekundarstufe I involviert waren.

Was heißt es nun, wenn im Gründungskonzept der Gesamtschule Höhenhaus von „konsequenter Umsetzung des ursprünglichen Anspruchs an Gesamtschule“ die Rede ist? Das 1969 publizierte Gutachten des Deutschen Bildungsrates zur „Einrichtung von Schulversuchen mit Gesamtschulen“[16] entwickelt die Intention der Gesamtschule.

Die Gesamtschule war hier konzipiert als eine gemeinsame Schule der Sekundarstufe I für alle 10-16jährigen, die das gegliederte Schulsystem substitutieren sollte. Die neue Schule sollte

- eine differenzierte Gesamtschule sein, die bereits in Klasse 6 mit äußerer Fachleistungsdifferenzierung arbeitet und die von der 9. Klasse an abschlußbezogene Lerngruppen führt,[17]
- eine diagnostizierende Gesamtschule sein, die die einzelnen Kurs- und Laufbahnentscheidungen – wo immer möglich – auf der Basis von formellen und informellen Testverfahren trifft,[18]
- eine kompensatorische Gesamtschule sein, die sich insbesondere in den sprachlichen Fächern um Angleichung der Arbeiterkinder an das Mittelschichtniveau bemüht.[19]

Diese Ansprüche an Gesamtschule basierten auf der Vorstellung, daß die Schule der fünfziger Jahre sozial rückständig wäre und daß auch und gerade im Schulwesen die Anwendung neuer sozialtechnologischer Erkenntnisse notwendig wäre, um das Bildungswesen auf die Höhe der „modernen Zeit“ zu bringen. Leitkategorien waren „Rationalisierung“, „Technisierung“ und „Effektivierung“.[20] Neben dem Streben nach Modernität und Effektivität gab es ein zweites – nicht weniger relevantes – Motiv: soziale Gerechtigkeit. Diese sozioökonomischen Motive nahmen in der in den siebziger Jahren gesellschaftlich intensiv geführten Diskussion um die Gesamtschule so breiten Raum ein, daß ein dritter Leitgedanke, der pädagogische, nur noch eine untergeordnete Rolle zu spielen schien:

„Die Überlegungen zu Strukturen und Organisation, zu Curriculum und Schulmanagement, überwiegen in allen Papieren bei weitem, über Lern- und Erziehungsprozesse im

---

16 Deutscher Bildungsrat (Hrsg.), Einrichtung von Schulversuchen mit Gesamtschulen, Stuttgart 1969. Diese Empfehlung des Deutschen Bildungsrates ist im staatlichen Auftrag verfaßt worden, kündigte die Gründung von Gesamtschulen als Vesuchsprogramm an und gilt als das bedeutendste Gründungsdokument der Gesamtschulbewegung.

17 Ebd., S. 35ff.

18 Ebd., S. 91ff.

19 Ebd. S. 54ff.

20 Vgl. hierzu Klaus-Jürgen Tillmann, 25 Jahre Gesamtschule – ein Rückblick (1995). Hier zitiert nach: Herbert Gudjons und Andreas Köpke, 25 Jahre Gesamtschule in der Bundesrepublik Deutschland, Eine bildungspolitische und pädagogische Bilanz, S. 63-79, hier: S. 65.

Unterricht wird hingegen sehr wenig gesagt. Die heranwachsenden Kinder erscheinen in diesen Texten nur höchst selten als Subjekte mit Problemen, Bedürfnissen und Wünschen, vielmehr stellt sich das Bild von kleinen schulischen Aufstiegsbeamten ein, die möglichst genau und möglichst gerecht in die richtigen Kurse zu bringen sind."[21]

So resümiert Klaus-Jürgen Tillmann 1995 in seinem Aufsatz „25 Jahre Gesamtschule – ein Rückblick".

Die Aufgabe, mit der Gesamtschule realiter eine Schule der pädagogischen Alternative zu schaffen, stellte sich an den neu gegründeten Schulen vor Ort. Die Gesamtschule Höhenhaus konkretisierte ihren pädagogischen Ansatz, indem sie zwei Leitkategorien in ihren Gründungsbeschlüssen deklarierte:

- Chancengleichheit: Der Begriff Chancengleichheit (...) kann nicht bedeuten, daß alle Schüler gleich gemacht werden, daß alle denselben Leistungsstand erreichen, daß alle eines Tages gleiche Berufs- und Positionschancen haben werden. Chancengleichheit bedeutet vielmehr, daß Benachteiligungen aus der sozialen Herkunft und aus dem bisherigen persönlichen Lebensschicksal durch schulische Maßnahmen, so gut und gerecht es irgend möglich ist, ausgeglichen werden.
- Soziales Lernen: Soziales Lernen bedeutet auf der einen Seite die Anerkennung integrativer Verhaltensnormen; andererseits soll der Jugendliche im Prozeß des sozialen Lernens eine Zunahme an individueller Autonomie erfahren.

Für die Gründungsväter und -mütter der Gesamtschule Höhenhaus bedeutete soziales Lernen gleichsam politisches Lernen im Sinne der Schulung der „Wahrnehmung für politische und soziale Verhältnisse" und Förderung von „Motivation und Fähigkeit zu politisch relevantem Handeln". Die Aneignung der demokratischen Gesellschaft als Lebenswelt bedeutet für das Unterrichtsgeschehen, einen aktiven Aneignungsprozeß in Gang zu setzen:

„Das Durchdringen des gesellschaftlich-politischen Umfeldes verlangt von den Jugendlichen problemlösendes Denken, d.h. die Fähigkeit, produktive und alternative Lösungen zu finden. Diesem Denktypus entspricht ein Verhaltensstil, der durch Risikobereitschaft, Unabhängigkeit und Kreativität gekennzeichnet ist und nur in einer bestimmten Lernorganisation entwickelt werden kann. Es besteht ein Zusammenhang zwischen Lernzielen, Verhaltensstil von Schülern und Lehrern und Lernorganisation. Problemlösendes Denken, emanzipiertes verantwortungsbewußtes Denken und selbstaktivierende Lernorganisation entsprechen einander."

Im Bereich der Lernorganisation ist diesen Ambitionen mit der Kreation des Faches Kernunterricht Rechnung getragen worden: Mit der Institutionalisierung fächerübergreifenden und projektorientierten Unterrichts ist verbunden, weniger als in der Vegangenheit „vom Fach her" zu denken, als vielmehr von einer inhaltlichen Problemstellung ausgehend Fragen zu entwickeln und diese

---

21 Tillmann, a.a.O., S. 66.

zu lösen. Darüber hinaus werden auch oft Vorhaben durchgeführt, die die methodische Schulung zum Schwerpunkt haben.

Das zweite theoretische Standbein des Faches Kernunterricht ist der „Kleine Jena-Plan“ von Peter Petersen aus dem Jahre 1927.[22] Der – nicht unumstrittene – Reformpädagoge stellt mit seinem pädagogischen Ansatz eine Alternative – nicht nur zum Schulwesen der 20er Jahre – vor. Seinem Jenaer Plan stellt er die Frage nach der Organisationsform von Bildung voran:

> „Wie muß diejenige Erziehungsgemeinschaft gestaltet werden, in welcher sich ein Menschenkind die beste Bildung erwerben kann, d.h. eine Bildung, die seinem in ihm angelegten und treibenden Bildungsdrange angemessen ist, die ihm innerhalb dieser Gemeinschaft vermittelt wird und die es reicher, wertvoller zu einer größeren Gemeinschaft zurückführt und dieser als tätiges Glied wiederum übergibt? Oder kürzer: Wie soll die Erziehungsgemeinschaft beschaffen sein, in der und durch die ein Mensch seine Individualität zur Persönlichkeit vollenden kann?“[23]

Die Frage, die für Peter Petersen im Vordergund steht, ist die nach den Formen, in denen sich Lernen vollzieht: Wie muß Unterricht organisiert sein? Basis seiner Überlegungen ist die „Idee der Erziehung“. Er fokussiert den jungen Menschen und bestimmt dabei auch das Ziel der Bildung: die Persönlichkeitswerdung. Die Jena-Plan-Schule stellt den pädagogischen Auftrag in den Vordergrund. Die kennzeichnenden Charakteristika dieser Schule nach Petersen sind:[24]

Stammgruppen statt Jahresklassen

Anstelle von Jahresklassen werden die Lerngruppen als „Erziehungsgemeinschaften“ organisiert. Die Stammgruppen folgen dem Prinzip des Altersstufenaufbaus; d.h., daß die Schüler, die aufgrund ihrer Entwicklung einer Altersstufe angehören, unterrichtlich in einer Stammgruppe zusammengefaßt werden. Es gibt vier Niveaus (Unter-, Mittel-, Ober- und Jugendlichengruppe) in den von Petersen angestrebten zehn Schuljahren, die von jedem Schüler durchlaufen werden. Je nach Entwicklungsstand wird das Kind bzw. der Jugendliche eine Stufe höhergestuft. Bei Petersen gibt es keine Jahresklassen mit Versetzung am Ende eines jeden Schuljahres, sondern drei Jahrgänge

---

22 Im „Jena-Plan“ entwickelt der Reformpädagoge Petersen die praktischen Grundsätze, nach denen in der von ihm 1923 übernommenen Universitätsübungsschule unterrichtet wird. Komplettierung und Explikation finden die Grundgedanken des Jena-Plans in der „Führungslehre des Unterrichts“ von 1937. Die folgenden Ausführungen stützen sich auf beide Primärtexte Peter Petersens.

23 Peter Petersen, der Jena-Plan einer freien allgemeinen Volksschule. Der sog. „Kleine Jena-Plan“, 1. Auflage 1927, hier: Weinheim/Berlin 1956, S. 7.

24 Vergleiche hierzu die Auflistung der 8 Merkmale bei Theo Dietrich, Die Pädagogik Peter Petersens, Der Jena-Plan, Beispiel einer humanen Schule, Bad Heilbrunn 1995, 6., verbesserte und erweiterte Auflage, S. 70f.

(z.B. die erste, zweite und dritte Klasse bilden die Untergruppe) sind zu einer Stammgruppe zusammengefaßt.

„Mit Bestimmtnheit müssen wir erklären, daß das beste die Mischung der Schüler nach verschiedenen Jahrgängen, selbstverständlich mit beiden Geschlechtern (...) sowie allen Ständen und Begabungen ist."[25]

Eine Untergliederung der Stammgruppen sind die Tischgruppen zu 2-6 Schülern, in denen sich ein Teil des Lernens vollzieht.

Wochenarbeitsplan statt Fetzenstundenplan

An die Stelle des Stundenplans tritt der Wochenarbeitsplan. Dieser Arbeitsplan paßt sich dem Tages- und Wochenarbeitsrhythmus des Lernenden an (heute würde man vielleicht vom „Biorhythmus" sprechen). Der Wochenarbeitsplan systematisiert sich in „pädagogischen Situationen". Diese definiert Petersen als „einen problemhaltigen Lebenskreis von Kindern oder Jugendlichen um einen Führer, von diesem in pädagogischer Absicht derart geordnet, daß jedes Glied des Lebenskreises genötigt (gereizt, aus sich heraus getrieben) wird, als ganze Person zu handeln, tätig zu sein".[26]
Ziel der Arbeitspläne ist, die Dominanz der Fächer zu brechen und ein überfachliches Arbeiten, gegliedert in Vorhaben oder thematische Einheiten, zu ermöglichen.

Gruppenunterrichtliches Verfahren im Dienst der freien Arbeit und persönlichen Bildung

Das Prinzip des Gruppenunterrichts nimmt innerhalb der Unterrichtsorganisation eine zentrale Stellung ein: Obschon nur ca. ein Viertel der Wochenstunden umfassend, ist es das Kernstück der schulischen Arbeit, weil hier das selbständige Denken und Handeln unter gegenseitiger Hilfestellung und das individuelle Lernen gefordert und gefördert wird.[27] Petersen weist in seinem Jenaer Plan darauf hin, daß die Methodik nicht mehr allein in der Hand des Lehrers liegen kann, sobald sich das Arbeiten innerhalb der Stammgruppen an

„den frei sich bildenden Tischgruppen entwickelte. Jeder (...) mußte danach streben, dieses methodische Gut in die Hände der Schüler selbst hinüberzubringen, damit sie das zweckmäßigste Arbeiten an den verschiedenen Stoffen erlernen könnten."[28]

---

25 Petersen, a.a.O., S. 26.

26 Peter Petersen, Führungslehre des Unterrichts, Langensalza 1937, hier zitiert nach Dietrich, a.a.O., S. 74.

27 Dietrich, a.a.O., S. 82.

28 Vgl. Petersen, a.a.O., S. 47. Hervorhebungen im Original.

Die Gruppenarbeit soll folgenden Ablauf haben:

„Nach gemeinsamer Besprechung des neuen Arbeitsgebietes werden die Arbeitsmittel und Arbeitswege einzeln oder mit den Tischgruppen besprochen, und es setzt über Monate hin ein vielgestaltiges Schaffen am Stoff ein. Sobald die ersten Ausarbeitungen fertiggestellt sind, beginnen Berichte mit anschließenden Aussprachen zur Erweiterung und Vertiefung, aber auch zur Befestigung des für alle Wissenswerten aus dem abgehandelten Teilgebiet, und dies wiederholt sich solange, bis eine (natürlich immer nur sehr relative) Erschöpfung des Themas erreicht ist und sich das Verlangen oder des wohlempfundene Bedürfnis nach einem neuen Gebiete einstellt oder der Lehrer aus seiner immer ja übergeordneten Einsicht heraus den Übergang für geboten hält."[29]

Beim Gruppenunterricht wird die eigentliche Zielvorstellung der Jena-Plan-Pädagogik deutlich: vorrangig geht es um die Aktivierung der menschlichen Beziehungen innerhalb eines erziehenden Unterrichts. Das Lernen im engeren Sinne, die „Lernarbeit", ist hierin eingeschlossen.

Kurse zur Sicherung des Mindestwissens

Das gruppenunterrichtliche Verfahren ist zwar zentral für die Pädagogik Petersens, wurde von ihm allerdings als allein nicht ausreichend eingeschätzt. Das Verfahren bedürfe der Ergänzung durch andere „pädagogische Situationen": Es finden Kurse verschiedenster Art statt, die das für das Leben notwendige Wissen und Können bereitstellen. Der Kursunterricht ist fester Bestandteil des Unterrichts:

„Aufgabe der Kurse ist es im besonderen auch, der notwendigen Übung zu dienen und der festen Einprägung dessen, was um der ‚allgemeinen Bildung' willen heute zu wissen nötig ist, den ‚eisernen Bestand' zu übermitteln. Wir wünschten, daß der ‚Mindestlernstoff' (...) herausgearbeitet wäre (...)."[30]

Er konzipiert verschiedene Arten von Kursen:[31]

– Niveaukurse für die Fächer Deutsch und Rechnen, in denen Schüler gemeinsam unterrichtet werden, die auf gleichem oder ähnlichem Leistungsstand sind. Während in der Stammgruppe Schüler einer Reifungsstufe vereinigt sind und differentes Leistungsvermögen pädagogisch gewollt wird, um es für den Lernprozeß fruchtbar zu machen, ist die Zusammensetzung in den Niveaukursen eine andere.
  Das Schülergefüge richtet sich hier nach Leistung und Begabung. Hat ein Schüler bspw. den Deutschkurs für das 6. Schuljahr erfolgreich durchlaufen, so rückt er in den nächsthöheren Kurs auf; andererseits bleibt ein Schüler solange in dem gleichen Kurs, bis der Stoff beherrscht wird.

29 Petersen, a.a.O., S. 48.
30 Petersen, a.a.O., S. 49.
31 Vgl. Dietrich, a.a.O., S. 77 u. 90ff.

- Einschulungs- und Übungskurse für Schulanfänger (beispielsweise für das Lesen und Schreiben) oder für Fortgeschrittene (z.B. für die Anwendung geographischer Arbeitsmittel und naturwissenschaftlicher Methoden).
- Wahlkurse für besondere Interessengebiete (beispielsweise Anthropologie).

Die lehrgangsmäßig und straffer geführten Kurse bilden den Ausgleich gegenüber der völlig anderen Arbeitsweise im gruppenunterrichtlichen Verfahren. Petersen lehnt die „alte Schule" nicht vollends ab, sondern schafft in seinem Reformplan eine sinnvolle Ordnung (des Tages- und Wochenrhythmus) und Abwechslung der Lern- und Lehrformen: das „Kern-Kurs-System".[32]

Feiern im Dienst der Gemeinschaftsbildung

Für Petersen gehört das Feiern (neben Gespräch, Spiel und Arbeit) zu den „vier Urformen des Lernens und Sich-Bildens"[33], und er pflegte es in seiner Jena-Plan-Schule ganz besonders:

> „Montags- und Sonnabendsfeiern; Feier sämtlicher Geburtstage der Gruppenkameraden; an den Festen wie Weihnachten, Karneval, Sommerfest; bei Aufnahme der Schulneulinge nach Ostern, bei ihrer feierlichen Einführung in die große Schulgemeinde am Schulgeburtstage; Feiern, die aus den verschiedenen Stoffgebieten während der Arbeit an ihnen entstehen und zu dramatischer Gestaltung Anlaß geben."[34]

Arbeits- und Leistungsberichte statt Zensuren

„Wann bedarf das Kind der Bewertung seiner Leistung?"[35] Mit dieser Fragestellung lenkt Peter Petersen das Augenmerk wiederum auf den jungen Menschen selber. Für Petersen sind die Bewertungs- und Beurteilungsfunktionen der Schule im Sinne der Vergabe von Berechtigungen zweitrangig. Er geht sogar noch weiter und führt aus:

> „Die Gefahr der Zensur durch den Lehrer kann nicht als groß genug bezeichnet werden. Sofort befördert sie die Einstellung des Lernens auf den Lehrer und verdirbt die eigene

---

32 Prozentuale Anteile der „pädagogischen Situationen" nach Petersen: 1. Gruppenarbeit ca. 16-23,5%, 2. Niveaukurse ca. 3-6,5%, 3. Einschulungs-/Übungskurse ca. 20-27%, 4. Wahlkurse ca. 16-24%. Die verbleibende Zeit wird auf das Kreisgespräch, Feiern, das Spiel, Turnen und Pausen verwendet. Vgl. Dietrich 1995, S. 77f; wobei es Petersen nicht um die genaue Anwendung seiner in Jena erprobten Wochenarbeitspläne ging, sondern um das Prinzip der Überwindung des festen Stundenplans und der Fächerung.

33 Petersen, a.a.O., S. 55ff.

34 Petersen, a.a.O., S. 57.

35 Petersen, a.a.O., S. 63.

Arbeitslinie des Kindes und verstört das eigene sittliche Urteil, die Sicherheit der eigenen Stimme im Kinde."[36]

Die gelebte Alternative in der Jena-Plan-Schule besteht in der „Selbst- und Kameradenbewertung". Eine Benotung erfolgt nur dann, wenn der Schüler selbst danach verlangt. Aus dem Vergleich mit anderen kann der Schüler seine Arbeiten einschätzen, und jeder Lehrer weist seine Schüler auf gute, befriedigende oder nicht befriedigende Leistungen hin.[37]

Am Ende des Halbjahres – aber erst ab dem Ende des dirtte Schuljahres – werden zwei Arten von „Charakteristiken" eines jeden Schülers verfaßt: Für den „objektiven Bericht" tragen alle, die den Schüler unterrichten, ihre Beobachtungen zusammen. Dieser Bericht ist nur für die Eltern, nicht den Schüler selbst bestimmt. Der „subjektive Bericht", der auf der Grundlage des „objektiven" vom „Gruppenführer" (Leiter des Stammgruppe) verfaßt wird, ist an den Schüler gerichtet.[38]

Schulwohnstube als Raum für „soziale sittliche Erziehung"

Die gewollte Unterrichtsorganisation (Gruppenunterricht, Tischgruppe, Kurse, Kreis) erfordert eine flexible Ausstattung der Klassenräume. Die „Rettich-Bänke" und der erhöhte Katheder gehören nicht in die Jenaer Schule. Des weiteren muß die Ausgestaltung des Raumes dem Schüler die Möglichkeit zur Entfaltung geben. Die Schüler müssen sich wohlfühlen, ja sich „zu Hause" fühlen, um ihre Fähigkeiten optimal entfalten zu können. Dazu ist es notwendig, die räumliche Gestaltung den Schülern selbst zu überantworten. Peter Petersen mißt dem Schulraum eine wesentliche Bedeutung zu, wenn er über ihn schreibt:

„Der Raum als solcher besitzt die größte Bedeutung, ja ist die unentberliche Voraussetzung für die Bildung von Gemeinschaft. Auch der Schulraum hat eine stark seelenformende Kraft, genau so wie der Raum im großen, die Landschaft, der Erdteil."[39]

Schulgemeinde als „Lebensstätte der Jugend"

Eine Schulgemeindeleben zu kreieren heißt für Peter Petersen, eine Stätte aufzubauen, in der Lehrer, Eltern und Schüler gemeinsam die pädagogische Aufgaben lösen.[40] Gleich am Anfang des Jenaer Plans faßt er seine Überzeugung so zusammen:

---

36 Petersen, a.a.O., S. 64.

37 Vgl. Petersen, a.a.O., S. 63.

38 Vgl. Petersen, a.a.O., S. 64f.

39 Petersen, a.a.O., S. 61.

40 Vgl. Petersen, a.a.O., S. 8.

„Die echte Schulgemeinde will also in dem vom Staat abgesteckten Rahmen für planvolle Einwirkung beruflich ausgebildeter Erzieher auf die noch nicht reife Generation ein Zusammenleben und eine Arbeitswelt darstellen, in denen sich die Erziehungsfunktion so rein wie nur irgendmöglich auswirkt und aller Verhältnisse bestimmt, vor allen Dingen auch den Unterricht. Am reinsten wird das dort möglich sein, wo Eltern und Erzieher auch weltanschaulich eins sind.“[41]

Soweit – in aller Kürze – die Charakteristika der Jena-Plan-Schule nach Peter Petersen. Die Willy-Brandt-Gesamtschule ist keine der wenigen Jena-Plan-Schulen der Gegenwart; allerdings hat sie wesentliche Aspekte der Pädagogik Petersens und seines Jena-Plans realisiert. Fragt man nach den grundlegenden Elementen und der Zielrichtung, so zeigt sich, daß mit der Verwirklichung des Kernunterrichts (mit all seinen pädagogischen Implikationen) ein zentrales Moment der Petersen-Pädagogik zur Anwendung gebracht wird: das Primat der Erziehung.

Das pädagogische Sonderkonzept der Gesamtschule Höhenhausen ist dem „erziehenden Unterricht“ (Herbart) verpflichtet. Das Stammgruppenprinzip, der Kernunterricht und das Lehrerteam gewährleisten ein hohe personale Stabilität der Bezugspersonen für die Schüler. Diese Konstanz in der Betreuung durch den Pädagogen ist die Voraussetzung für eine Schule, die die erziehende Funktion in den Vordergrund rückt. Die unterrichtlichen Aufgaben werden nicht von den Erziehungsaufgaben separiert, sondern in ihnen eingeordnet. Wissensvermittlung und Erziehung gehen in zwei Bereichen Hand in Hand: Zum einen durch die personale Stabilität, zum anderen durch die Unterrichtsorganisation im „Kern-Kurs-System“. Der Kernunterricht in der Stammgruppe – wenn auch jahrgangsimmanent organisiert, nicht jahrgangsübergreifend, wie von Petersen gefordert – ermöglicht das Lernen mit- und voneinander, da die Stammgruppen leistungsheterogen zusammengesetzt und ein soziales mixtum compositum sind. Das Konstituens des sozialen Lernens als „Anerkennung integrativer Verhaltensnormen“ und als „Zunahme individueller Autonomie“ erfährt im Kernunterricht seinen unterrichtlichen Ausdruck.

An dieser Stelle trifft sich das Anliegen der „konsequenten Umsetzung der Ansprüche an die Gesamtschule“ mit der Pädagogik Peter Petersens. Die Maximen „Chancengleichheit“ und „Soziales Lernen“ sind auf der Basis der Unterrichtsorganisation der Jenaer Universitätsschule umgesetzt.

5. Entwicklung des Kernunterrichts: Reflexion und Revision

Der Kernunterricht, wie er von mir beschrieben wurde, ist in einem zwanzigjährigen Entwicklungsprozeß entstanden. Nachdem mit den Gründungspapie-

41 Petersen, a.a.O., S. 9.

ren die Grundlagen für die IGS Höhenhaus geschaffen wurden, entstand 1980 das sog. „Möhnesee-Papier". Dieses Papier wurde im Kontext des Antrags auf Anerkennung des Sonderkonzepts verfaßt und stellt die Ziele und Formen des Unterrichts an der Gesamtschule in toto vor. Diese Berichtsvorlage ist die erste und einzige Gesamtübersicht über das Konzept, wie es sich in den fünf Jahren seit der Gründung der Schule entwickelt hatte.

Das Konzept wurde in den Jahren 1986-88 überarbeitet. In diesen zwei Jahren erarbeitete ein Arbeitskreis der Lehrerkonferenz, der Arbeitskreis KERN, eine Bestandsaufnahme. Die eigentliche Aufgabe des Arbeitskreises, ein umfassendes Revisionspaket zu erarbeiten, scheiterte an Differenzen im Arbeitskreis:[42] Die Arbeit des Arbeitskreises erschöpfte sich im theoretischen Diskurs. In der Praxis jedoch gingen die Versuche zur Ausgestaltung integrativen Unterrichts weiter. Sie hingen jedoch – unabhängig von den Differenzen des Arbeitskreises – von der planerischen Verve und Kompetenz des jeweiligen Jahrgangsteams ab. Im Prinzip unumstritten gilt für den Kernunterricht ein jahrgangsindividuell differenter Integrationsgrad der beteiligten Fächer.

Fortgesetzt wurde die begonnene Revisionsarbeit in einem bundesweiten Projekt zur „Lehrerkooperation", an dem die Gesamtschule Höhenhaus als Modellschule teilnahm.[43] Im Zuge der Erstellung der neuen Richtlinien für die Gesamtschule findet im Rahmen von „Pädagogischen Tagen" eine schulweite Reflexion mit dem Ziel der Weiterentwicklung der Schule und ihres Sonderkonzeptes statt.

6. Kernunterricht und die neuen Richtlinien für die Sekundarstufe I der Gesamtschule

Die neuen Richtlinien für die Sekundarstufe I der Gesamtschule[44] geben Leitgedanken vor, die von den einzelnen Schulen ausgestaltet werden sollen. Aus den Rahmenrichtlinien möchte ich drei Aspekte näher beleuchten und deutlich machen, wie die Gesamtschule Höhenhaus mit ihrem Kernkonzept den geforderten Konkretisierungen und der Ausfüllung der Leitideen nachkommt.

42 Bei diesen Differenzen spielte die Haltung zu Person und Pädagogik Peter Petersens eine große Rolle.

43 Das „Projekt Lehrerkooperation" ist dokumentiert in: Dörger, a.a.O..

44 Die neuen Richtlinien für die Sekundarstufe I der Gesamtschulen werden zur Zeit erarbeitet. Ich beziehe mich auf den Entwurf vom 07.05.1996.

Gesamtschule als Vielfalt

„Sie (die Gesamtschule, d. Verf.) arbeitet mit Kindern und Jugendlichen unterschiedlicher Begabungen und Fähigkeiten, unterschiedlicher Interessen und Neigungen, unterschiedlicher kultureller und sozialer Orientierungen (...) Die Gesamtschule geht nicht von der prinzipiellen Erwartung gleichförmig verlaufender Lernprozesse aus. Sie leitet ihre Schülerinnen und Schüler beharrlich zu eigenständigem Lernen an. Dem aus diesem Grundgedanken entwickelten pädagogischen Konzept der Gesamtschule entsprechend haben solche Arbeitsformen eine besondere Bedeutung, durch die Kinder und Jugendliche angeleitet werden, ihre Lernwege selbst zu suchen, zu prüfen und zu verfolgen."[45]

Eine „Schule der Vielfalt" anzustreben, bedeutet, die o.g. Unterschiede nicht als trennende Momente zu erfassen, sondern den Versuch zu machen, das Differente für den Lernprozeß fruchtbar zu machen. Das heißt für den einzelnen Klassenverband, daß so wenig wie möglich mit äußerer Differenzierung und möglichst viel gemeinsam im Klassenverband gearbeitet wird. Durch das Fach Kernunterricht ist dies in einem höheren Maße gewährleistet als in Gesamtschulen, die mit Fachleistungsdifferenzierung in Deutsch und Mathematik ab Klasse 7 arbeiten. Der Kernunterricht mit seinen 7 bis 10 Wochenstunden (plus den Arbeitsstunden) ermöglicht, Arbeitsformen und -techniken anzuwenden, die die Schülerinnen und Schüler zu eigenständigem Lernen anleiten. Organisatorisch sind die Voraussetzungen geschaffen, in unterrichtlichen Vorhaben zu arbeiten, die ein kontinuierlicheres Arbeiten notwendig machen, als das mit dem herkömmlichen Stundenplan möglich ist. Als Beispiel sei eine historische Unterrichtseinheit in der Jahrgangsstufe 7 angeführt: Ein Mittelalter-Projekt, bei dem die Kinder selbst gewählte Themen bearbeiten, bei dem sie u.a. Burgen bauen und Ritterspiele einüben und das mit einem Mittelalterfest abgeschlossen wird, ist nicht denkbar bei zwei Einzeltunden in der Woche (wie es der herkömmliche Stundenplan beispielsweise des Gymnasiums vorsieht).

Erwerb von grundliegenden überfachlichen Arbeitstechniken

„Die Gesamtschule erarbeitet und erprobt mit den Schülerinnen und Schülern über fachliches Wissen hinaus auch grundlegende überfachliche Arbeitstechniken. Dies muß in allen Jahrgängen als gemeinsame Aufgabe aller Fächer verstanden werden. Von Anfang an müssen die Schülerinnen und Schüler immer wieder Gelegenheit erhalten, Wissen aus verschiedenen Fächern an komplexen Aufgaben und Problemstellungen anzuwenden und spezifische Leistungen und Begrenzungen der Fächer zu erfahren. Dazu sind übergreifende Vorhaben besonders geeignet."[46]

Mit dem Kernunterricht ist das fächerübergreifende Lernen zur Institution geworden. Die Begrenzung hierbei auf die Fächer Deutsch, Gesellschaftslehre

---

45 Ebd., S. 1f.
46 Ebd., S. 6.

und Wirtschaftslehre (und Biologie) wurde in der Vergangenheit zuweilen aufgebrochen. Durch gemeinsame Planungen von Vorhaben im Jahrgangsteam wurden auch Projekte und fächerübergreifende Unterrichtsreihen in Zusammenarbeit mit weiteren Fächern durchgeführt. So wurde zum Beispiel in dem Jahrgang der Stufe 9 ein Jahrgangsprojekt mit dem Thema „Amerika“ realisiert.

Solche Vorhaben sind aber noch selten, und die zur Zeit an der Schule laufende pädagogische Diskussion hat u.a. zum Ziel, Jahrgangsprojekte zur Normalität werden zu lassen. Geplant ist, in jedem Schuljahr mindestens ein bis zwei solcher Projekte verbindlich zu machen.

Gewährleistung personaler Kontinuität

> „Weil in den ersten Jahrgängen der Sekundarstufe I die Kontinuität und der persönliche Bezug für das Lernen besonders wichtig sind, soll sich die Gesamtschule darum bemühen, möglichst viel Unterricht in die Hände weniger Lehrer zu legen, die sich in ihrer gemeinsamen Arbeit als pädagogisches Team verstehen.“[47]

Der Grundsatz der „personalen Stabilität“ wird an der Willy-Brandt-Gesamtschule für die gesamte Sekundarstufe I angewendet: Wenn möglich, bleibt der/die Stammgruppenlehrer(in) und der/die Co-Stammgruppenlehrer(in) von Klasse 5 bis Klasse 10 in einer Klasse. Das Team der Lehrerinnen und Lehrer eines Jahrgangs wird i.d.R. personell nicht verändert, auch Vertretungsunterricht (kurz- wie längerfristig) wird aus dem Team heraus realisiert, um auch so für die Schülerinnen und Schüler eine stabile Bezugsgruppe von Pädagogen zu ermöglichen.

47 Ebd., S. 7.

Till-Sebastian Idel

Integrierte Schulentwicklung auf dem Lande – das Schulmodell Rockenhausen in Rheinland-Pfalz

Neuer Schwung kam Anfang der 90er Jahre in die rheinland-pfälzische Schulentwicklung. Der Wechsel von einer CDU- zu einer SPD-geführten Landesregierung schuf ein reformfreudiges bildungspolitisches Klima, das sich auf zweifache Weise auswirkte: Zum einen initiierte die neue sozialliberale Koalition in den mittlerweile zwei Legislaturperioden ihres Bestehens strukturelle Reformen, deren bekannteste und – im Sinne landesweiter Ausdehnung – auch umfassendste die sog. Regionale Schule ist.[1] Zugleich sahen einige Kommunen die Möglichkeit, im Rahmen ihrer eigenen lokalen Schulentwicklungsplanung Schulen mit standortspezifisch angemessenen Profilen zu errichten. Unter Bedingungen „reflexiver Modernisierungsprozesse" (Beck 1986, 1993) werden solche dezentralisierten Formen der Schulentwicklung in Zukunft an Bedeutung gewinnen.

Ein Beispiel für diesen Typus einer „regionalisierten Schulreform" (Bradtke 1995) ist das 1994 als unverwechselbares Unikat in der rheinland-pfälzischen Schullandschaft ins Leben gerufene *Schulmodell Rockenhausen (SMR)*. Es steht nicht nur exemplarisch für eine von konkreten Initiativen, Überlegungen und Planungen vor Ort getragene Reform „von unten", sondern auch für eine „Schulentwicklung auf dem Lande", weil das Schulmodell in einer Kleinstadt im ländlichen Gebiet der strukturschwachen Nordpfalz angesiedelt ist. Das Schulmodell ist eine Integrierte Gesamtschule mit berufspropädeutischem Akzent und reformpädagogischem Selbstverständnis und wurde aufgrund dieses Modellcharakters bei der Kultusministerkonferenz als Schulversuch angemeldet.

Was in Schulpädagogik und Bildungspolitik unter den Stichworten Schulautonomie, Schulprogramm und Schulprofilentwicklung diskutiert wird – Erweiterung des Gestaltungsspielraums der Einzelschule, Schulvielfalt und

---

1 Die Regionale Schule integriert die Inhalte und Qualifikationsmöglichkeiten von Haupt- und Realschule in strukturschwachen ländlichen Gebieten und soll so ein wohnortnahes differenziertes Schulangebot gewährleisten (Gukenbiehl 1994, 1996 und in diesem Band). Seit 1996 ist sie als Regelschulform im rheinland-pfälzischen Schulgesetz verankert. Weitere wichtige bildungspolitische Reformvorhaben sind die „Volle Halbtagsschule" im Grundschulbereich, die im Schuljahr 1998/99 eingeführt wird, und die Vorverlegung der Abiturprüfung in den März, um die Wartezeiten zum Studium zu verkürzen (geplante Einführung im Schuljahr 2000/01).

Schulentwicklung durch je spezifische Schulprogramme und daraus resultierenden -profilen (vgl. Pädagogik 2/1998; Daschner u.a. 1995; Bildungskommission NRW 1995) – fand in der pfälzischen Kleinstadt in Ansätzen eine konkrete Ausgestaltung.

Die folgenden Ausführungen skizzieren das Schulmodell aus dem Blickwinkel der wissenschaftlichen Begleitung, also aus einer beobachtenden Außenperspektive.[2]

Ich möchte zunächst auf die Entstehungsgeschichte dieses Schulversuchs (1) und seine programmatischen Modellaspekte näher eingehen (2). Inwieweit die Schule bisher ihre programmatischen Ansprüche umsetzen konnte und welche Probleme sich abzeichnen, sollen dann Ergebnisse der von der wiss. Begleitung durchgeführten Untersuchungsschritte veranschaulichen (3). Abschließend versuche ich, einen Ausblick auf die Zukunft des SMR zu werfen und benenne einige Entwicklungsaufgaben, die sich m.E. dem Schulmodell in den nächsten Jahren stellen werden (4).

1. Der ganz normale Schulkampf – zum Entstehungszusammenhang des Schulmodells

Wenn Schulen mit integrierten Bildungsgängen errichtet werden sollen, kommt es fast immer zu heftigen bildungspolitischen Auseinandersetzungen – insbesondere dann, wenn bestehende Schulen des gegliederten Schulwesens in ihrer Existenz auf dem Spiel stehen, d.h. geschlossen werden sollen oder sich aus Konkurrenzgründen bedroht fühlen. So läßt sich auch der Entstehungszusammenhang, den die wissenschaftliche Begleitung in einem ersten Untersuchungsschritt rekonstruiert hat, in unserer rheinland-pfälzischen Kleinstadt beschreiben.[3] Für die Ausgangssituation im Jahr 1991 sind zwei Impulse maßgeblich:

1. Der *pädagogische Impuls* geht von Vertretern der das örtliche Schulzentrum bildenden Haupt- und Realschule aus. Dort läßt sich eine sukzessive Auszehrung der Hauptschule beobachten; wie an vielen anderen Schulstandorten in Deutschland hat sie enorm an Attraktivität eingebüßt (vgl. Rösner 1998; Block/Klemm 1997; IFS 1996). Die Schüler wandern ab zur Realschule, die so durch eine sozial vermischte und leistungsmäßig heterogene Schülerschaft geprägt ist. De facto entsteht

2 Diese Sichtweise ist gegenüber der teilnehmenden Innenperspektive der schulischen Akteure notwendigerweise vergröbernd.

3 Die Daten dieser hier nur knapp pointierten Zusammenfassung der historisch-kritischen Rekonstruktion der Entstehungsgeschichte stammen aus Experteninterviews mit Beteiligten, einer Akten- und Dokumentenanalyse sowie einer Presseauswertung.

dort eine gesamtschulähnliche Situation, jedoch ohne ein pädagogisches und organisatorisches Konzept. Mit dem Vorschlag, das Schulzentrum in eine Gesamtschule umzuformen, trifft der amtierende Schulleiter der Realschule in seinem Kollegium auf weite Ablehnung, während die Hauptschule geschlossen Zustimmung signalisiert.

2. Bei der sozialdemokratisch regierten Verbandsgemeinde, Schulträger des Schulzentrums, stoßen die reformwilligen schulischen Akteure auf offene Ohren. Eine Reform des Schulzentrums könnte auch eine Erweiterung des Abschlußangebots um das Abitur einschließen, das wegen des fehlenden gymnasialen Zweigs sowohl in der Sekundarstufe I des Schulzentrums als auch in der Sekundarstufe II der ortsansässigen Berufsschule in der Verbandsgemeinde nicht absolviert werden kann. Mit den pädagogischen Motiven verbinden sich *kommunalpolitische Interessen.*

Aus der Perspektive der kommunalpolitischen Akteure verbessert sich mit der Möglichkeit zum Abitur die Attraktivität Rockenhausens nicht nur als Schul-, sondern auch als Wirtschaftsstandort. Der vom Landkreis 1992 vorgelegte Schulentwicklungsplan unterstützt die Absichten der Reforminitiatoren, zeigt er doch anhand harter Fakten, daß Anfang der 90er Jahre im Durchschnitt immerhin ein Viertel aller Realschüler aus der Verbandsgemeinde nach Jahrgangsstufe 10 noch die gymnasiale Oberstufe relativ weit entfernter Schulstandorte besucht. Weiterhin verdeutlicht er die regionale Chancenungleichheit (vgl. dazu auch Klemm u.a. 1997; Ditton 1992 u. 1996) in der Verbandsgemeinde Rockenhausen am rekonstruierten Schulwahlverhalten der Eltern. Nur wenige von ihnen entscheiden sich beim Übergang zur weiterführenden Schule für gymnasiale Angebote in umliegenden Städten; die meisten beschränken sich in ihrer Wahl auf das unvollständige, nur aus Haupt- und Realschule bestehende schulische Angebot vor Ort.

Die Initiatoren der Schulreform zielen also auf eine den faktischen Verhältnissen im Schulzentrum angemessene konzeptionelle pädagogische und organisatorische Alternative zum Status quo, d.h. den beiden getrennten Schulen. Sie spekulieren auf eine Verbesserung der Standortqualität und eine Reduzierung regionaler Chancenungleichheit. Als sinnvolle Erweiterung des schulischen Angebots bietet sich – schon wegen der insgesamt zu niedrigen Schülerzahlen für ein eigenständiges Gymnasium – die Errichtung einer Integrierten Gesamtschule im Schulzentrum an Stelle der Haupt- und Realschule an.

Kommunalpolitisch läßt sich in den Gremien des Landkreises und der Verbandsgemeinde – in beiden dominiert die SPD – schnell Einigkeit herstellen. Nachdem eine zur Beantragung notwendige informelle Elternbefragung durchgeführt ist, die die Nachfrage hinreichend begründet, beantragt der Kreis im Frühjahr 1992 die Errichtung einer IGS. Zwischenzeitlich gelangt das Thema in die Öffentlichkeit. Dort beginnt eine Auseinandersetzung, deren Ausmaß durch den Begriff „Schulkampf" treffend charakterisiert wird. Große

Teile des Realschulkollegiums, vertreten durch den Verband Deutscher Realschullehrer (VDR), solidarisieren sich mit wenigen aktiven Eltern, die eine Initiative „Pro Realschule“ gründen; sie hängt sich später an die bundesweite „Initiative zum Erhalt des gegliederten Schulwesens“ an. Mit einer systematischen Kampagne (z.B. Leserbriefe, großflächige Anzeigen in der Regionalpresse) gegen eine Integrierte Gesamtschule zieht diese „außerparlamentarische Opposition“ in der Öffentlichkeit viel Aufmerksamkeit auf sich. Im Schulzentrum verhärten sich die Fronten im Kollegium der Realschule; das soziale Klima verschärft sich zusehends. Die Argumentationslinien der IGS-Gegner folgen dabei der bekannten Stoßrichtung: eine IGS entspräche nicht dem Elternwillen, die Eltern seien in den Vorgang nicht einbezogen und das gegliederte Schulwesen sei erwiesenermaßen das bessere Schulsystem.

Zur Überraschung aller – sowohl der Gegner als auch der Befürworter – lehnt das SPD-geführte Kultusministerium die Errichtung einer IGS in Rockenhausen ab. Denn inzwischen bestimmen die koalitionspolitischen Vereinbarungen mit der FDP (Begrenzung neuer Integrierter Gesamtschulen pro Legislaturperiode) und regionalpolitische Erwägungen (Förderung des Aufbaus neuer Gesamtschulen in anderen Landesteilen) die Schulpolitik des Landes.

Auch unter diesen Gegebenheiten will man von einer Schulreform in Rockenhausen nicht ablassen. Jetzt soll das erstrebte Schulmodell als „Schulversuch“ realisiert werden. Da schon im Rahmen der Überlegungen zur Weiterentwicklung des Schulzentrums zu einer IGS die Zielbestimmung „Berufsorientierung“ eine wichtige Rolle gespielt hat, wird dies programmatisch zum konzeptionellen Modellaspekt definiert. Diese neue Strategie der Betonung der Berufspropädeutik und des Modellcharakters findet Zustimmung beim Ministerium für Kultur, in den kommunalpolitischen Gremien und bei der vorher dem Projekt gegenüber eher reservierten kommunalen CDU.

Während in den kommunalpolitischen Gremien die im Schulmodell anzustrebende gezielte Vorbereitung auf die Arbeits- und Berufswelt die positive Haltung der Akteure bestimmt, verharrt in der Öffentlichkeit die sich verschärfende Diskussion in den alten Mustern und Frontstellungen. Die organisierte Gegnerschaft (Elterninitiative und Realschullehrerverband) werfen den Befürwortern der Reform vor, unter dem „Deckmäntelchen Schulmodell“ weiter die Errichtung einer Integrierten Gesamtschule zu betreiben. Über ihre alten Argumentationslinien einer pauschalen Bezweiflung der Qualität von Gesamtschulen und dem Einklagen von Elternpartizipation hinausgehend versuchen sie jetzt den Modellversuch durch die ergänzenden Hinweise, Schulversuche seien zu teuer, und Kinder würden „als Versuchskaninchen mißbraucht“, zu diskriminieren. Den symbolischen Höhepunkt des Konflikts in der Öffentlichkeit markiert eine von der Elterninitative angeführte örtliche Schülerdemonstration.

1993 erarbeitet eine aus schulischen, kommunalpolitischen und ministeriellen Vertretern zusammengesetzte Planungsgruppe das Konzept des Schulmodells, dessen Errichtung für das Schuljahr 1994/95 anvisiert wird. Dieses Konzept wird mit breiter Zustimmung von Verbandsgemeinderat und Kreistag angenommen. In der ersten Jahreshälfte 1994 taucht dann in der Öffentlichkeit ein Kompromiß-Vorschlag auf: die sog. „Zwei-plus-vier-Lösung". Neben einem vierzügigen Schulmodell soll im Schulzentrum die Realschule zweizügig weiterbestehen, während die Hauptschule sukzessive ausläuft. Dieser von der Realschulseite formulierte Vorschlag wird plötzlich von der bisher eindeutig hinter dem Schulmodell stehenden kommunalen CDU unterstützt. Deren Positionsrelativierung vollzieht sich, nachdem die landespolitische Ebene der CDU, die mit der gesamtschulfreundlichen Haltung ihrer kommunalen Parteifreunde nicht einverstanden ist, interveniert hat.

Die Strategie der Elterninitiative verlagert sich nun auf die Ebene eines Rechtsstreits. Die Eltern von vier Kindern ziehen bis vor das Oberverwaltungsgericht des Landes Rheinland-Pfalz und klagen gegen die Schließung der Realschule. Dort bekommen sie kurz vor Eröffnung des Schulmodells recht. Das Gericht begründet seine Entscheidung mit dem Hinweis auf das rheinland-pfälzische Schulgesetz, aus dem eindeutig hervorgehe, daß „die Einrichtung eines Schulversuchs nicht zu Lasten des Bestandes einer bestehenden schulischen Einrichtung gehen soll".[4] Die Realschule darf somit weiter neue Jahrgänge aufnehmen, und die Anhänger der Realschule und Vertreter der kommunalen CDU plädieren nun für einen fairen Wettbewerb, in dem sich zeigen solle, welche Schule die bessere sei.

Die durch den Gerichtsentscheid entstandene Situation führt dazu, daß seit 1994 das Schulzentrum in Rockenhausen aus einer auslaufenden Hauptschule, einer Realschule und dem Schulmodell besteht. Der Realschulabschluß kann also an zwei verschiedenen Schulen in einem Gebäude erworben werden, der Schulträger muß in Zeiten knapper Kassen beide Schulen unterhalten und ist somit einer doppelten finanziellen Belastung ausgesetzt.

Aus einer ex-post-Perspektive läßt sich ein strategischer Fehler der Reformer ausmachen: der Widerstand der Elterninitiative und der Realschullehrerschaft wurde unterschätzt. Der Konsens in den politischen Gremien wog die Reformer in trügerischer Sicherheit. Der Erfolg schien gewiß.

Der Verlauf dieser exemplarischen Geschichte eines Schulkampfs, der wohl so oder ähnlich auch in vielen anderen Kommunen Deutschlands anzutreffen ist, zeigt, wie eine relativ kleine Gruppe engagierter Eltern und Professionsvertreter durch öffentlichkeitswirksames und alle rechtlichen Möglichkeiten ausschöpfendes Vorgehen – bis zur obersten gerichtlichen Instanz im Bundesland – verhindernden Einfluß auf einen von den demokratisch legitimierten Gremien gewollten Schulentwicklungsprozeß gewinnen kann.

---

4 Aus schulreformerischer Perspektive ist die vom Gericht in seiner Begründung aufgeworfene Frage, ob Schulversuche überhaupt in einem strukturschwachen Raum durchgeführt werden sollten, schwer nachzuvollziehen.

Dieser Einfluß wirkt sich bis in die Implementationsphase des SMR aus und hat eine Realität geschaffen, die für die neue Schule eher hinderlich denn fördernd ist. Denn das Schulmodell muß jetzt mit einer konkurrierenden Schule im selben Gebäude den Schulalltag gestalten und in jedem Schuljahr aufs Neue verstärkt um eigene Schüler werben. Diese Konkurrenzsituation findet ihre symbolische und nach außen sichtbare Verdichtung beispielsweise darin, daß beide Schulen zum selben Termin einen „Tag der offenen Tür" veranstalten, der natürlich vor allem der Schüler- bzw. Elternwerbung dient.

2. Schülerorientierung und Berufspropädeutik: das pädagogische Konzept und Profil des Schulmodells[5]

Das Schulmodell Rockenhausen integriert die Bildungsgänge von Haupt-, Realschule und Gymnasium und führt von Jahrgangsstufe 5 bis 13 (vgl. Abb. 1). Dementsprechend können alle Sek I-Abschlüsse erworben werden. Momentan (Schuljahr 1997/98) reicht das Schulmodell bis Jahrgangsstufe 8; 60 Lehrkräfte unterrichten 600 Schüler und Schülerinnen. Im Schuljahr 2000/01 werden die ersten Schüler in die Sekundarstufe II übergehen, die an der örtlichen Berufsschule angesiedelt ist. Dort wird dann die Integration beruflicher und allgemeiner Bildung in Form eines Beruflichen Gymnasiums und doppeltqualifizierender Bildungsgänge, ähnlich denen der Kollegschulen in Nordrhein-Westfalen (vgl. Gruschka 1991 u. 1994a), weitergeführt.[6]

---

5 Die folgende Darstellung der konzeptionellen Grundlagen des Schulmodells orientiert sich an dem im Vorfeld der Schulgründung erarbeiteten Planungskonzept (PK), der Grundlegung des Schulmodells (GL), dem Lehrplanentwurf für das neue Fach „Methodenlernen" (LPM) und der Information „Das Wahlpflichtfach 'Berufsorientierender Unterricht'" (IBOU).

6 Da in diesem Sammelband Reformansätze in der Sekundarstufe I im Vordergrund stehen, verzichte ich auf Ausführungen zur Programmatik der Oberstufe, zumal diese bisher noch nicht realisiert ist.

Abb. 1: Aufbau des Schulmodells Rockenhausen (SMR)

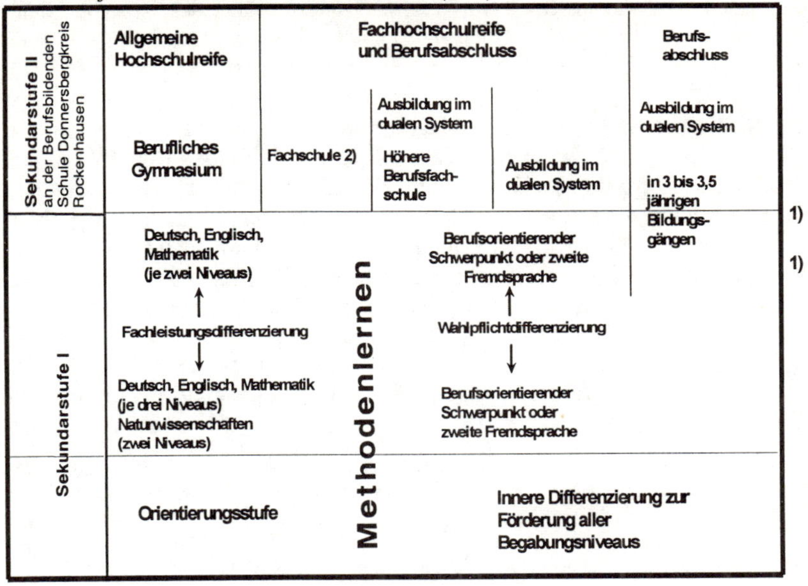

Anmerkungen:

1) Übergänge gemäß der jeweiligen Bestimmung
   - a) Übergang in das Berufliche Gymnasium
   - b) Übergang in die Fachschule/Höhere Berufsfachschule
   - c) Übergang in das duale System

2) Fachschule für Sozialwesen, Bildungsgänge für Erzieher, Heilpädagogen und Heilerzieher

Die Reformelemente lassen sich mit den beiden Schlagworten „Berufspropädeutik" und „Schülerorientierung" charakterisieren (vgl. *Abb. 2*). Der das SMR als Versuchsschule legitimierende Modellaspekt ist die Integration allgemeiner und beruflicher Bildung durch eine schon ab Jahrgangsstufe 7 einsetzende Berufspropädeutik. Die Schule soll sich „in besonderer Weise der Vorbereitung auf die Berufs- und Arbeitswelt widmen und dies durch eine Erweiterung der Bildungsgänge curricular und organisatorisch widerspiegeln" (PK S. 2). Diese Akzentuierung der Anschlußfähigkeit der erworbenen Qualifikationen an Aufgaben und Anforderungen der Arbeits- und Berufswelt – letztlich eine bildungsökonomische, vom Verwertungsinteresse des Arbeitsmarkts aus begründete Integration allgemeiner und beruflicher Bildung – verdeutlichen weitere Zielformulierungen des Planungskonzepts:

„Der Standort Deutschland hängt wesentlich auch von der Qualifikation der vorhandenen Arbeitskräfte ab. Künftig wird mehr verantwortliches Denken und Handeln verlangt werden, sowie die Fähigkeit, komplexe Probleme methodisch strukturiert anzugehen und mit anderen rational zu lösen, im Vordergrund stehen. Gefordert werden Schlüsselqualifikationen (...), gefragt ist eine breit angelegte praktische Intelligenz. (...) Die Schule der Zukunft wird die sein, die verwendungsorientierte Qualifikationen vermittelt und Theorie und Praxis vereint" (PK S. 4f.).

Theoretisch fundiert werden diese Zielbestimmungen mit dem vor allem von Wirtschaftsverbänden vertretenen Konzept der Schlüsselqualifikationen, das im Planungskonzept durch ein Schaubild der Siemens-AG dargestellt ist. Die Berufspropädeutik konkretisiert sich in zwei wesentlichen Reformelementen: dem Fach Methodenlernen und dem Berufsorientierenden Unterricht. Dem berufspropädeutischen Ansatz steht eine reformpädagogisch inspirierte schülerorientierte Gestaltung von Unterricht und Schulleben gegenüber (Jank/Meyer 1991, S. 322-336; Pädagogik 12/1995). Diese zielt darauf ab, die Persönlichkeit des Schülers in einer umfassenden, ganzheitlichen Weise zu fördern. Hier wird der Schüler als eigenaktive und eigensinnige Persönlichkeit, als Subjekt thematisch.

„(...) Dabei ist es wichtigste Aufgabe im Erziehungsprozeß, daß nicht nur der Intellekt des jungen Menschen gefordert wird, Wissen und Fähigkeiten vermittelt werden, sondern auch seine sozialen, moralisch sittlichen, emotionalen und praktischen Dispositionen zur Entwicklung gebracht werden. Der ganze Mensch soll durch die ausgewogene, umfassende Förderung aller seiner Anlagen Persönlichkeit werden" (PK S. 19).

Abb. 2: Programmatische Schwerpunkte des Schulmodells

Berufspropädeutik	Schülerorientierung
- Methodenlernen	offener und handlungsorientierter
- in der Orientierungsstufe als	Unterricht
fächerübergreifendes Unterrichtsprinzip	Tagesplan/Wochenplan
- von Kl. 7-8 als eigenständiges Unterrichtsfach	Projektunterricht
- Berufsorientierender Unterricht (BOU)	Morgenkreis/Erzählkreis
- Kl. 7. Umgang mit dem Computer; vier	Wahldifferenzierter Unterricht
Teilbereiche: Technik, Wirtschaft, Haushalt und	Klassenprojekt
Sozialwesen	Arbeitsgemeinschaften
- Kl. 8: Wahl von zwei Schwerpunkten der vier	Unterricht in halber Klasse
Teilbereiche	Team-Teaching
- Kl. 9: Reduktion auf einen Schwerpunkt	Verbalbeurteilung
- Kl. 10: Vertiefung der theoretischen	Nachmittagsbetreuung
Grundlagen und des Methodenrepertoires	Förderunterricht
	erlebnispädagogische Projekte
	(z.B. Sommercamp)

Diese Konzeptformulierungen beinhalten m. E. zumindest auf programmatischer Ebene einen Widerspruch, der sich nicht zwangsläufig im Schulalltag niederschlagen muß: Das Spannungsverhältnis zwischen umfassender Schülerorientierung und utilitaristischer Qualifikationsvermittlung. Denn die Integration allgemeiner und beruflicher Bildung wird lediglich aus der bildungsökonomischen Perspektive einer besseren Anschlußfähigkeit an die Wirtschafts- und Arbeitswelt, also nicht pädagogisch bzw. bildungstheoretisch, legitimiert. Hinter diesem Begründungszusammenhang verbirgt sich das Bild des Schülers als Träger bestimmter funktionaler Qualifikationen. Demgegenüber markiert der dem reformpädagogischen Konzeptteil explizit unterlegte umfassende Subjektbegriff genau den Gegensatz zu diesem „reduktionistischen“ Schülerbild.

2.1 Der berufspropädeutische Modellaspekt

Methodenlernen, in der Orientierungsstufe fächerübergreifendes Prinzip, in den Jahrgangsstufe 7 und 8 eigenständiges Unterrichtsfach, zielt auf die Vermittlung einer zentralen formalen Schlüsselqualifikation, die auch im schon genannten bildungspolitischen Konzept der Wirtschaft zentraler Bestandteil ist: Methodenkompetenz („das Lernen lernen“). Methodenkompetenz zu fördern und sogar in zwei Jahrgangsstufen (7 und 8) im Rahmen eines eigenständigen Pflichtfachs zu unterrichten, wird begründet mit dem Verweis auf das rasche Veralten von Bildungsinhalten, der immer bedeutsameren Fähigkeit zum lebenslangen Lernen und dem von der Schulerfolgsforschung aufgezeigten Zusammenhang zwischen Methodenkompetenz und Schulnoten (GL S. 27). Im Mittelpunkt steht so die Aneignung von Lern- und Arbeitstechniken, um die Fähigkeit zur eigenaktiven Problemlösung zu fördern: in zunehmendem Maße sollen „Aufgaben der Lehrernden an die Lernenden übertragen werden“ (ebd.).

Da es sich hierbei um eine neues Fach handelt, wurde von einer Arbeitsgruppe der Schule ein Lehrplanentwurf ausgearbeitet. In diesem werden Bemühungen sichtbar, den Lernbegriff nicht technizistisch zu verengen und subjektivistisch-monologisch auszulegen. Zwar soll Methodenlernen dem Schüler vor allem „Erarbeitungs- und Einprägungsverfahren“ und „metakognitive Kompetenzen“ vermitteln (LPM S. 3), jedoch wird in Anknüpfung an die Reformpädagogik und mit Verweis auf die Denkschrift der Bildungskommission NRW (1995) ein „ganzheitlicher“ Lernbegriff zugrunde gelegt, der sich nicht nur auf den Erwerb von Wissen und Können, sondern auch auf „soziales und moralisches Lernen und auf das Einüben von Handlungskompetenz“ bezieht (LPM S. 3). Darüber hinaus verweist die Arbeitsgruppe in der Einleitung des Lehrplans auf die notwendige Situierung des Lernens in sozialen Interaktionen: „Lernen ist auf Interaktion angewiesen“ (ebd.).

Nachdem Methodenlernen in der Orientierungsstufe als fächerübergreifendes Prinzip in bewußter Anknüpfung an die Arbeitsformen der Grundschule Berücksichtigung findet, ist es in Jahrgangsstufe 7 zweistündiges Pflichtfach. Die Schüler sollen in dieser Jahrgangsstufe lernen, wie man Informationen beschafft und wie man sie verarbeitet, darstellt und präsentiert. Geübt wird hier beispielsweise das systematische Erschließen von Sachtexten

und die kompetente Nutzung von Bibliotheken sowie der Umgang mit Printmedien. Ein zweiter Schwerpunkt liegt auf dem Thema „Prüfungen (Klassenarbeiten und schriftliche Überprüfungen)“, das die gezielte Vorbereitung auf Prüfungen, den Umgang mit Prüfungsangst und das selbstsichere Verhalten während einer (schriftlichen) Prüfung umfaßt.
In Jahrgangsstufe 8 wird Methodenlernen dann nur noch einstündig unterrichtet, weil im Lehrplanentwurf davon ausgegangen wird, daß sich die in Jahrgangsstufe 7 erworbene Methodenkompetenz schon größtenteils routinisiert hat. Im Vordergrund stehen nun die Themen „Elemente des Gedächtnisses, Gedächtnis und Lernen, Interaktion beim Lernprozeß (Kommunikation), Kreativität und Prüfungen“. Hier lernen die Schüler die Grundlagen der Informationsverarbeitung im menschlichen Gehirn mitsamt den fördernden und hemmenden Faktoren von Lernprozessen. Außerdem gehört hierzu auch die Vermittlung von Mnemotechniken. Als weiteren Aspekt sieht der Lehrplan das Thema „Interaktion und Kommunikation beim Lernen“ vor, womit die Förderung kommunkativer Kompetenz durch Kommunikationstraining angestrebt wird: „Den Schülern soll die Fähigkeit zum Diskutieren, Argumentieren und Reden vermittelt werden“ (LPM S. 11).

Das Fach Methodenlernen findet seinen Abschluß in den Unterrichtseinheiten „Kreativität“ – hier geht es um den Abbau von „Blockaden der Kreativität“ und den Aufbau „einer kreativen Persönlichkeit“ durch das Fördern von Sensitivität, der Fähigkeit, Wesentliches von Unwesentlichem zu unterscheiden, Geläufigkeit, Flexibilität und Originalität – und einer erneuten Vertiefung des Themas „Prüfungen“, jetzt mit dem Akzent auf mündlichen Prüfungen und außerschulischen Vorstellungsgesprächen. Das durchgängig von Jahrgangsstufe 7 bis 10 unterrichtete Wahlpflichtfach „Berufsorientierender Unterricht (BOU)“[7] komplettiert den berufspropädeutischen Ansatz in der Sekundarstufe I des Schulmodells. Im BOU sollen die Schüler

> „ausgehend von exemplarischen Beispielen (...) allgemeingültige, übertragbare Kenntnisse, Fertigkeiten und Fähigkeiten erwerben und so eine planvolle und kontinuierliche Berufswahlvorbereitung erfahren. Elementare Kenntnisse von Elementen ausgewählter Berufe und Arbeitsplätze, sowie die Analyse eigener Erfahrungen und Fähigkeiten sollen den Schülern helfen, ihre Berufswahl sinnvoll zu planen und die dafür erforderlichen Schritte zu unternehmen“ (IBOU S. 1).

Der Unterricht soll grundsätzlich handlungsorientiert gestaltet, Stoffülle durch Begrenzung der Lerninhalte und Lernziele auf ausgewählte Lernaufgaben vermieden werden. Im BOU sind Lehrkräfte der Berufsbildenden Schule einbezogen. In Jahrgangsstufe 7 ist der Unterricht dreistündig. Zunächst steht der fachgerechte Umgang mit dem Computer im Mittelpunkt, dann folgen einführend exemplarische Lernaufgaben aus den vier Teilbereichen Technik,

---

7 Alternativ kann die zweite Fremdsprache Französisch gewählt werden.

Wirtschaft, Haushalt und Sozialwesen. In Jahrgangsstufe 8 wird der Unterricht auf vier Wochenstunden ausgeweitet; die Schüler müssen nun zwei Schwerpunkte aus den vier Teilbereichen auswählen. Nur noch ein Schwerpunkt wird im gleichen Unterrichtsumfang in Jahrgangsstufe 9 projektorientiert bearbeitet. In dieser Jahrgangsstufe ist ein mit dem Unterricht inhaltlich eng verknüpftes Betriebspraktikum vorgesehen. In Jahrgangsstufe 10 reduziert sich der Unterricht wieder auf 3 Wochenstunden; die Vertiefung der theoretischen Grundlagen und des Methodenrepertoires stehen auf dem Programm. Konkrete Interessenlagen der Schüler sollen bei der Projektauswahl ausdrücklich besondere Berücksichtigung finden, gleichzeitig soll das Fach einen starken Bezug zur regionalen Arbeitswelt herstellen. „Die Lernaufgaben sollten sich aus möglichen Problemfeldern der regionalen Wirtschaft oder kommunalen Einrichtungen ergeben" (IBOU S. 2). Mit Hilfe der starken Projektorientierung dieses Faches will das Schulmodell zudem „Lebendiges Lernen" realisieren.

„Bei diesen ersten Begegnungen mit der praktischen Wirklichkeit sollen individuelle, aber insbesondere auch gemeinsame Lern- und Handlungserfahrungen gesammelt werden, neben Einsichten und praktischem Tun Selbstvertrauen sowie Fähigkeit zur Partnerschaft gewonnen und somit Persönlichkeit und Selbständigkeit weiterentwickelt werden. Gleichzeitig werden bekannte Problemlösungsstrategien und Organisationstechniken auf ihre Praxistauglichkeit überprüft" (IBOU S. 2).

2.2 Der Modellaspekt der Schülerorientierung

Das am Schüler orientierte Selbstverständnis des Schulmodells konkretisiert sich organisatorisch in offenen Unterrichtsformen, Team-Teaching, Unterricht in halber Klasse, Verbalbeurteilungen und über den Unterricht hinausgehende Aktivitäten im Schulleben.

Offener Unterricht: Als offene Unterrichtsformen werden vor allem Freiarbeitsmethoden wie Tages- und Wochenplan und die schon im Zusammenhang mit dem Berufsorientierenden Unterricht genannte Projektarbeit angewendet, die in der Orientierungsstufe auch in Gestalt von Klassenprojekten fester Bestandteil in jedem Schuljahr und jeder Klasse ist. Im Wahldifferenzierten Unterricht bearbeiten die Schüler selbständig Teilaspekte eines Themas, in das sie zuvor eingeführt wurden. Morgen- und Erzählkreise dienen als vergemeinschaftende Rituale der sozialen Integration des einzelnen Schülers und der Kultivierung der Klassengemeinschaft. Offener Unterricht meint jedoch im Rahmen der Schulphilosophie des SMR nicht nur ein „Öffnen hin zu den Schülerinnen/den Schülern und den Sachen", sondern auch ein „Öffnen der Lehrkräfte zu sich selbst und zu den Kolleginnen und Kollegen" (PK S. 17); er soll somit auch die Reflexivität der professionellen Pädagogen, ihre Kooperation und ihre Kollegialität befördern. Neben dem übergreifenden Prinzip der Handlungsorientierung versucht das Schulmodell, durch den Wechsel unterschiedlicher Sozialformen (Einzel-, Partner-, Gruppenarbeit) den Unterricht abwechslungsreich zu gestalten. Entsprechend dieser Unterrichtsphilosophie bemüht sich die Schule, vor allem die Klassenzimmer, aber auch die Schule insgesamt so auszustatten und zu gestalten, daß den Schülern ausreichend ästhetische, körperliche, kulturelle und soziale Aneignungsmöglichkeiten in einer anregenden Lernumwelt geboten werden.

Team-Teaching und Unterricht in halber Klasse: Diese beiden Ansätzen werden zur Binnendifferenzierung in der schulformübergreifenden Orientierungsstufe des Schulmodells eingesetzt. Im Team-Teaching unterrichten zwei Lehrer zusammen eine Klasse, „sie wechseln sich ab, ergänzen sich und können gezielt und intensiv mit einzelnen Gruppen arbeiten“ (PK S. 18). Im Unterricht in halber Klasse wird die Klasse geteilt, so daß z.B. in der einen Hälfte Englisch und in der anderen Hälfte Mathematik unterrichtet wird. „Solche Stunden eignen sich in der Orientierungsstufe besonders für intensives Üben oder handlungsorientiertes Arbeiten und bieten verstärkt Möglichkeiten zur individuellen Förderung“ (ebd.).

Verbalbeurteilung: Als Ergänzung zum Ziffernzeugnis erhalten die Schüler der Orientierungsstufe eine Verbalbeurteilung, weil „Ziffernzeugnisse allein (...) die Qualität des individuellen Lernfortschritts, die Fähigkeit zum Lernen in Gruppen, die Entwicklung des Verhältnisses zwischen Lernausgangsbedingungen eines Schülers und seinen Lernergebnissen nur verkürzt widerspiegeln“ (PK S. 20). Das Schulmodell hat sich für eine standardisierte Form entschieden, d.h. die Verbalbeurteilung gleicht einem Erhebungsbogen und stellt hinsichtlich des Anspruchs einer verbalen Beurteilung in Form *offener, ausformulierter Lernentwicklungsberichte* einen – arbeitszeitökonomisch begründeten – Kompromiß dar. Eine weitere Einschränkung ergibt sich daraus, daß die Verbalbeurteilungen nur in der Orientierungsstufe vorgenommen werden. Erfaßt werden die beiden Kategorien Sozial- und Lernverhalten anhand verschiedener Dimensionen, die jeweils in mehrere Items ausdifferenziert sind (vgl. *Abb. 3*). Die Ausprägungen werden an einer gestuften Skala abgetragen (trifft zu – trifft teilweise zu – trifft nicht zu – kann nicht beurteilt werden). Jede Dimension läßt Platz für zwei offene Items, so daß den beurteilenden Lehrern auch individualisierender Spielraum gegeben ist.

Abb. 3: **Die Kategorie Sozialverhalten der Verbalbeurteilung mit Dimensionen und Items**

Kategorie: Sozialverhalten	
Dimension: Übergang am SMR/Eingewöhnung in die Klassengemeinschaft	Dimension: Teamfähigkeit und Kooperation
Items (ausgew. Bsp.) - hat sich gut im SMR eingelebt - kennt sich in der Schule aus - gewinnt zunehmend an Selbstvertrauen	Items (ausgew. Bsp.) - ist bereit, in der Lerngemeinschaft mitzuarbeiten und Verhaltensregeln zu beachten - stellt seine eigenen Interessen zurück, wenn es um gemeinsame Belange geht - ist höflich und nimmt Rücksicht auf Partner und die Gruppe

Über die genannten Elemente der Schülerorientierung hinausgehend zeichnet sich das Schulmodell durch ein reges Schulleben mit zahlreichen Aktivitäten und Angeboten aus. Hier seien nur die wichtigsten genannt: Es gibt ein reichhaltiges Angebot an außerunterrichtlichen institutionalisierten Arbeitsgemeinschaften. Eine Nachmittagsbetreuung bis 16.00h ermöglicht Kindern beispielsweise alleinerziehender oder berufstätiger Eltern, ihre Hausaufgaben zu erledigen und bietet sinnvolle Freizeitbeschäftigungen. Die Kinder können in der Schule ein Mittagessen einnehmen. Für leistungsschwache Schüler hat die Schule einen Förderunterricht eingerichtet. Im Rahmen eines einwöchigen Sommercamps führt die Schule jedes Jahr mit allen Klassen der Jahrgangsstufe 5 ein erlebnispädagogisches Projekt durch (z.B. Zeltlager). Mit der Teilnahme an örtlichen Festen und Feiern öffnet das Schulmodell sich seiner kommunalen und regionalen Umwelt. Hervorzuheben ist des weiteren eine gegenüber Eltern und Schülern gute Informationsarbeit, die Transparenz, Orientierung und Vertrauen schafft. Gerade bei den vielen Neuerungen organisatorischer und inhaltlicher Art, die ein Schulversuch mit sich bringt, ist dies sehr wichtig. Auch die Einrichtung einer Integrationsklasse mit behinderten und nicht-behinderten Schülern zum Schuljahr 1997/98 ist Zeichen für die Reformfreudigkeit des Schulmodells.

Fachleistungsdifferenzierung: Ab Jahrgangsstufe 7 setzt im Schulmodell eine äußere Fachleistungsdifferenzierung ein. In den Jahrgangsstufen 7-9 wird in der Fächergruppe I (Deutsch, Mathematik und Englisch) in drei Niveaus, in den Naturwissenschaften in zwei Niveaus differenziert. Die anderen Fächer werden im Klassenverband unterrichtet. In Jahrgangsstufe 10 entfällt die Differenzierung in den naturwissenschaftlichen Fächern, in der Fächergruppe I wird unter Berücksichtigung der Abschlußmöglichkeiten nur noch in zwei Niveaus differenziert. Zur Förderung jener Schüler, die aufgrund ihres Notenbildes den Abschluß „Berufsreife" voraussichtlich nur mit Schwierigkeiten erreichen, wird in Jahrgangsstufe 9 eine Förderklasse eingerichtet.

3. Die Entwicklung des Schulmodells von 1994 bis 1997

Die wissenschaftliche Begleitung nahm ihre Arbeit 1994 mit der Eröffnung des Schulmodells auf. Sie versteht sich als projektorientierte, d.h. formative Evaluation (Niedermann 1977). Indem sie ihre Untersuchungsergebnisse an das Kollegium und die Schulleitung zurückspiegelt, will sie kollegiale Diskussionen und damit Prozesse der Selbstevaluation anstoßen und die interne Organisationsentwicklung begleiten (Horstkemper 1997; Burkhard/Pfeiffer 1995; Kromrey 1995; Rolff 1991).

Trotz dieses projektorientierten Konzeptes ist die wissenschaftliche Begleitung jedoch nicht als Aktionsforschung angelegt (vgl. beispielsweise Altrichter u.a. 1997).[8] Die Evaluation des Reformprozesses stützt sich auf die Ergebnisse jährlich durchgeführter standardisierter Befragungen zur Situation im Schulmodell. Im Mittelpunkt stehen dabei die Schüler, denn ob die schülerorientierte Philosophie des Schulmodells in der schulischen Wirklichkeit ihre Entsprechung findet, können in erster Linie die Schüler beurteilen; sie sind für diese Fragen die „Experten".

Darüber hinaus ist es von großer Bedeutung zu erfahren, inwieweit die Lehrkräfte in der Lage sind, den Reformansatz umzusetzen und wo besondere Belastungspotentiale in der alltäglichen Reformarbeit liegen.

3.1 Das Schulmodell aus Schülerperspektive

Die Schülerbefragungen[9] zeichnen ein höchst erfreuliches Bild des Schulmodells. Der Vergleich mit bekannten repäsentativen Befragungen (z.B. Fend 1997; Kanders u.a. 1996; Czerwenka 1990), in denen Schüler z.T. heftige Kritik an der Schule formulieren, zeigt, wie sehr sich das Schulleben des SMR vom häufig „allzu grauen" Alltag in deutschen Schulen abhebt. Drei Viertel aller Schüler gehen ausgesprochen gern zur Schule und verfügen über eine positive Einstellung zu ihr. Die soziale Atmosphäre des Schulmodells wird auf Schulebene wie auch auf Klassenebene von den Schülern als sehr gut charakterisiert. Die Umsetzung des schülerorientierten Ansatzes durch die

---

8 Diese Entscheidung gegen eine Aktionsforschung erfolgte nicht aus im engeren Sinne dogmatischen Gründen, sondern muß vor dem Hintergrund der schwierigen Ausgangssituation zu Beginn des Schulversuchs gesehen werden; eine Aktionsforschung hätte nämlich wahrscheinlich zusätzliche Belastungen für die Lehrkräfte mit sich gebracht, die gerade am Start vermieden werden sollten.

9 Den Schülerbefragungen liegt ein umfangreicher standardisierter Fragebogen zugrunde, der folgende Bereiche erfaßt: *subjektive Befindlichkeiten und Einstellungsmuster* (beispielsweise Schulfreude, -angst, Begabungsselbstbild, Leistungsstatus, Lernmotive u.a.); *institutionelle Aspekte* (Schul-/Klassenklima, Lehrerhandeln, Schülerpartizipation, Sozialökologie der Schule); *spez. Aspekte des Schulmodells* (Verbalbeurteilung, Team-Teaching, Unterricht in halber Klasse, Förderunterricht, Fachleistungsdifferenzierung u.a.).

Lehrerinnen und Lehrer des Schulmodells auf der Ebene alltäglicher Handlungsabläufe, v.a. dem täglichen Unterrichtsgeschehen, schlägt sich in einer großen Zufriedenheit der Schüler mit dem Lehrerverhalten und der Unterrichtsgestaltung nieder. Sie bescheinigen den Lehrern eine hohe didaktische Kompetenz und auch ein an Anerkennung und Wertschätzung orientiertes Sozialverhalten. Nach Meinung der allermeisten Schüler können ihre Lehrer den Unterrichtsstoff gut erklären, gehen auch auf schwache Mitschüler ein und nehmen die Angst, im Unterricht wegen falscher Antworten beschämt zu werden – Schüler am Schulmodell *dürfen* Fehler machen. Gleichzeitig gestehen die befragten Schüler den Lehrern doch auch zu, daß ihnen Ordnung und Disziplin wichtig sind, d.h. sie akzeptieren sie als pädagogische Autoritäten.

Sehr groß ist die Zustimmung zur Verbalbeurteilung – trotz standardisierter Form. Team-Teaching und der Unterricht in halber Klasse, die in der Orientierungsstufe zur Binnendifferenzierung eingesetzt werden, sind für relativ viele Schüler (20% bis 30%) noch gewöhnungsbedürftig. Sehr wahrscheinlich ist für sie die mit den beiden Unterrichtsmodellen verbundene erhöhte Aufmerksamkeit ungewohnt. Bei reduzierter Klassenstärke bzw. zwei Lehrpersonen wird der einzelne Schüler intensiver beachtet und ist stärker in den Unterricht einbezogen. Daher kann er sich nur schwer dem Unterrichtsgeschehen entziehen und muß aufmerksamer sein als im Gesamtunterricht.

Zum neuen Fach Methodenlernen wurde 1997 die Jahrgangsstufe 7 des SMR zum ersten Mal befragt; es wird von den allermeisten Schülern positiv bewertet. Vor allem die unmittelbaren Effekte dieses Fachs sind dafür ausschlaggebend: die Schüler merken, daß ihnen jetzt das Hausaufgaben-Machen leichter fällt und sie selbständiger als früher arbeiten können. Eine größere Selbständigkeit ist genau jenes Lernziel, das mit dem Fach Methodenlernen angestrebt wird. Die Schülereinschätzungen können so als eine erste Bestätigung dieses Konzepts aufgefaßt werden.

Allerdings weisen die Schülerbefragungen auch auf zwei Problemfelder und unbeabsichtigte Nebenfolgen hin. Der Förderunterricht wird nicht von allen Schülern positiv beurteilt. Einige lehnen diese pädagogisch motivierten Bemühungen der Schule als Stigma ab. Dies ist ein Beispiel, wie Unzufriedenheit durch eine gutgemeinte, aber von manchen Schülern subjektiv als ungerecht und ausgrenzend erlebte Sonderbehandlung entstehen kann (vgl. dazu auch die ersten beiden Kältestudien in Gruschka 1994b, S. 191ff.). Ein zweites Problem ist die geringere Zufriedenheit der C-Kurs-Schüler, also jener Schüler, deren Leistungen in allen oder den meisten Fächern nur den Hauptschulanforderungen genügen (vgl. dazu auch Fend 1976, S. 466ff. u. 1982, S. 490). Insgesamt bedeutet die Fachleistungsdifferenzierung für die meisten Schüler eine große Umstellung: zwei Drittel aller befragten Schüler würden lieber wieder im Klassenverband unterrichtet werden. Die C-Kurs-Schüler jedoch üben am heftigsten Kritik am Kurssystem. Außerdem zeigt sich bei ihnen signifikant geringere Schulfreude, Lernbereitschaft und Selbstbewußtsein. Hierbei handelt es sich um einen ungewollten, der pädagogischen Idee der Gesamtschule, die ja auf soziale Integration auch der schwächeren Schüler abzielt, gegenläufigen Effekt. Die extreme Fachleistungsdifferenzierung im SMR ist in dieser Hinsicht kontraproduktiv, weil sie dieses strukturelle Problem noch verstärkt.

3.2 Die Reformpraxis aus der Lehrerperspektive

Lehrerhandeln in einer Reformschule ist erhöhten Anforderungen ausgesetzt. Ebenso wie die Modellschule befinden sich die Lehrer in einer „Experimental- und Inkubationsphase“ (Combe/Buchen 1996, S. 60). Viele von ihnen sind mit neuen Unterrichtsmethoden konfrontiert, deren routinisierte Anwendung sich erst noch entwickeln muß. Gleichzeitig stehen sie aber als diejenigen, die die Reformaspekte umsetzen sollen, unter einer starken Beachtung seitens der Elternschaft und der Schulleitung. Neben der Bedeutung für die berufliche Weiterentwicklung und für das sinnhafte Erleben der eigenen pädagogischen Tätigkeit birgt innovatives Lehrerhandeln eben auch das Risiko größerer Belastungspotentiale. In einer solchen Situation ist es wichtig, daß v.a. die Schulleitung den auf den Lehrkräften ruhenden „Erfüllungsdruck“ reduziert und bearbeitbar macht.

Die wissenschaftliche Begleitung befragt die Lehrer ebenso wie die Schüler alljährlich mit einem standardisierten Erhebungsbogen, der zentrale Dimensionen erfaßt wie Arbeitsklima, persönliche Zufriedenheit, Wahrnehmung der Schülerschaft, Verhältnis zu den Eltern, Verhältnis zur Schulleitung, Einschätzung des pädagogischen Konzepts, Verbesserungsvorschläge u.a.

Die Beteiligung an der Befragung ist relativ gering, so daß für das Kollegium repräsentative Ergebnisse kaum erzielt werden; hier muß in den nächsten Jahren noch Motivationsarbeit geleistet werden.[10]

Die Lehrer am Schulmodell äußern sich positiv zu Arbeitsklima, Kooperation und Teamgeist im Kollegium. Sie stellen eine deutliche Verbesserung ihrer eigenen Unterrichtspraxis im Schulmodell fest (viele unterrichteten vorher an anderen Regelschulen, andere haben im Schulmodell ihre erste Stelle angetreten). Für viele befragte Lehrer bedeutet die Arbeit an einer Versuchsschule einen Umstellungs- und Gewöhnungsprozeß. Die Förderung sozialer Aspekte wird ebenso wie die Arbeit mit einer heterogenen Schülerschaft als positive Herausforderung erlebt. Als belastend werden besonders unzureichende materiellen Rahmenbedingungen, Organsationsprobleme und – aller-

---

10 Auf was die niedrige Beteiligung zurückzuführen ist – starke Arbeitsbelastung, Geringschätzung der wissenschaftlichen Begleitung, evtl. Ängste vor ungenügender Anonymität (die aber unbegründet sind, da der Fragebogen keinerlei persönliche Angaben zu Geschlecht, Alter, Ausbildung, Fächer usw. enthält), Kritik einer schweigenden großen Gruppe – läßt sich schwer sagen.

dings wenige – auffällige und leistungsschwache Schüler wahrgenommen. Deutlich empfindet die Lehrerschaft des Schulmodells den Druck von außen; von der Schulleitung erwartet sie sich mehr konkrete Anregungen. Jene reformpädagogischen Unterrichtsmethoden, die die Zeitrhythmisierung der Unterrichtsstunden, d.h. in der Regel den 45-Minuten-Takt übersteigen, werden seltener angewendet, Variationsmöglichkeiten, die im Klassenunterricht möglich sind, werden intensiv genutzt. Die höhere Arbeitsbelastung, die offene Unterrichtsformen mit sich bringen (insbesondere der Vorbereitungsaufwand), erscheint den Lehrern wegen des größeren Lernerfolgs der Schüler gerechtfertigt. Das pädagogischen Konzept des Schulmodells erfährt einerseits große Zustimmung unter den Lehrern, einzelne Punkte werden aber durchaus auch kritisch betrachtet.

4. Ausblick

Für die zukünftigen Entwicklungen des Schulmodells werden drei Aspekte im Vordergrund stehen:

Das Schulmodell auf dem Weg zur Regelschule

Noch ist die Frage offen, wie sich das SMR als Modellschule in der Region im Rahmen der kommunalen bzw. regionalen Schulpolitik weiterentwickeln und welche Auswirkungen dies auf den – nach wie vor bestehenden – schulpolitischen Konflikt in der Öffentlichkeit haben wird. Hier wird es 1998 auf der Grundlage des Zwischenberichts zum Schulmodell, der v.a. die Ergebnisse der wissenschaftliche Begleitung präsentiert, eine zukunftsweisende Entscheidung geben: das Schulmodell soll Regelschule werden. Da es eine integrative Schule ist, kann die Entscheidung nur „IGS" heißen. Dies wird in der Öffentlichkeit wieder zur einer schulpolitischen Debatte führen. Für die Gegnerschaft des Schulmodells wird die Entscheidung eine Bestätigung ihrer im Vorfeld geäußerten Befürchtung sein: Mit dem Schulmodell sei durch die Hintertür eine IGS eingeführt worden – „...wir haben es ja schon damals gewußt".

Der Status der Regelschule könnte auch die Schließung bzw. Verlagerung der Realschule ermöglichen. Denn der gerichtlichen Begründung, die Realschule dürfe als bestehende Regelschule nicht zugunsten eines Schulversuchs geschlossen werden, ist der Boden entzogen – das SMR ist dann ja nicht mehr eine Modellschule. Gegenwärtig scheint sich das Ministerium für Bildung, Wissenschaft und Weiterbildung (MBWW) jedoch dazu entschlossen zu haben, die Realschule weder zu schließen noch zu verlagern, so daß beide

Schulen weiter im Schulzentrum existieren werden. Bei Schließung oder Verlegung der Realschule hätte sich die räumliche Situation für das Schulmodell verbessert; damit ist nun nicht zu rechnen. Die Regelschulentscheidung kann auch innerschulische Konsequenzen für die alltägliche Arbeit im SMR haben: positive, wenn der Regelschulstatus die schulischen Akteure vom Reformdruck entlastet; negative, wenn Begünstigungen (Stundenzuwiesungen usw.), die der Versuchsstatus mit sich brachte, nicht mehr gewährt werden. Auf jeden Fall ist anzunehmen, daß die Umwandlung des Schulmodells in eine Regelschule weitreichende Konsequenzen nach sich ziehen wird.

Als Regelschule auch in der Zukunft noch Modellschule

Trotz Regelschulstatus bleibt das SMR Reformschule. Das berufspropädeutische Reformelement – Methodenlernen und der Berufsorientierende Unterricht –, das sich ab Jahrgangsstufe 7 entfaltet, wird erst seit 1996 erprobt; die Sekundarstufe II ist noch nicht erreicht, der erste Jahrgang des SMR wird erst im Schuljahr 2000/01 in sie einmünden. Die Umsetzung des Curriculums für das Fach Methodenlernen sollte ebenso wie der in Jahrgangsstufe 9 und 10 vor allem projektorientierte Berufsorientierende Unterricht begleitet und evaluiert werden. Hier wird die Frage zu beantworten sein, inwieweit das Fach Methodenlernen sein Ziel, Lern- und Arbeitstechniken zum selbsttätigen Lernen zu vermitteln, umsetzt. Hinsichtlich des Berufsorientierenden Unterrichts muß geklärt werden, ob die Berufswahl frühzeitig erleichtert wird und wie die schulischen Projekte mit den Neigungen der Schüler abgestimmt werden. Auch die reformpädagogische Unterrichtspraxis muß systematisch gestützt werden, da sie für viele Lehrer neues Terrain bedeutet.

Kontinuierliche Entwicklung von Kollegialität, Kooperation und Reformbewußtsein unter angemessenen Rahmenbedingungen

Der wohl wichtigste Aspekt zukünftiger Arbeit ist die innerschulische Entwicklung des Kollegiums. Das Schulmodell erreicht im Schuljahr 1997/98 die Jahrgangsstufe 8. Die Schule befindet sich also noch im Aufbau. Jedes Schuljahr kommen neue Schüler und Lehrer hinzu. Aufgrund dieses stetigen Wachstums befinden sich die kollegialen Strukturen in ständiger Ausdifferenzierung. „Novizen" müssen in die kollegiale Gemeinschaft eingeführt werden, sich mit der Schule und den neuen Kollegen vertraut machen. Das Kollegium ist hinsichtlich Altersstruktur, Ausbildung, Berufserfahrung, Herkunftsschule durch recht große Heterogenität geprägt. Gerade deswegen ist eine Kultur der interkollegialen Anerkennung – auch von Differenzen, nicht überall läßt sich Konsens herstellen – notwendig. Darüber hinaus ist ein Höchstmaß an Partizipation der Lehrkräfte in bezug auf die Gestaltung des Reformprozesses zu ermöglichen. Denn eine wichtig Vorraussetzung für eine gelingende Reformpraxis ist die Beteiligung aller Akteure an der konkreten Gestaltung des Schulalltags und auch an weiterreichenden innerschulischen Richtungsentscheidungen. In diesem Zusammenhang sollte eine Steuerungsgruppe des Kollegiums gemeinsam mit der Schulleitung den Entwicklungsprozeß moderieren.

Dabei kommt der „Identifikations- und Motivationsarbeit" eine entscheidende Rolle zu. Die Rekrutierung der Lehrkräfte liegt nicht in den Händen der Schule. Für die einstellende Behörde ist häufig nicht in erster Linie das Interesse für die Reformpraxis bei der Stellenvergabe entscheidend, sondern der Notendurchschnitt des Bewerbers, von dem sich jedoch nicht unmittelbar auf Reformbereitschaft schließen läßt. Auf seiten der Lehrkräfte sind für viele Anwärter nicht selten wirtschaftliche Interessen der Existenzsicherung, nämlich die Möglichkeit, erstmals eine feste Stelle zu bekommen, vor aller Reformorientierung ausschlaggebend; bei den heute prekären Aussichten für Berufsanfänger ist dies verständlich. Die Begeisterung und Übereinstimmung mit dem Reformprogramm ist also nicht bei allen Lehrkräften von Anfang an vorauszusetzen. Das bedeutet für die Schule, daß immer wieder von Neuem die Identifikation, aber auch eine kritische Auseinandersetzung mit dem Reformprogramm in Gang gesetzt werden muß.

Zugleich muß sich die Schule von einem überzogenen Erfüllungsdruck entlasten und einem übertriebenem Anspruch von außen entgegenhalten, daß eine reformorientierte Schulkultur besonderen Belastungen ausgesetzt ist. Die dem Schulsystem inhärenten Widersprüche kann auch ein Schulmodell nicht stillstellen. Vielmehr erzeugt in Reformschulen gerade das Spannungsverhältnis zwischen „Systemzwang", d.h. den organisatorischen und strukturellen Rahmenbedingungen des Schulsystems, einerseits und Reformansprüchen andererseits, unter Umständen neue Widersprüche im Lehrerhandeln, die zu „paradoxen Verknotungen" und enormen Belastungspotentialen im Lehreralltag führen können (Schnack 1997; Helsper 1996; Combe/Helsper 1994). Um diese Belastungspotentiale bearbeiten zu können, bedarf es gerade im reformorientierten Schulmodell einer verstetigten „institutionalisierten Prozeßreflexion" (Buchen/Combe 1996, S. 289), wie sie in anderen psychosozialen Berufen längst zur professionellen organisatorischen Grundausstattung gehört. Leider haben solche Forderungen angesichts der Finanzlage der öffentlichen Haushalte und recht schmaler Bildungsbudgets wenig Chancen. Trotzdem müssten informelle kollegiale Beziehungen, die der Entlastung und fortwährenden Reflexion dienen, zu formellen Strukturen weiterentwickelt bzw. um solche ergänzt werden. Diese hätten eine wichtige Stützfunktion für die Lehrer am Schulmodell, die unter Bedingungen gesteigerter Unsicherheit und Ungewißheit angesichts neuer Methoden in einer noch nicht routinisierten Praxis großen Ansprüchen an ihre Professionalität gerecht werden müssen.

Das Schulmodell hat bisher viele seiner Reformansprüche umsetzen können. Damit es als Regelschule den Status einer hochentwickelten „Problemlöseschule“ (Rolff) bewahren kann, bedarf es auch in Zukunft guter Rahmenbedingungen. Schüler, Eltern und Lehrer haben in den ersten Jahren eine hohe Identifikation mit ihrer Schule aufgebaut, insbesondere das positive Wohlbefinden der Schüler zeugt vom Erfolg dieses Reformprojekts. Es ist ihm zu wünschen, daß es sich als Regelschule in entspannterer Weise seinen innovativen Aspekten zuwenden kann. Trotz der widrigen Umstände der heftigen Auseinandersetzung in der Öffentlichkeit und der Konkurrenzsituation im Schulzentrum hat das Schulmodell gezeigt, daß eine von unten betriebene „Schulentwicklung auf dem Lande“ als Kreation einzigartiger, dem konkreten regionalen Kontext angepaßter Schulen möglich ist. Schulversuche sind auch auf dem Land sinnvoll zu verwirklichen.

Literatur

Altrichter, H. u.a. (1997): PraktikerInnen als ForscherInnen. Forschung und Entwicklung durch Aktionsforschung, in: Friebertshäuser, B./Prengel, A. a.a.O., S. 640-660

Bargel, T. (1996): Ergebnisse und Konsequenzen empirischer Forschungen zur Schulqualität und Schulstruktur, in: Melzer, W./Sandfuchs, U. (Hrsg.): Schulreform in der Mitte der 90er Jahre, Opladen

Beck, U. (1986): Risikogesellschaft. Auf dem Weg in eine andere Moderne, Frankfurt/M.

Beck, U. (1993): Die Erfindung des Politischen, Frankfurt/M.

Bildungskommission Nordrhein-Westfalen (1995): Zukunft der Bildung – Zukunft der Schule, Neuwied

Block, R./Klemm, K. (1997): Lohnt sich Schule, Reinbek bei Hamburg 1997

Bradtke, D. (1994): Die Regionalisierung der Schulreform, Der Tendenzwandel in der Schuldiskussion nach dem Scheitern der gesamtstaatlichen Bildungsreform, Frankfurt/M.

Burkhard, C./Pfeiffer, H. (1995): Evaluation von Einzelschulen – Entwicklungslinien und aktuelle Trends, in: Zeitschrift für Sozialisationsforschung und Erziehungssoziologie (ZSE), 15, 4, S. 294-312

Combe, A./Buchen, S. (1996): Belastungen von Lehrer/innen und Lehrern – Fallstudien zur Bedeutung alltäglicher Handlungsabläufe an unterschiedlichen Schulformen, Weinheim und München

Combe, A./Helsper, W. (1994): Was geschieht im Klassenzimmer. Perspektiven einer hermeneutischen Schul- und Unterrichtsforschung, Weinheim

Czerwenka, K. u.a. (1990): Schülerurteile über die Schule, Bericht über eine internationale Untersuchung, Frankfurt am Main u.a.

Daschner u.a. (1995): Schulautonomie – Chancen und Grenzen, Weinheim und München

Ditton, H. (1992): Ungleichheit und Mobilität durch Bildung. Theorie und empirische Untersuchungen über sozialräumliche Aspekte von Bildungsentscheidungen, Weinheim und München

ders. (1996): Ungleichheitsforschung, in: Rolff, H.-G.: Zukunftsfelder von Schulforschung, Weinheim
Fend, H. (1976): Sozialisationseffekte der Schule, Weinheim/Basel
ders. (1982): Gesamtschule im Vergleich, Weinheim/Basel
ders. (1997): Der Umgang mit Schule in der Adoleszenz. Entwicklungspsychologie in der Moderne, Band IV, Basel 1997
Friebertshäuser, B./Prengel, A. (Hrsg.) (1997): Handbuch Qualitative Forschungsmethoden in der Erziehungswissenschaft, Weinheim und München
Gruschka, A. (1991): Bericht der Wissenschaftlichen Begleitung zum Kollegschulversuch, Soest
Gruschka, A. (1994a): Kollegstufe – über das Verschwinden und die Aktualität eines Reformmodells, in: Widersprüche Heft 51, 2/94, S. 53-64
Gruschka, A. (1994b): Bürgerliche Kälte und Pädagogik, Moral in Gesellschaft und Erziehung, Wetzlar
Gukenbiehl, H.L. (1994): Regionale Schule, 1. Zwischenbericht über den Modellversuch, Pädagogik Zeitgemäß Heft 15, Pädagogisches Zentrum des Landes Rheinland-Pfalz, Bad Kreuznach
Gukenbiehl, H.L. (Hrsg.) (1996): Regionale Schule, 2. Zwischenbericht über den Modellversuch, Teil II: Begleitforschung, Pädagogik Zeitgemäß Heft 22, Pädagogisches Zentrum des Landes Rheinland-Pfalz, Bad Kreuznach
Helsper, W. (1996): Antinomien des Lehrerhandelns in modernisierten Schulkulturen: Paradoxe Verwendungsweisen von Autonomie und Selbstverantwortlichkeit, in: Combe, A./Helsper, W. (Hrsg.): Pädagogische Professionalität, Frankfurt/M.
Horstkemper, M. (1997): Schulische Reformen unterstützen: Konzepte und Methoden der Schulentwicklungsforschung, in: Friebertshäuser, B./Prengel, A., a.a.O., S. 769-784
IFS-Umfrage (1996): Die Schule im Spiegel der öffentlichen Meinung. Ergebnisse der neunten IFS-Repräsentativbefragung der bundesdeutschen Bevölkerung, in: Rolff u.a. a.a.O.
Jank, W./Meyer, H. (1991): Didaktische Modelle, Frankfurt/M.
Kanders, M. u.a. (1996): Das Bild der Schule aus der Sicht von Schülern und Lehrern – Ergebnisse zweier IFS-Repräsentativbefragungen, in: Rolff. u.a. a.a.O.
Kromrey, H. (1995): Evaluation. Empirische Konzepte zur Bewertung von Handlungsprogrammen und die Schwierigkeiten ihrer Realisierung, in: Zeitschrift für Sozialisationsforschung und Erziehungssoziologie (ZSE), 15, 4, S. 313-336
Niedermann, A. (1977): Formative Evaluation, Weinheim/Basel
Pädagogik 12/1995: Themenheft „Offener Unterricht“
Pädagogik 2/1998: Themenheft „Auf dem Weg zum Schulprogramm“
Rolff, H.-G. (1991): Schulentwicklung als Entwicklung von Einzelschulen? Theorien und Indikatoren von Entwicklungsprozessen, in: Zeitschrift für Pädagogik 37, 6, S. 865-886
Rolff, H.-G. u.a. (Hrsg.) (1996): Jahrbuch der Schulentwicklung, Band 9, Weinheim und München
Schnack, J. (1997): Systemzwang und Schulentwicklung, Hamburg 1997

Autorinnen und Autoren

Frauke Choi, cand. päd., Mitarbeiterin der wissenschaftlichen Begleitung des Schulmodells Rockenhausen am Pädagogischen Institut der Johannes Gutenberg-Universität Mainz seit 1995

Myrle Dziak-Mahler, z. Z. Lehrerin an einer Integrierten Gesamtschule in Bergisch-Gladbach

Hermann L. Gukenbiehl, Professor für Soziologie an der Universität Koblenz-Landau

Franz Hamburger, Professor für Pädagogik am Pädagogischen Institut der Johannes Gutenberg-Universität Mainz

Gerhard Heck, Akademischer Direktor am Pädaogischen Institut der Johannes Gutenberg-Universität Mainz

Till-Sebastian Idel, Dipl.-Päd., wiss. Mitarbeiter am Pädagogischen Institut der Johannes Gutenberg-Universität Mainz

Christa Lampe, Referentin im Niedersächsischen Kultusministerium

Felicia Lauer, Studium der Germanistik und ev. Theologie, seit 1996 Mitarbeiterin am Pädagogischen Institut der Johannes Gutenberg-Universität Mainz

Marita Leonhardt-Runck, Referentin im Sächsischen Staatsministerium für Kultus

Armin Lohmann, Schulleiter der Steinwaldschule in Neukirchen/Knüll (Nordhessen)

Holger Mahr-George, Forschungsassistent im Zentrum für Umfragen, Methoden und Analysen (ZUMA) Mannheim

Wolgang Melzer, Professor für Schul- und Sozialisationsforschung und Leiter der Forschungsgruppe „Schulevaluation“ an der Fakultät Erziehungswissenschaften der Technischen Universität Desden

Monika Plath, Wissenschaftliche Mitarbeiterin am Institut für Allgemeine Erziehungswissenschaft und empirische Bildungsforschung der Pädagogischen Hochschule Erfurt

Joachim Rippel, Referatsleiter im Ministerium für Bildung, Kultur und Wissenschaft des Saarlandes

Lothar Sack, Schulleiter an der Fritz-Karsen-Schule

Dorit Stenke, Referentin im Sächsischen Staatsministerium für Kultus

Adolf Wagner, Referatsleiter im Kultusministerium Sachsen-Anhalt

Horst Weishaupt, Professor für Empirische Bildungsforschung an der Erziehungswissenschaftlichen Fakultät der Pädagogischen Hochschule Erfurt

Die Buchreihe Schule und Gesellschaft

(Herausgeber: Hamburger; Horstkemper; Melzer; Tillmann)

Band 1
Wilfried Schubarth/Wolfgang Melzer (Hrsg.): Schule, Gewalt und Rechtsextremismus
2. überarbeitete und erweiterte Auflage 1995. 294 S. Kart.
29,– DM/26,50 SFr/212 ÖS
ISBN 3-8100-1423-0

Band 2
Annedore Prengel: Pädagogik der Vielfalt
Verschiedenheit und Gleichberechtigung in interkultureller, feministischer und integrativer Pädagogik
2. überarbeitete Auflage 1995
246 S. Kart.
29,– DM/26,50 SFr/212 ÖS
ISBN 3-8100-1422-2

Band 3
Silke Hesse: Suchtprävention in der Schule
Evaluation der Tabak- und Alkoholprävention
1994. 263 S. Kart.
29,– DM/26,50 SFr/212 ÖS
ISBN 3-8100-1151-7

Band 4
Wolfgang Nieke: Interkulturelle Erziehung und Bildung
Wertorientierungen im Alltag
2. überarbeitete und ergänzte Auflage 1999. Ca. 300 S. Kart.
Ca. 49,– DM/45,50 SFr/358 ÖS
ISBN 3-8100-2138-5

Band 5
Ulrike Popp: Geteilte Zukunft
Lebensentwürfe von deutschen und türkischen Schülerinnen und Schülern. 1994. 240 S. Kart.
29,– DM/26,50 SFr/212 ÖS
ISBN 3-8100-1295-5

Band 7
Hannelore Faulstich-Wieland/ Marianne Horstkemper: „Trennt uns bitte, bitte nicht!"
Koedukation aus Mädchen- und Jungensicht
1995. 271 S. Kart.
29,– DM/26,50 SFr/212 ÖS
ISBN 3-8100-1337-4

Band 8
Wolfgang Melzer/ Uwe Sandfuchs (Hrsg.): Schulreform in der Mitte der 90er Jahre
Strukturwandel und Debatten um die Entwicklung des Schulsystems in Ost- und Westdeutschland
1996. 245 S. Kart.
44,– DM/41,– SFr/321 ÖS
ISBN 3-8100-1338-2

Band 9
Michaela Tzankoff: Interaktionstheorie, Geschlecht und Schule
1995. 191 S. Kart.
44,– DM/41,– SFr/321 ÖS
ISBN 3-8100-1339-0

Band 10
Heinz Günter Holtappels (Hrsg.): Ganztagserziehung in der Schule
Modelle, Forschungsbefunde und Perspektiven. 1995. 296 S. Kart.
44,– DM/41,– SFr/321 ÖS
ISBN 3-8100-1456-7

Band 11
Wilfried Schubarth/Fritz-Ulrich Kolbe/Helmut Willems (Hrsg.): Gewalt an Schulen
Ausmaß, Bedingungen, Ursachen. Quantitative und qualitative Untersuchungen in den alten und neuen Ländern
1996. 250 S. Kart.
36,– DM/33,– SFr/263 ÖS
ISBN 3-8100-1479-6

Band 12
Gaby Flösser/Hans-Uwe Otto/ Klaus-Jürgen Tillmann (Hrsg.): Schule und Jugendhilfe
Neuorientierung im deutsch-deutschen Übergang
1996. 268 S. Kart.
33,– DM/30,50 SFr/241 ÖS
ISBN 3-8100-1549-0

Band 13
Silvia-Iris Lübke: Schule ohne Noten
Lernberichte in der Praxis der Laborschule
1996. 237 S. Kart.
33,– DM/30,50 SFr/241 ÖS
ISBN 3-8100-1703-5

Band 14
Alfred Holzbrecher: Wahrnehmung des Anderen
Zur Didaktik interkulturellen Lernens
1997. 299 S. Kart.
48,– DM/44,50 SFr/350 ÖS
ISBN 3-8100-1704-3

Band 15
Annedore Prengel: Vielfalt durch gute Ordnung im Anfangsunterricht
Unter Mitarbeit von Ute Geiling und Friederike Heinzel
1999. Ca. 160 S. Kart.
Ca. 29,– DM/26,50 SFr/212 ÖS
ISBN 3-8100-1927-5

Band 16
Fritz Oser: Berufsethos – oder von der Vermenschlichung des Erfolgs
Zur Psychologie der Berufsmoral von Lehrpersonen
1998. 258 S. Kart.
39,– DM/36,– SFr/285 ÖS
ISBN 3-8100-1959-9

Band 17
Renate-B. Schmidt/ Michael Schetsche: Jugendsexualität und Schulalltag
Die sexuelle Sozialisation in der Schule. 1998. 220 S. Kart.
33,– DM/30,50 SFr/241 ÖS
ISBN 3-8100-2111-3

Band 18
Witlof Vollstädt/ Klaus-Jürgen Tillmann/ Udo Rauin/ Katrin Höhmann/ Andrea Tebrügge: Lehrpläne im Schulalltag
Eine empirische Studie zur Akzeptanz und Wirkung von Lehrplänen in der Sekundarstufe I
1999. 231 S. Kart.
36,– DM/33,– SFr/263 ÖS
ISBN 3-8100-2157-1

Band 19
Franz Hamburger/ Gerhard Heck (Hrsg.): Neue Schulen für die Kids
Veränderungen in der Sekundarstufe I
1999. 226 S. Kart.
36,– DM/33,– SFr/263 ÖS
ISBN 3-8100-2157-1

Band 20
Hans H. Reich/ Alfred Holzbrecher/ Ursula Boos-Nünning (Hrsg.): Interkulturelle Fachdidaktiken
1999. Ca. 240 S. Kart.
Ca. 33,– DM/30,50 SFr/241 ÖS
ISBN 3-8100-2133-4

Leske +Budrich